Die vorgerichtliche Beweishilfe im gewerblichen Rechtsschutz und Urheberrecht

Europäische Hochschulschriften

Publications Universitaires Européennes
European University Studies

Reihe II
Rechtswissenschaft

Série II Series II
Droit
Law

Bd./Vol. 4855

PETER LANG
Frankfurt am Main · Berlin · Bern · Bruxelles · New York · Oxford · Wien

Miriam Ulrike Reinartz

Die vorgerichtliche Beweishilfe im gewerblichen Rechtsschutz und Urheberrecht

Darstellung und Beurteilung der Rechtslage nach Umsetzung der Enforcement-Richtlinie

PETER LANG
Internationaler Verlag der Wissenschaften

Bibliografische Information der Deutschen Nationalbibliothek
Die Deutsche Nationalbibliothek verzeichnet diese Publikation in der Deutschen Nationalbibliografie; detaillierte bibliografische Daten sind im Internet über <http://www.d-nb.de> abrufbar.

Zugl.: Trier, Univ., Diss., 2008

Gedruckt auf alterungsbeständigem,
säurefreiem Papier.

D 385
ISSN 0531-7312
ISBN 978-3-631-58643-3

Printed in Germany 1 2 3 4 5 7

www.peterlang.de

VORWORT

Die vorliegende Arbeit wurde im Wintersemester 2008/2009 vom Fachbereich Rechtswissenschaften der Universität Trier als Dissertation angenommen. Rechtsprechung und Literatur haben im Wesentlichen bis Mai 2008 Berücksichtigung gefunden.

Danken möchte ich an erster Stelle meinem Doktorvater Herrn Prof. Dr. Lindacher für die umfassende Betreuung der Arbeit trotz bereits erfolgter Emeritierung. Herrn Prof. Dr. Bachmann möchte ich für die zügige Erstattung des Zweitgutachtens danken.

Mein herzlicher Dank gilt zudem meiner gesamten Familie, insbesondere aber meinen Eltern, für die stete Unterstützung und Förderung.

INHALTSVERZEICHNIS

Literaturverzeichnis

Ahrens, Hans-Jürgen — Gesetzgebungsvorschlag zur Beweisermittlung bei Verletzung von Rechten des geistigen Eigentums
In GRUR 2005, S. 837-840

Amelung, Knut — Zur Frage der Vereinbarkeit vollstreckungsrechtlicher Durchsuchungen mit dem Richtervorbehalt des Art. 13 Abs. 2 GG
In ZZP 1975, S. 74-96

Asendorf, Claus Dietrich — Auskunftsansprüche nach dem Produktpirateriegesetz und ihre analoge Anwendung auf Wettbewerbsverstöße
In Festschrift für Fritz Traub zum 65. Geburtstag
Frankfurt am Main 1994, S. 21-32

Baker & McKenzie, London
Hart, Robert — Guide to intellectual property in the I.T. Industry
London 1998
Zitiert: Baker-Hart

Banzhaf, Volker — Der Auskunftsanspruch im gewerblichen Rechtsschutz und Urheberrecht
Heilbronn 1989

Battenstein, Ralf — Instrumente zur Informationsbeschaffung im Vorfeld von Patent- und Urheberrechtsverletzungsverfahren
Hamburg 2006

Baumbach, Adolf
Lauterbach, Wolfgang
Albers, Jan
Hartmann, Peter — Zivilprozessordnung
66. Auflage, München 2008

Benkard, Georg — Patentgesetz
9. Auflage, München 1993
Zitiert: Benkard-Verfasser (9.Aufl.)
10. Auflage, München 2006
Zitiert: Benkard-Verfasser

Beyerlein, Thorsten — Ergänzender Leistungsschutz gemäß § 4 Nr. 9 UWG als „geistiges Eigentum" nach der Enforcement-Richtlinie (2004/48/EG)
In WRP 2005, S. 1354-1358

Bodewig, Theo
Praktische Probleme bei der Abwicklung der Rechtsfolgen einer Patentverletzung - Unterlassung, Beseitigung, Auskunft
In GRUR 2005, S. 632-639

Bohne, Michael
Zur Auskunftserteilung durch Access-Provider nach Schutzrechtsverletzungen im Internet- Anmerkung zu OLG Frankfurt a.M., GRUR-RR 2005, 147
In GRUR-RR 2005, S. 145-146

Bork, Reinhard
Effiziente Beweissicherung für den Urheberrechtsverletzungsprozeß - dargestellt am Beispiel raubkopierter Computerprogramme
In NJW 1997, S.1665-1672

Bornkamm, Joachim
Der Schutz vertraulicher Informationen im Gesetz zur Durchsetzung von Rechten des geistigen Eigentums – In-camera-Verfahren im Zivilprozess?-
In Festschrift für Eike Ullmann
Saarbrücken 2006, S. 893-912

Boval, Bruno
Sicherungs- und einstweilige Maßnahmen im Zusammenhang mit Patentverletzungen in Frankreich
In GRUR Int. 1993, S. 377-381

Brandi-Dohrn, Matthias
Probleme der Rechtsverwirklichung beim Schutz von Software
In CR 1987, S. 835-838

Brinkhof, Jan
Das einstweilige Verfügungsverfahren und andere vorläufige Maßnahmen im Zusammenhang mit Patentverletzungen
In GRUR Int. 1993, S. 387-394

Bühring, Manfred
Gebrauchsmustergesetz
7. Auflage, Köln (u.a.) 2007

Busse, Rudolph
Patentgesetz
5. Auflage, Berlin (u.a.) 1999
Zitiert: Busse-Verfasser (5.Aufl.)
6. Auflage, Berlin (u.a.) 2003
Zitiert: Busse-Verfasser

Cornish, William
Llewelyn, David
Intellectual Property : Patents, Copyright, Trade Marks and allied Rights
5. Auflage, London 2003

Czychowski, Christian	Auskunftsansprüche gegenüber Internetprovidern „vor" dem 2.Korb und „nach" der Enforcement-Richtlinie der EU MMR 2004, S. 514-519
Dietrich, Ralf	Rechtsprechungsbericht zur Auskunftspflicht des Access-Providers nach Urheberrechtsverletzungen im Internet-Anmerkung zu LG Flensburg GRUR-RR 2006, 174 In GRUR-RR 2006, S. 145-147
Dreier, Horst	Grundgesetz-Kommentar 2. Auflage, Tübingen 2000 Band II: Artikel 20-82 Zitiert: Dreier-Verfasser
Dreier, Thomas **Schulze, Gernot**	Urheberrechtsgesetz 2. Auflage, München 2006 Zitiert: Dreier/Schulze-Verfasser
Dreier, Thomas	TRIPS und die Durchsetzung von Rechten des geistigen Eigentums In GRUR Int. 1996, S. 205-218
Ebke, Werner	Die Arbeitspapiere des Wirtschaftsprüfers und Steuerberaters im Zivilprozessrecht Köln 2003
Eichmann, Helmut	Die Durchsetzung des Anspruchs auf Drittauskunft In GRUR 1995, S. 575-591
Eisenkolb, Julia	Die Enforcement-Richtlinie und ihre Wirkung – Ist die Enforcement-Richtlinie mit Ablauf der Umsetzungsfrist unmittelbar wirksam? In GRUR 2007, S. 387-393
Emmerich, Volker	Unlauterer Wettbewerb 7. Auflage, München 2004
Emmert, Reinhold	Die Stellung der Markenlizenz im deutschen Privatrecht Solingen 2001
Engels, Ulfert	Kennzeichengerichte und Kennzeichenkammern – Anmerkungen und Hinweise In WRP 1997, S. 77-82

Ernst-Moll, Jürgen	Beseitigungsanspruch und Rückruf im gewerblichen Rechtsschutz In Festschrift für Rainer Klaka München 1987, S. 16-26 Zitiert: Ernst-Moll in FS Klaka
Fezer, Karl-Heinz	Markenrecht 3. Auflage, München 2001
Fischer, Ernst	Schadensersatz für den nichtausschließlichen Lizenznehmer In GRUR 1980, S. 374-379
Frey, Dieter **Rudolph, Matthias**	EU-Richtlinie zur Durchsetzung der Rechte des geistigen Eigentums In ZUM 2004, S. 522-529
Fritze, Ulrich **Stauder, Dieter**	Die Beschaffung von Beweisen für die Verletzung von gewerblichen Schutzrechten In GRUR Int. 1986, S. 342-344
Fromm, Friedrich Karl **Nordemann, Wilhelm** **Vinck, Kai** **Hertin, Paul W.**	Urheberrecht 9. Auflage, Köln 1998 Zitiert: Fromm/Nordemann-Verfasser
Götting, Horst-Peter	Die Entwicklung neuer Methoden der Beweisbeschaffung zur Bekämpfung von Schutzrechtsverletzungen - Die Anton-Piller-Order - Ein Modell für das deutsche Recht? In GRUR Int. 1988, S. 729-744
Greger, Reinhard	Zwischen Mediation und Inquisition - Neue Wege der Informationsbeschaffung im Zivilprozess In DStR 2005, S. 479-484-
Greger, Reinhard	Zweifelsfragen und erste Entscheidungen zur neuen ZPO In NJW 2002, S. 3049-3053
Groh, Thomas **Wündisch, Sebastian**	Die Europäische Gemeinschaft und TRIPS: Hermès, Dior und die Folgen In GRUR Int. 2001, S. 497-506
Grünberger, Michael	Die Urhebervermutung und die Inhabervermutung für die Leistungsschutzberechtigten In GRUR 2006, S. 894-903

Haedicke, Maximilian Informationsbedürfnisse des Schutzrechtsinhabers im Spiegel der EG-Richtlinie zur Durchsetzung der Rechte des geistigen Eigentums
In Festschrift für Gerhard Schricker zum 70. Geburtstag
München 2005, S. 19-32
Zitiert: Haedicke in FS Schricker

Harte-Bavendamm, Henning Der Richtlinienvorschlag zur Durchsetzung der Rechte des geistigen Eigentums
In Festschrift für Winfried Tilmann
Köln (u.a.) 2003, S. 793-805
Zitiert: Harte-Bavendamm in FS Tilmann

Hartz von, Nikolaus Beweissicherung im gewerblichen Rechtsschutz und Urheberrecht
Baden-Baden 2004

Hartz von, Nikolaus Beweissicherungsmöglichkeiten im Urheberrecht nach der Enforcement-Richtlinie im deutschen Recht
In ZUM 2005, S. 376-383

Hefermehl, Wolfgang
Köhler, Helmut
Bornkamm, Joachim Wettbewerbsrecht
26. Auflage, München 2008
Zitiert: Hefermehl/Köhler/Bornkamm-Verfasser

Ibbeken, Arno Das TRIPS-Übereinkommen und die vorgerichtliche Beweishilfe im gewerblichen Rechtsschutz
Köln (u.a.) 2004

Ingerl, Reinhard
Rohnke, Christian Markengesetz
2. Auflage, München 2003

Jarass, Hans
Pieroth, Bodo Grundgesetz für die Bundesrepublik Deutschland-Kommentar
9. Auflage, München 2007
Zitiert: Jarass/Pieroth-Verfasser

Karger, Michael Beweisermittlung im deutschen und U.S.-amerikanischen Softwareverletzungsprozeß
Köln 1996

Kitz, Volker Die Zukunft der Auskunft oder: Die abenteuerliche Karriere des § 101aUrhG
In MMR 2005, S. 133-134

Kitz, Volker Die Auskunftspflicht des Zugangsvermittlers bei Urheberrechtsverletzungen durch seine Nutzer
In GRUR 2003, S. 1014-1019

Knaak, Roland Die EG-Richtlinie zur Durchsetzung der Rechte des geistigen Eigentums und ihr Umsetzungsbedarf im deutschen Recht
In GRUR Int. 2004, S. 745-750

Köhler, Helmut Zur Erstattungsfähigkeit von Abmahnkosten
In Festschrift für Willi Erdmann
München 2002, S. 845-861
Zitiert: Köhler in FS Erdmann

Köhler, Helmut „Täter" und „Störer" im Wettbewerbs- und Markenrecht – Zur BGH-Entscheidung „Jugendgefährdende Medien bei eBay"
In GRUR 2008, S. 1-7

Köhler, Helmut Der ergänzende Leistungsschutz: Plädoyer für eine gesetzliche Regelung
In WRP 1999, S. 1075-1082

Kramer, Andreas Zivilrechtlicher Auskunftsanspruch gegenüber Access Providern - Verpflichtung zur Herausgabe der Nutzerdaten von Urheberrechtsverletzern unter Berücksichtigung der Enforcement-Richtlinie (RL 2004/48/EG)
Hamburg 2007

Krieger, Ulrich Durchsetzung gewerblicher Schutzrechte in Deutschland und die TRIPS-Standards
In GRUR Int. 1997, S. 421-426

Kühling, Jürgen Rechtsgutachten vom 06.09.2006 - Verfassungsrechtliche Zulässigkeit eines automatisierten, verkehrsdatenbezogenen Auskunftsverfahrens zur Durchsetzung urheberrechtlicher Ansprüche
Abrufbar unter: http://www.boersenverein.de/de/69181?rubrik=82993 &dl_id=124563 (zuletzt abgerufen am 31.05.2008)
Zitiert: Kühling

Kühnen, Thomas Die Besichtigung im Patentrecht- Eine Bestandsaufnahme zwei Jahre nach „Faxkarte"
In GRUR 2005, S. 185-196

Kürschner, Wolfgang Parteiöffentlichkeit vor Geheimnisschutz im Zivilprozeß
In NJW 1992, S. 1804-1805

Lachmann, Jens-Peter Unternehmensgeheimnisse im Zivilrechtsstreit, dargestellt am Beispiel des EDV-Prozesses
In NJW 1987, S. 2206-2210

Langhoff, Helge Auskunftsanspruch gegen Internetprovider-Disskussionsbericht der gleichlautenden Arbeitssitzung des Instituts für Urheber- und Medienrecht am 7.April 2006
In ZUM 2006, S. 457-460

Lement, Cornelius Zur Störerhaftung von Online-Auktionshäusern - Zugleich Anmerkung zum Urteil des Landgerichts Düsseldorf vom 29.10.2002-4aO464/01-eBay
In WRP 2003, S. 1058-1065

Lement, Cornelius Zur Haftung von Internet-Auktionshäusern - Anmerkung zum Urteil des BGH „Internet-Versteigerung"-
In GRUR 2005, S. 210-214

Leppin, Klaus Besichtigungsanspruch und Betriebsgeheimnis-Ein Beitrag zum eingeschränkten Besichtigungsanspruch gemäß §§ 809, 242 BGB und zur Möglichkeit eines Geheimverfahrens im Zivilprozeß unter besonderer Berücksichtigung der Patentverletzung
In GRUR 1984
Teil 1: S.552-564
Teil 2: S. 695-713
Teil 3: S. 770-778

Lichtenstein, E. Zum Abwehranspruch des einfachen Lizenznehmers
In GRUR 1965, S. 344-346

Linant de Bellefonds, Xavier Droits d'auteur et droits voisins
Paris 2002

Lucas, André
Lucas, Henri-Jacques Traité de la propriété littéraire et artistique
2. Auflage, Paris 2001

Markfort, Carsten Geistiges Eigentum im Zivilprozeß - Zur Durchsetzung von Patent- und Urheberrechten in Deutschland und Indien nach dem Übereinkommen über handelsbezogene Aspekte der Rechte des geistigen Eigentums-TRIPS
Frankfurt am Main 2001

Marshall, Hans Der Besichtigungsanspruch
In Festschrift für Albert Preu zum 70.Geburtstag
München 1988, S. 151, 164

Mayen, Thomas Verwertbarkeit von geheim gehaltenen Verwaltungsvorgängen im gerichtlichen Verfahren?
In NVwZ 2003, S. 537-544

McGuire, Mary-Rose Beweismittelvorlage und Auskunftsanspruch nach der Richtlinie 2004/48/EG zur Durchsetzung der Rechte des Geistigen Eigentums - Über den Umsetzungsbedarf im deutschen und österreichischen Prozessrecht
In GRUR Int. 2005, S. 15-22

Meister, Herbert Aspekte der Produktpiraterie
In WRP 1991, S. 137-203

Melullis, Klaus-J. Zum Besichtigungsanspruch im Vorfeld der Feststellung einer Verletzung von Schutzrechten
In Festschrift für Winfried Tilmann
Köln (u.a.) 2003, S. 843-856
Zitiert: Melullis in FS Tilmann

Merveldt Gräfin von, Christina Der Auskunftsanspruch im gewerblichen Rechtsschutz – Dargestellt unter besonderer Berücksichtigung der Passivlegitimation von Internetauktionshäusern für Drittauskunftsansprüche im Falle des Vertriebs von Produktpirateriewaren durch Dritte
Baden-Baden 2007

Mes, Peter Patentgesetz, Gebrauchsmustergesetz
2. Auflage, München 2005

Mes, Peter Si tacuisses - Zur Darlegungs- und Beweislast im Prozeß des gewerblichen Rechtsschutzes
In GRUR 2000, S. 934-942

Meyer-Dulheuer, K.H. Der Vorlegungsanspruch bei biotechnologischen Erfindungen
In GRUR Int. 1987, S. 14-18

Möhring, Philipp (Begr.) Nicolini, Käte Ahlberg, Hartwig Urheberrechtsgesetz
2. Auflage, München 2000
Zitiert: Möhring/Nicolini/Ahlberg-Verfasser

Münchener Kommentar Münchener Kommentar zum Lauterkeitsrecht
Band 1, Grundlagen des Wettbewerbsrechts, internationales Wettbewerbs- und Wettbewerbsverfahrensrecht, europäisches Gemeinschaftsrecht – Grundlagen und sekundärrechtliche Maßnahmen, §§ 1-4 UWG, München 2006
Band 2, §§ 5-22 UWG, München 2006
Zitiert: Müko(UWG)-Verfasser

Münchener Kommentar Bürgerliches Gesetzbuch
Band 2, Schuldrecht Allgemeiner Teil §§ 241-432,
5. Auflage, München 2007
Band 6, Sachenrecht §§ 854-1296,
4. Auflage, München 2004
Zitiert: Müko-Verfasser

Münchener Kommentar Zivilprozessordnung
3.Auflage
Band 1, §§ 1-510c, München 2008
Band 2, §§ 511-945 München 2007
Zitiert: Müko(ZPO)-Verfasser

Musielak, Hans-Joachim Kommentar zur Zivilprozessordnung
5. Auflage, München 2007

Nieder, Michael Zur Bekanntgabe von Abnehmern, Abnahmemengen, Lieferdaten und -preisen im Kennzeichenrecht
In GRUR 1999, S. 654-656

Olenhusen von, Albrecht Götz
Crone, Andreas Der Anspruch auf Auskunft gegenüber Internet-Providern bei Rechtverletzungen nach Urheber- bzw. Wettbewerbsrecht
In WRP 2002, S.164-170

Oppermann, Klaus Der Auskunftsanspruch im gewerblichen Rechtsschutz und Urheberrecht- Dargestellt unter besonderer Berücksichtigung der Produktpiraterie
Berlin 1997

Pagenberg, Jochen Betrieblicher Know-how-Schutz in gerichtlichen Auseinandersetzungen
In CR 1991, S.65-72

Palandt, Otto Bürgerliches Gesetzbuch
67. Auflage, München 2008
Zitiert: Palandt-Verfasser

Patnaik, Daniel	Enthält das deutsche Recht effektive Mittel zur Bekämpfung von Nachahmungen und Produktpiraterie? In GRUR 2004, S. 191-198
Peukert, Alexander **Kur, Annette**	Stellungnahme des Max-Planck-Instituts für geistiges Eigentum, Wettbewerbs- und Steuerrecht zur Umsetzung der Richtlinie 2004/48/EG zur Durchsetzung der Rechte des geistigen Eigentums in deutsches Recht In GRUR Int. 2006 S. 292-303
Picker, Eduard	Der negatorische Beseitigungsanspruch Bonn 1972
Piper, Henning **Ohly, Ansgar**	UWG 4. Auflage, München 2006 Zitiert: Piper/Ohly-Verfasser
Plaß, Gunda	Die Rechtsstellung des Markenlizenznehmers nach § 30 III und IV MarkenG In GRUR 2002, S. 1029-1036
Poll, Günter	Die Harmonisierung des europäischen Filmurheberrechts aus deutscher Sicht In GRUR Int. 2003, S. 290-301
Prütting, Hanns **Weth, Stephan**	Geheimnisschutz im Prozeßrecht In NJW 1993, S. 576-577
Raeschke-Kessler, Hilmar	Einstweilige Verfügung gegen Unbekannt - ein Mittel gegen Hausbesetzer? In NJW 1981, S. 663-665
Reimer, Eduard	Patentgesetz und Gebrauchsmustergesetz 3. Auflage, Köln (u.a.) 1968
Reimer, Eduard (Begr.) **Pastor, Wilhelm**	Wettbewerbs- und Warenzeichenrecht 3. Band: Das wettbewerbsrechtliche Unterlassungs- und Schadensersatzrecht 4. Auflage, Köln (u.a.) 1971 Zitiert: Pastor in Reimer
Rojahn, Sabine	Praktische Probleme bei der Abwicklung der Rechtsfolgen einer Patentverletzung In GRUR 2005, S. 623-632

Rosenberg, Leo **Schwab, Karl Heinz** **Gottwald, Peter**	Zivilprozessrecht 16. Auflage, München 2004
Rosenberg, Leo **Gaul, Hans Friedhelm** **Schilken, Eberhard**	Zwangsvollstreckungsrecht 11. Auflage, München 1997
Roth, Wolfgang	Die Rückforderung vorgelegter Akten bei nachträglicher Vorlageverweigerung im Verwaltungsprozess In NVwZ 2003, S. 544, 549
Rützel, Stefan	Illegale Unternehmensgeheimnisse? In GRUR 1995, S. 557-561
Saint-Gal, Yves	Protection et défense des marques de fabrique et concurrence déloyale 5. Auflage, Paris 1982
Saß, Stephan	Die Beschaffung von Informationen und Beweisen - Eine Untersuchung zum Anwendungsbereich der §§ 809, 810 BGB im Spannungsfeld zwischen Besichtigung- und Geheimhaltungsinteressen St. Augustin 2002
Schmidhuber, Martin	Schadensersatz bei falscher oder unvollständiger Erteilung einer Auskunft In WRP 2008, S. 296-301
Schneider, Egon	Die Zumutbarkeit der Urkundenvorlage durch Dritte In MDR 2004, S. 1-4
Schneider, Egon	Die vollstreckungsrechtliche Durchsuchungsanordnung In NJW 1980, S. 2377-2386
Schneider, Norbert **Herget, Kurt** **Schneider, Egon (Begr.)**	Streitwert-Kommentar für den Zivilprozess 12. Auflage, Köln 2007
Schricker, Gerhard	Urheberrecht 2. Auflage, München 1999 Zitiert: Schricker-Verfasser
Seichter, Dirk	Die Umsetzung der Richtlinie zur Durchsetzung der Rechte des geistigen Eigentums WRP 2006, S. 391-400

Seichter, Dirk Der Auskunftsanspruch nach Artikel 8 der Richtlinie zur Durchsetzung der Rechte des geistigen Eigentums
In Festschrift für Eike Ullmann
Saarbrücken 2006, S. 983-998
Zitiert: Seichter in FS Ullmann

Sieber, Ulrich
Höfinger, Frank Michael Drittauskunftsansprüche nach § 101 a UrhG gegen Internetprovider zur Verfolgung von Urheberrechtsverletzungen
In MMR 2004, S. 575-585

Speckmann, Gerhard Wettbewerbsrecht
3. Auflage, München 2000

Spindler, Gerald
Dorschel, Joachim Vereinbarkeit der geplanten Auskunftsansprüche gegen Internet-Provider mit EU-Recht
In CR 2006, S. 341-347

Spindler, Gerald
Weber, Philipp Die Umsetzung der Enforcement-Richtlinie nach dem Regierungsentwurf für ein Gesetz zur Verbesserung der Durchsetzung von Rechten des geistigen Eigentums
In ZUM 2007, S. 257-266

Spindler, Gerald
Weber, Marc Philipp Der Geheimnisschutz nach Art. 7 der Enforcement-Richtlinie
In MMR 2006, S. 711-714

Spindler, Gerald
Dorschel, Joachim Auskunftsansprüche gegen Internet-Service-Provider-Zivilrechtliche Grundlagen und datenschutzrechtliche Grenzen
In CR 2005, S. 38-47

Stadler, Astrid Der Schutz von Unternehmensgeheimnissen im Zivilprozeß
In NJW 1989, S. 1202-1206

Stauder, Dieter Überlegungen zur Schaffung eines besonderen Beweisverfahrens im europäischen Patentverletzungsrecht - Saisie-contrefaçon oder actio ad exhibendum als Beispiele?
In GRUR Int. 1978, S. 230-238

Staudinger von, Julius	Kommentar zum Bürgerlichen Gesetzbuch mit Einführungsgesetz und Nebengesetzen Zweites Buch: Recht der Schuldverhältnisse §§ 657-704, Neubearbeitung 2006, Berlin Drittes Buch: Sachenrecht §§ 985-1011, Neubearbeitung 1999, Berlin Zitiert: Staudinger-Verfasser
Stein, Friedrich **Jonas, Martin** **Berger, Christian**	Kommentar zur Zivilprozessordnung 22. Auflage Band 2, §§ 41-127a, Tübingen 2004 Band 8, §§ 828-915h, Tübingen 2004 Band 9, §§ 916-1068, EG ZPO, Tübingen 2002 Zitiert: Stein/Jonas-Verfasser
Ströbele, Paul **Hacker, Franz**	Markengesetz 8. Auflage, Köln, Berlin, München 2006 Zitiert: Ströbele/Hacker-Verfasser
Stürner, Rolf	Die gewerbliche Geheimsphäre im Zivilprozeß In JZ 1985, S.453-500
Teplitzky, Otto	Wettbewerbsrechtliche Ansprüche und Verfahren 9. Auflage, München 2007
Teplitzky, Otto	Neue Entwicklungen beim wettbewerbs- und markenrechtlichen Auskunftsanspruch In Festschrift für Winfried Tilmann Köln (u.a.) 2003, S. 913-921
Teplitzky, Otto	Erfasst die Vermutung des § 25 UWG auch den "dringenden Fall" im Sinn des § 937 Abs. 2 ZPO? In GRUR 1978, S. 286-287
Teplitzky, Otto	Die große Zäsur - Zur Neubearbeitung des Kommentars zum Wettbewerbsrecht von Baumbach/Hefermehl durch Helmut Köhler und Joachim Bornkamm In GRUR 2004, S. 900-907
Thomas, Heinz **Putzo, Hans** **Reichold, Klaus** **Hüßtege, Rainer**	Zivilprozessordnung 28. Auflage, München 2007 Zitiert: Thomas/Putzo-Verfasser
Tilmann, Winfried	Der Schutz gegen Produktpiraterie nach dem Gesetz von 1990 In Betriebs Berater 1990, S.1565- 1569

Tilmann, Winfried Der Auskunftsanspruch
In GRUR 1987 S. 251-262

Tilmann, Winfried Beweissicherung nach europäischem und deutschem Recht
In Festschrift für Eike Ullmann
Saarbrücken 2006, S. 1013-1023

Tilmann, Winfried Beweissicherung nach Art. 7 der Richtlinie zur Durchsetzung der Rechte des geistigen Eigentums
In GRUR 2005, S. 737-740

Tilmann, Winfried
Schreibauer, Marcus Beweissicherung vor und im Patentverletzungsprozess
In Festschrift für Willi Erdmann
Köln 2002, S. 901-926

Tilmann, Winfried
Schreibauer, Marcus Die neueste BGH-Rechtsprechung zum Besichtigungsanspruch nach § 809 BGB - Anmerkungen zum Urteil des BGH „Faxkarte"
In GRUR 2002, S. 1015-1022

Torremans, Paul Intellectual Property Law
3. Auflage, London 2001

Treichel, Pierre Die Sanktionen der Patentverletzung und ihre gerichtliche Durchsetzung im deutschen und französischen Recht
Köln (u.a.) 2001

Treichel, Pierre Die französische Saisie-contrefaçon im europäischen Patentverletzungsprozeß Zur Problematik der Beweisbeschaffung im Ausland nach Art. 24 EuGVÜ
In GRUR Int. 2001, S. 690-703

Uhlenbruck, Wilhelm Gerichtliche Anordnung der Vorlage von Urkunden gegenüber dem Insolvenzverwalter
In NZI 2002, S. 589-590

Ullmann, Eike Von Horaz bis morgen - es bleibt das Recht des Wettbewerbs und der immateriellen Güter
In WRP 2004, S. 422-430

Ulrich, Gustav-Adolf Die Geltendmachung von Ansprüchen auf Erteilung einer Auskunft im Verfahren der einstweiligen Verfügung
In WRP 1997, S. 135-138

Ulrich, Gustav-Adolf | Die gewillkürte Prozeßstandschaft und die UWG-Novelle 1994
In WRP 1995, S. 441-447

Wagner, Gerhard
Thole, Christoph | Kein Abschied von der unberechtigten Schutzrechtsverwarnung
In NJW 2005, S. 3470-3473

Wandtke, Artur-Axel | Doppelte Lizenzgebühr im Urheberrecht als Modell für den Vermögensschaden von Persönlichkeitsrechtsverletzungen im Internet?
In GRUR 2000, S. 942-950

Wandtke, Artur-Axel
Bullinger, Winfried | Praxiskommentar zum Urheberrecht
2. Auflage, München 2006
Wandtke/Bullinger-Verfasser

Wiume, Mark | Der Auskunftsanspruch im Markenrecht
Frankfurt am Main 2002

Zekoll, Joachim
Bolt, Jan | Die Pflicht zur Vorlage von Urkunden im Zivilprozess-Amerikanische Verhältnisse in Deutschland?
In NJW 2002, S. 3129-3134

Zöller, Richard (Begr.) | Zivilprozessordnung
26. Auflage, Köln 2007
Zitiert: Zöller-Verfasser

Abkürzungsverzeichnis

a.A.	anderer Ansicht
aaO	am angegebenen Ort
a.F.	alte Fassung
ABl	Amtsblatt der Europäischen Gemeinschaften
Abs.	Absatz
All E.R.	All England Law Reports
Art.	Artikel
Aufl.	Auflage
BAG	Bundesarbeitsgericht
BB	Der Betriebs-Berater
BDSG	Bundesdatenschutzgesetz
Begr.	Begründung
BGB	Bürgerliches Gesetzbuch
BGBl.	Bundesgesetzblatt
BGH	Bundesgerichtshof
BGHZ	Entscheidungen des Bundesgerichtshofes in Zivilsachen
BMJ	Bundesministerium für Justiz
BPatG	Bundespatentgericht
BR-Drs.	Bundesrats-Drucksache
BT-Drs.	Bundestags-Drucksache
BVerfG	Bundesverfassungsgericht
bzw.	beziehungsweise
c.p.i.	code de la propriété intellectuelle
CR	Computer und Recht
DAV	Deutscher Anwaltsverein
DB	Der Betrieb
ders.	derselbe
d.h.	das heißt
Diss.	Dissertation
DStR	Deutsches Steuerrecht
EG	Europäische Gemeinschaft
endg.	endgültig
EuGH	Europäischer Gerichtshof
EWG	Europäische Wirtschaftsgemeinschaft
f. (ff.)	folgende Seite(n)
Fn.	Fußnote
FS	Festschrift
F.S.R.	Fleet Street Reports
GebrMG	Gebrauchsmustergesetz

GEMA	Gesellschaft für musikalische Aufführungs- und mechanische Vervielfältigungsrechte
GeschmMG	Geschmacksmustergesetz
GG	Grundgesetz der Bundesrepublik Deutschland
GRUR	Gewerblicher Rechtsschutz und Urheberrecht
GRUR Int.	Gewerblicher Rechtsschutz und Urheberrecht, Auslands- und Internationaler Teil
GRUR-RR	Gewerblicher Rechtsschutz und Urheberrecht, Rechtsprechungs-Report
GVG	Gerichtsverfassungsgesetz
HalbleiterschutzG	Halbleiterschutzgesetz
h.M.	herrschende Meinung
Hrsg.	Herausgeber
IP	Internet-Protocol
iVm	in Verbindung mit
JZ	Juristenzeitung
Kap.	Kapitel
KG	Kammergericht
KOM	Kommissionsdokument
KostO	Gesetz über die Kosten in Angelegenheiten der freiwilligen Gerichtsbarkeit - Kostenordnung
LAG	Landesarbeitsgericht
LG	Landgericht
lit.	litera (Buchstabe)
MarkenG	Markengesetz
MDR	Monatsschrift für Deutsches Recht
MDStV	Mediendienstestaatsvertrag
MMR	Multimedia und Recht
Müko	Münchener Kommentar
m.w.N.	mit weiteren Nachweisen
n.F.	neue Fassung
NJW	Neue Juristische Wochenzeitschrift
NJW-RR	Neue Juristische Wochenzeitschrift, Rechtsprechungs-Report Zivilrecht
Nr.	Nummer
NVwZ	Neue Zeitschrift für Verwaltungsrecht
OLG	Oberlandesgericht
PAngV	Preisangabenverordnung
PatG	Patentgesetz

PrPG	Produktpirateriegesetz
RBÜ	Revidierte Berner Übereinkunft zum Schutz von Werken der Literatur und der Kunst
Rn.	Randnummer
RefE	Referentenentwurf
RegE	Regierungsentwurf
RG	Reichsgericht
RGZ	Entscheidungen des Reichsgerichts in Zivilsachen
RL	Enforcement-Richtlinie
R.P.C.	Reports of Patent, Design and Trademark Cases
S.	Seite
s.o.	siehe oben
sog.	sogenannt(-er, -e, -es)
SortenschutzG	Sortenschutzgesetz
StGB	Strafgesetzbuch
StPO	Strafprozessordnung
StV	Strafverteidiger
TDG	Teledienstegesetz
TMG	Telemediengesetz
TRIPS	Agreement on Trade-Related Aspects of Intellectual Property Rights (Übereinkommen über handelsbezogene Aspekte der Rechte des geistigen Eigentums)
u.a.	unter anderem / und andere
UrhG	Urheberrechtsgesetz
UWG	Gesetz gegen den unlauteren Wettbewerb
v.	von/vom
v.	versus
vgl.	vergleiche
WRP	Wettbewerb in Recht und Praxis
z.B.	zum Beispiel
ZIP	Zeitschrift für Wirtschaftsrecht und Insolvenzpraxis
ZPO	Zivilprozessordnung
ZUM	Zeitschrift für Urheber- und Medienrecht

Einleitung

Die Mitgliedstaaten der Europäischen Union gründen ihre Wirtschaftskraft insbesondere auf den Handel mit Dienstleistungen oder Waren, die sie entwickeln und herstellen. Die Innovationsfähigkeit ist ein treibender Wirtschaftsfaktor. Investitionen zur Förderung neuer Entwicklungen werden aber nur getätigt, wenn sie gewinnträchtig sind. Berechtigte Furcht, um die Früchte der Investition gebracht zu werden, lässt die Innovationsbereitschaft sinken: „Nur dort, wo Rechte des geistigen Eigentums geschützt sind, lohnt es sich zu forschen, zu entwickeln und Produktideen, Technologien oder neues Design in marktfähige Produkte umzusetzen."[1]
Die Dimensionen der Verletzung geistiger Eigentumsrechte unterstreicht die Schutzdringlichkeit: Dem Vernehmen nach fügt „Diebstahl an geistigem Eigentum" deutschen Unternehmen jährlich Schäden in Höhe von 25 Milliarden Euro zu;[2] der weltweite Umsatz gefälschter Waren wird auf rund 350 Milliarden Euro geschätzt.[3]

Der gebotene Schutz ist, der Internationalität der Piraterie entsprechend, eine staatenübergreifende Aufgabe. Er ist zunächst und zuvörderst vom jeweiligen nationalen *materiellen* Recht zu leisten, überformt durch diverse internationale Abkommen (wie der Pariser Verbandsübereinkunft, dem WIPO-Urheberrechtsabkommen oder dem TRIPS-Abkommen), im EG-Raum zudem durch verschiedene Richtlinien.[4] *Effektiver* Schutz ist aber nur dann zu erhoffen, wenn *prozessuale* Möglichkeiten für eine Ausübung der materiellen Ansprüche gegeben sind. Sonst ist das Schutzrecht für den Inhaber wertlos. Gerade im Bereich von Beweisermittlung und Beweissicherung war das einschlägige Schutzinstrumentarium, selbst innerhalb des europäischen Wirtschaftsraums, nicht nur - teils mehr, teils weniger - unterentwickelt, sondern für Schutzrechteinhaber auch verwirrend uneinheitlich: Außer im TRIPS-Abkommen finden sich keine Vorgaben zur Beweissicherung in internationalen Vereinbarungen; selbst Mindestvoraussetzungen sind außerhalb des TRIPS-Abkommens nicht zu finden.[5] Und, obwohl alle Mitgliedstaaten der Europäischen Union durch das TRIPS-Abkommen gebunden sind, bestanden zwischen ihnen erhebliche Unterschiede hinsichtlich der Durchsetzungsmöglichkeiten der geistigen Eigentumsrechte.[6] Von einer international einheitlichen Durchsetzbarkeit geistiger Schutzrechte konnte nicht gesprochen werden.[7]

Um eine Anhebung und Angleichung des praktischen Schutzniveaus zu gewährleisten,[8] haben das europäische Parlament und der Europäische Rat am 29.04.2004 die Richtlinie 2004/48/EG zur Verbesserung der Durchsetzung der Rechte des geistigen

1 Bundesjustizministerin Brigitte Zypries auf einer Veranstaltung des Bundesverbandes der Deutschen Industrie (BDI) anlässlich des Tages des geistigen Eigentums in Berlin zitiert im BMJ Newsletter vom 26.04.2007.

2 Norbert Geis im Plenarprotokoll 16/94 vom 26.4.2007, S. 9635 (D).

3 BMJ Newsletter vom 31.1.2007.

4 Siehe hierzu die ausführliche Darstellung bei von Hartz S. 27 ff.

5 Von Hartz S. 32.

6 RL 2004/48/EG Erwägungsgrund 7.

7 So auch von Hartz S. 32.

8 RL 2004/48/EG Erwägungsgrund 10 und 21.

Eigentums beschlossen.[9] Zu den Vorgaben für den nationalen Gesetzgeber zählen neben Regelungen zum Auskunfts-, Vorlage-, und Besichtigungsanspruch auch Regelungen zu einstweiligen Sicherungsmaßnahmen, zum Rückruf und zur Vernichtung rechtsverletzender Waren und zum Schadensersatz.
Die Enforcement-Richtlinie wurde am 29.04.2004 kurz vor dem Beitritt zehn neuer Mitgliedstaaten zum 01.05.2004 verabschiedet. Da nach dem Beitritt neue Verhandlungen über den Inhalt der Richtlinie auch mit den Erweiterungsstaaten hätten geführt werden müssen, wurden die Gesetzgebungsarbeiten an der Richtlinie unter Zeitdruck zur Vollendung gebracht, was zur Folge hatte, dass es zu Ungenauigkeiten und Unstimmigkeiten in den Formulierungen kam.[10] Die Umsetzung der Richtlinie wurde für den nationalen Gesetzgeber daher zur Herausforderung – bei wohlwollender Betrachtung ein Entschuldigungsgrund für die zögerliche Richtlinienumsetzung durch den deutschen Gesetzgeber: Die Umsetzung sollte in den Mitgliedstaaten bis zum 29.04.2006 erfolgt sein. In Deutschland wurde diese Frist versäumt und das Gesetzgebungsverfahren erst am 24.01.2007 mit dem Beschluss eines Gesetzesentwurfs durch die Bundesregierung eingeleitet. Angesichts eines drohenden Vertragsverletzungsverfahrens, welches bereits am 12.Oktober 2006 angestrengt wurde und in dessen Rahmen im Juni 2007 schließlich auch Klage beim EuGH erhoben wurde,[11] bestand schließlich bei der Umsetzung der Richtlinie ein Zeitdruck, der dazu führte, dass eine über die Richtlinienvorgaben wesentlich hinausgehende Lösung außerhalb der Beratungen blieb.[12]

Anlass der Arbeit ist die durch die Richtlinie und das am 11.04.2008 durch den Bundestag[13] und am 23.05.2008 durch den Bundesrat[14] beschlossene Umsetzungsgesetz[15] bewirkte Neuordnung der vorgerichtlichen Beweishilfe im gewerblichen Rechtsschutz und Urheberrecht.
Ziel der Schrift ist eine flächendeckende Darstellung mit Schwerpunktbildung. Im Focus stehen die Neuerungen. Probleme, welche bereits nach alter Rechtslage bestanden, werden nur insoweit näher behandelt, als sie durch die Umsetzung der Enforcement-Richtlinie gelöst oder aber aufgeladen wurden oder ihre Erörterung für das Gesamtverständnis geboten erscheint. Die Umsetzung wird kritisch gewürdigt und auf ihre Richtlinienkonformität überprüft. Abgerundet wird die Untersuchung durch den Aufweis diverser Reformdefizite: Vom Novellengesetzgeber ausgeblendete Fragen sollen - auch und nicht zuletzt mit Blick auf ausländische Lösungsmodelle- in der rechtspolitischen Diskussion bleiben.

---

9 Veröffentlicht wurde sie erstmalig am 30.04.2004 (ABl L 157, S. 45 ff. vom 30.04.2004). Kurz darauf erfolgte jedoch bereits eine Berichtigung. Aufgrund derer wurde die Richtlinie am 02.06.2004 erneut veröffentlicht (ABl L 195, S. 16 ff. vom 02.06.2004).

10 Daher auch die Erforderlichkeit der Berichtigung und erneuten Veröffentlichung nach nur gut einem Monat. Zur Entstehungsgeschichte der Richtlinie Frey/Rudolph ZUM 2004, 522 ff.; Harte-Bavendamm in FS Tilmann S. 793 ff.

11 Siehe Pressemitteilung IP/07/910 vom 27.06.2007 zuletzt abgerufen am 31.05.2008 unter: http://europa.eu/rapid/pressReleasesAction.do?reference=IP/07/910&format=HTML&aged=0&language=DE&guiLanguage=en.

12 Stellungnahme Dr. Raabe vom BMJ in Langhoff ZUM 2006, 457.

13 Plenarprotokoll 16/155, S. 16236 (C); BR-Drs. 279/08.

14 BR-Drs. 279/08 (Beschluss).

15 Das Umsetzungsgesetz wird voraussichtlich zum 01.08.2008 in Kraft treten.

Inhaltlich handelt die Arbeit in ihrem ersten Teil vom Auskunftsanspruch des Schutzrechteinhabers. Im zweiten Teil werden die Bereiche Beweisermittlung und Beweissicherung thematisiert.

Erster Teil- Der Auskunftsanspruch

A. Entwicklung und Rechtsnatur

I. Die Genesis des Auskunftsanspruchs gegen den Verletzer: Judikative Anerkennung, legislative Anerkennung, Reformbedarf

1. Grundlagen nach altem Recht

Insbesondere im Bereich der Verletzungen gewerblicher Schutzrechte ist der Verletzte häufig nicht in der Lage den ihm entstandenen Schaden genau zu beziffern. Selbst eine Schätzung nach § 287 ZPO scheitert regelmäßig an einer ausreichenden Beurteilungsgrundlage.[16] In anderen Fällen fehlen dem Rechteinhaber Informationen über Dritte, die ihm erlauben würden, gegen diese vorzugehen und so weiteren Schaden von seinen Rechtsgütern abzuwenden. Um seine Rechte geltend machen zu können, ist der Rechteinhaber daher auf Informationen angewiesen, die sich regelmäßig in der Hand des Verletzers befinden. Dieser kann dem Verletzten die benötigten Auskünfte meist unschwer verschaffen. Bereits das Reichsgericht sah die Notwendigkeit dem Verletzten die Informationsbeschaffung zu ermöglichen und schuf daher erstmals einen Auskunftsanspruch als vorbereitenden Hilfsanspruch.[17] Dieser sollte dann, wenn das Auskunftsrecht gegen den Verpflichteten die Rechtsverfolgung erst ermöglicht oder wenigstens erheblich erleichtert, nach Treu und Glauben bei solchen Rechtsverhältnissen gewährt werden, die ihrem Wesen nach den Berechtigten über Bestehen und Umfang des Rechts entschuldbar im Ungewissen lassen, bei denen der Verpflichtete aber unschwer Auskunft erteilen kann.[18]

Zweck des Auskunftsanspruchs ist es, dem Auskunftsberechtigten Informationen zu verschaffen, welche er für die Durchsetzung seiner Rechte benötigt. Bei den benötigten Informationen kann es sich um Informationen hinsichtlich des Umfanges der Verletzungshandlung oder des vom Verletzer erzielten Umsatzes oder auch um Informationen hinsichtlich Lieferanten und Abnehmern des Verletzers handeln. Der durchzusetzende Hauptanspruch kann sich dabei entweder gegen den Auskunftspflichtigen selbst oder gegen einen Dritten, etwa Lieferanten oder Abnehmer des Verletzers richten. Er kann Beseitigungs-, Bereicherungs- oder Schadensersatzanspruch sein.[19]

Ist der Hauptanspruch gegen den Verletzer selbst gerichtet und soll der Auskunftsanspruch lediglich der Durchsetzung dieses Hauptanspruchs dienen, so ist der Auskunftsanspruch als bloßer Hilfsanspruch vom Bestehen des Hauptanspruchs abhängig.[20] In diesem Fall handelt es sich um einen so genannten „unselbständigen“ oder „akzessorischen“ Auskunftsanspruch. Das Reichsgericht stützte ihn zunächst auf die

---

16 Teplitzky Kap. 52, Rn. 31; Speckmann Rn. 269.

17 RGZ 108, 1, 6 f.

18 RGZ 108, 1, 6 f.; zu den Voraussetzungen im Einzelnen siehe Oppermann S. 11 ff.; Teplitzky Kap. 38, Rn. 6 ff.

19 BGH GRUR 1976, 367, 368-Ausschreibungsunterlagen; BGH GRUR 1994, 630, 632 f.- Cartier-Armreif; Busse-Keukenschrijver § 140 b, Rn. 33; Fezer § 19, Rn. 1; Piper/Ohly-Piper § 9, Rn. 60; Speckmann Rn. 270 und 272; strittig hinsichtlich Unterlassungsanspruchs siehe Oppermann S. 31.

20 BGH GRUR 1957, 219, 222-Bierbezugsvertrag; BGH GRUR 1994, 630, 632-Cartier-Armreif; BGH GRUR 1997, 116-Prospekthalter.

Vorschriften zur Geschäftsführung ohne Auftrag.[21] Da diese Konstruktion jedoch zahlreiche Lücken aufwies und keinen effektiven Schutz des Rechteinhabers gewährleisten konnte,[22] gingen die Gerichte in der Folgezeit davon aus, dass sich der Auskunftsanspruch aus Treu und Glauben[23] beziehungsweise aus Gewohnheitsrecht ergibt.[24]

Der Auskunftsanspruch kann auch der Ermittlung vor- und nachgelagerter Verletzerstufen beziehungsweise der Unterbindung künftiger Rechtsverletzungen dienen, gegen die der Hauptanspruch gerichtet werden soll.[25] Dieser „selbständige“ oder „primäre“ Auskunftsanspruch besteht, anders als der akzessorische Auskunftsanspruch, unabhängig von einem gegen den konkreten Verletzer gegebenen Schadensersatz- oder Beseitigungsanspruch.[26] Er wurde zunächst lediglich als Form des Schadensersatzanspruchs auf Grundlage des § 249 BGB gewährt, setzte also schuldhaftes Handeln voraus. Das Verschuldenserfordernis stellt eine nicht unerhebliche Hürde bei der Durchsetzung des Auskunftsanspruchs dar. Daher wurde nach einer verschuldensunabhängigen Form des Auskunftsanspruchs gesucht. Diese wurde in § 242 BGB iVm. dem durch den Verstoß begründeten Rechtsverhältnis gefunden.[27] Zudem enthalten zahlreiche gesetzliche Vorschriften verschuldensunabhängige Auskunftsansprüche. Neben Auskunftsansprüchen im BGB, wie zum Beispiel in den §§ 1379, 1435, 1605, 2057, 2127, 2362 Absatz 2, fand sich der selbständige Auskunftsanspruch im gewerblichen Rechtschutz und Urheberrecht in den alten Fassungen der §§ 19 MarkenG, 101 UrhG, 46 GeschmMG, 140b PatG, 24b GebrMG, 9 HalbleiterschutzG iVm. § 24b GebrMG und § 37b SortenschutzG. Die Regelungen im Bereich des gewerblichen Rechtsschutzes wurden durch das Produktpirateriegesetz[28] im Jahr 1990 eingeführt. Durch sie wurde in den Gesetzen zum Schutz des geistigen Eigentums eine der Zeugenpflicht ähnliche Informationspflicht des Verletzers normiert,[29] die erstmals auch verschuldensunabhängig bestand.

---

21 RGZ 35, 63, 70 ff.-Ariston; RGZ 46, 14, 18-harzartige Körper; RGZ 70, 249, 251-Rechnungslegung; RGZ 84, 146, 150-Plättmuster; RGZ 130, 196, 209-Codex aureus.

22 Dazu ausführlich Banzhaf S. 27 ff.; Oppermann S. 7 f.

23 Erstmals in RGZ 108, 1, 7-Lachendes Gesicht; im Anschluss u.a.: RG GRUR 1931, 1299, 1302-Backmalextrakt; RG GRUR 1939, 494, 500-Wegengagieren; BGH GRUR 1965, 313, 314-Umsatzauskunft; BGH GRUR 1986, 62, 64 - GEMA Vermutung I; BGH GRUR 1986, 66, 67 - GEMA Vermutung II.

24 BGH GRUR 1974, 53, 54-Nebelscheinwerfer; BGH GRUR 1980, 227, 233- Monumenta Germaniae Historica; BGH GRUR 1988, 307, 308-Gaby; BGH GRUR 1994, 630, 632-Cartie- Armreif; BGH GRUR 2001, 841-Entfernung der Herstellungsnummern II; Banzhaf S. 32; Busse-Keukenschrijver § 140 b, Rn. 28 m.w.N.; Teplitzky Kap. 38, Rn. 5; Teplitzky FS Tilmann S. 914; kritisch: Tilmann GRUR 1987, 251, 253.

25 Tilmann BB 1990, 1565, 1569.

26 Tilmann BB 1990, 1565, 1568.

27 BGH GRUR 1994, 435, 437-Pulloverbeschriftung; BGH GRUR 1994, 630, 632 f.-Cartier-Armreif; BGH GRUR 1995, 427, 428 f.-Schwarze Liste; BGH GRUR 2001, 841, 842-Entfernung der Herstellungsnummer II; BGH GRUR 2002, 709, 711-Entfernung der Herstellungsnummer III; Banzhaf S. 25; Busse-Keukenschrijver § 140 b, Rn. 32; Teplitzky § 38, Rn. 4 m.w.N. und Rn. 35; Teplitzky in FS Tilmann S. 914; Tilmann BB 1990, 1565, 1568.

28 BGBl. I 1990, S. 422.

29 Tilmann BB 1990, 1565, 1569.

Vor der Umsetzung der Enforcement-Richtlinie bestand ein weiteres wesentliches Problem bei der Rechtsdurchsetzung darin, dass der Verletzte in manchen Fällen die Identität des Verletzers nicht ohne die Hilfe Dritter ermitteln konnte. Die vorhandenen Auskunftsansprüche setzten ausnahmslos voraus, dass der Auskunftspflichtige das Schutzrecht verletzt haben musste.[30] Eine Verletzung musste bereits feststehen. Es konnte im Rahmen eines Drittauskunftsanspruchs folglich nicht geschuldet sein, Auskunft über den Tatbestand einer unerlaubten Handlung zu erteilen.[31] Vielmehr war der Verletzte selbst für die jeweiligen Tatbestandsvoraussetzungen darlegungs- und beweispflichtig.[32] Einen allgemeinen Auskunftsanspruch kennt das deutsche Recht nicht, da ihm der im deutschen Zivilprozessrecht geltende Beibringungsgrundsatz entgegensteht.[33] Dennoch wurde entgegen der herrschenden Meinung[34] in zahlreichen Fällen versucht, durch eine analoge Anwendung der § 19 MarkenG a.F. oder § 101a UrhG a.F. einen Auskunftsanspruch gegen Dritte zu begründen, die selber kein Schutzrecht verletzt haben.[35] Diese Versuche zeigen, dass, auch wenn der Drittauskunftsanspruch bereits eine erheblicher Erweiterung der Schutzmöglichkeiten der Rechteinhaber mit sich brachte, diese nicht ausreichten, um den zunehmenden Schutzrechtsverletzungen in allen Fällen erfolgreich begegnen zu können.

2. Informationsgewinnung im Strafprozess

Neben den zivilrechtlichen Auskunftsansprüchen stehen dem Rechteinhaber verschiedene strafprozessuale Möglichkeiten zur Erlangung von Informationen, die er für die Einleitung eines zivilrechtlichen Prozesses gegen den Verletzer benötigt oder zumindest im Rahmen einer dem Strafverfahren nachfolgenden zivilrechtlichen Klage benutzen kann, zur Verfügung.

An erster Stelle der strafprozessualen Möglichkeiten ist das Akteneinsichtsrecht aus § 406e Absatz 1 Satz 2 StPO zu nennen. Über diesen Weg konnten sich verletzte Schutzrechtinhaber in der Vergangenheit wiederholt die für eine zivilrechtliche Verfolgung ihrer Rechte erforderlichen Informationen beschaffen. Ermittelt die Staatsanwaltschaft, haben die Strafverfolgungsbehörden nach den §§ 94 ff., 102 und 103 StPO weitreichende Befugnisse. Die im Rahmen der Ermittlungen gefundenen Informationen können dabei deutlich über die im Rahmen eines Auskunftsanspruches zu erlangenden Angaben hinausgehen. Der Verletzte kann bereits während des Ermittlungsverfahrens Einsicht in die Verfahrensakten nehmen.[36] Ein berechtigtes Interesse an der Einsichtnahme im Strafprozess kann auch dann bestehen, wenn die

30 Ibbeken S. 71; Tilmann BB 1990, 1565, 1569.

31 Busse-Keukenschrijver § 140 b, Rn. 36 und 39; Teplitzky Kap. 38, Rn. 4; Tilmann GRUR 1987, 251, 256; Peukert/Kur GRUR Int. 2006, 292, 296.

32 BGH GRUR 1995, 216, 219- Oxygenol II; OLG Koblenz NJW-RR 2004, 410; Zöller-Greger Vor § 128, Rn. 11; Musielak-Foerste § 284, Rn. 1; Mes GRUR 2000, 934, 941; Peukert/Kur GRUR Int. 2006, 292, 296.

33 BGH GRUR 1971, 519, 521-Urheberfolgerecht; BGH GRUR 1978, 54, 55-Preisauskunft; Oppermann S. 5 und S. 19; Fezer § 19, Rn. 1; Ulrich WRP 1997, 135; Peukert/Kur GRUR Int. 2006, 292, 296.

34 OLG Frankfurt Urt. v. 25.1.2005-11 U 51/04; Sieber/Höfinger MMR 2004, 575, 576 f. Kitz MMR 2005, 133, 134.

35 LG Köln, Urt. v. 26.7.2004-28 O 301/04; LG München I MMR 2004, 192, 193; LG Hamburg MMR 2005, 55, 56 f. m. Anm. Köcher/Kaufmann; Czychowski MMR 2004, 514, 516 f.

36 Ibbeken S. 103; Oppermann S. 199.

Gewinnung von Beweisen für das Zivilverfahren das Ziel der Einsichtnahme ist. Andererseits folgt das berechtigte Interesse nicht geradezu „automatisch“ aus der Verletzteneigenschaft.[37] Zwar ist es nach h.M. unerheblich, ob die durch die Einsichtnahme erhaltenen Kenntnisse im Zivilverfahren als Ausforschungsbegehren zu beurteilen gewesen wären.[38] Es muss aber bei der Entscheidung über die Gewährung eines Akteneinsichtsrechts eine Abwägung zwischen den Interessen des Verletzten einerseits und dem Gebot des schonenden Einsatzes justizieller Mittel sowie der Interessen des von den Ermittlungen Betroffenen anderseits erfolgen.[39] Durch das Einsichtsrecht soll nicht generell die Möglichkeit eröffnet werden, zivilrechtliche Streitigkeiten über den „Umweg“ eines Strafverfahrens vorzubereiten. Auch ist es nicht die Aufgabe der Strafverfolgungsbehörden, die Geltendmachung bloßer zivilrechtlicher Ansprüche zu ermöglichen, ohne dass eine Straftat nachweisbar wäre.[40]
Ferner kommt ein Privat- oder Nebenklageverfahren in Betracht innerhalb dessen ein Einsichtsrecht nach § 385 Absatz 3 StPO beziehungsweise § 397 Absatz 1 Satz 2 iVm. § 385 Absatz 3 StPO besteht. Schließlich kann der Verletzte seinen zivilrechtlichen Anspruch direkt im Rahmen des Strafprozesses durch eine Adhäsionsklage nach den §§ 403 ff. StPO geltend machen. Damit eine Akteneinsicht erfolgen kann, muss die Staatsanwaltschaft überhaupt tätig werden. Die im Zusammenhang mit Verletzungen gewerblicher Schutzrechte geregelten Straftatbestände, wie z.B. die § 142 Absatz 1 PatG; §§ 106 bis 108 UrhG; § 108b UrhG; § 51 Absatz 1 GeschmMG; §§ 143 Absatz 1, 143a MarkenG; § 25 Absatz 1 GebrMG, sind als relative Antragsdelikte ausgestaltet und werden daher nur auf Antrag nach den §§ 77 ff. StPO oder nach Feststellung eines besonderen öffentlichen Interesses durch die Staatsanwaltschaft verfolgt. Ein solches Interesse wird jedoch häufig verneint.[41] Nur wenn die Schutzrechtsverletzung gewerbsmäßig erfolgt, handelt es sich um ein Offizialdelikt, dem die Strafverfolgungsbehörden von Amts wegen nachgehen müssen.[42] Auch durch die geplante Richtlinie des Europäischen Parlaments und des Rates über strafrechtliche Maßnahmen zur Durchsetzung der Rechte des geistigen Eigentums[43] wird sich an dieser Situation voraussichtlich nichts ändern.
Allerdings sollen die Möglichkeiten des Rechteinhabers, im Rahmen eines Ermittlungsverfahrens Informationen über die Rechtsverletzung zu gewinnen, durch die Umsetzung des Artikels 7 der geplanten Richtlinie über strafrechtliche Maßnahmen zur Durchsetzung der Rechte des geistigen Eigentums noch verbessert werden. Es ist vorgesehen dass betroffene Rechteinhaber oder ihre Vertreter beziehungsweise Sachverständige mit den Strafverfolgungsbehörden gemeinsame Ermittlungsgruppen bilden. Diese Gruppen sollen zumindest vorsätzliche und in gewerblichem Umfang begangene strafbare Schutzrechtsverletzungen untersuchen. Bei diesen Ermittlungen kann der betroffene Rechteinhaber mitwirken. Welche Mitwirkungsbefugnisse

---

37 LG München Beschluss vom 12.03.2008 - 5 Qs 19/08.

38 OLG Hamm, NJW 1985, 2040, 2041; OLG Koblenz StV 1988, 332, 333, m. Anm. Schlothauer; Ibbeken S. 100 m.w.N. auch für die a.A.; a.A.: LG München Beschluss vom 12.03.2008 - 5 Qs 19/08.

39 LG München Beschluss vom 12.03.2008 - 5 Qs 19/08.

40 LG München Beschluss vom 12.03.2008 - 5 Qs 19/08.

41 Ibbeken S. 98 m.w.N.; Mes GRUR 2000, 934, 936.

42 § 142 Absatz 2 PatG; § 108a UrhG; § 51 Absatz 2 GeschmMG; §§ 143 Absatz 2, 143a MarkenG; § 25 Absatz 2 GebrMG.

43 KOM (2006) 168 endg. = 2005/0127 (COD). Das europäische Parlament billigte den geänderten Richtlinienentwurf der Kommission mit legislativer Entschließung vom 25.04.2007.

und Auskunftsansprüche dem Rechteinhaber bei diesen Untersuchungen genau zustehen, wird durch den Richtlinienvorschlag bislang jedoch nicht geklärt.

Werden die benötigten Informationen bereits durch die Einsichtnahme erlangt, ist ein Auskunftsanspruch gegen den Verletzer entbehrlich. Zudem hat die Stellung eines Strafantrages für den Verletzten den Vorteil, dass er selber die Verletzung nicht nachweisen muss, sondern, wenn die Staatsanwaltschaft einen begründeten Anfangsverdacht feststellt beziehungsweise ein öffentliches Interesse an der Strafverfolgung bejaht, von Amts wegen ermittelt wird, ob eine Verletzung vorliegt.
Trotz dieser Vorteile kann ein Vorgehen des Verletzten über ein strafprozessuales Einsichtrecht kein vollwertiger Ersatz für ein effektives zivilrechtliches Auskunftsverfahren sein, denn neben der rechtspolitisch nicht wünschenswerten Instrumentalisierung des Strafverfahrens zur Durchsetzung der primär verfolgten zivilrechtlichen Ziele, verbleiben solche Fälle, in denen kein Offizialdelikt vorliegt, die Staatsanwaltschaft ein öffentliches Interesse verneint,[44] das Ermittlungsverfahren nach den §§ 153, 153a, 153 b, 154, 154a StPO einstellt, ohne dass für den Rechteinhaber interessante Beweise gefunden wurden oder die Einsichtnahme durch Staatsanwaltschaft und Gericht abgelehnt wird. Weiterer Nachteil eines Vorgehens über ein strafprozessuales Einsichtsrecht ist, dass ein strafrechtlich spezialisierter Anwalt benötigt wird, der sich in enger Zusammenarbeit mit der Staatsanwaltschaft um die Vollständigkeit der Untersuchungen bemüht.[45] Andernfalls droht eine Verzögerung des Verfahrens, durch welche die gewonnenen Ergebnisse für den Rechteinhaber nutzlos werden könnten.[46]

II. Neuerungen durch die Enforcement-Richtlinie

Der Auskunftsanspruch wurde weitestgehend identisch in den §§ 140b PatG, 24b GebrMG, 19 MarkenG, 9 Absatz 2 Halbleiterschutzgesetz iVm. § 24b GebrMG, § 101 UrhG, § 46 Absatz GeschmMG und § 37b Sortenschutzgesetz neu geregelt.[47] Dies erfolgte zur Umsetzung der Vorgaben des Artikels 8 der Enforcement-Richtlinie. Artikel 8 RL wurde geschaffen, um Artikel 47 TRIPS zu ergänzen.[48] Er orientiert sich unter anderem an entsprechenden Vorschriften des deutschen Rechts, wie § 19 MarkenG a.F., § 140b PatG a.F. und § 101a UrhG a.F.[49]

---

44 Stauder GRUR Int. 1986, 342, 343; Fritze/Stauder GRUR Int. 1986, 342, 343; Krieger GRUR Int. 1997, 421, 426.

45 Oppermann S. 208.

46 *Mes* (GRUR 2000, 934, 936) weist in diesem Zusammenhang darauf hin, dass keine Sachverständigen zur Begutachtung hinzugezogen werden können.

47 Abhängig von den, dem Schutzrecht zugrunde liegenden, Fallgestaltungen variiert der Wortlaut. So ist in Absatz 2 des im PatG, GebrMG und GeschmMG geregelten Auskunftsanspruchs die Rede von „Erzeugnissen“, während es im MarkenG „Ware“, im UrhG „Vervielfältigungsstücke“ und im SortenschutzG „Material“ heißt. Dieselben Begriffe finden sich auch in Absatz 3 des jeweiligen Auskunftsanspruchs. Nach Absatz 2 des im GeschmMG und SortenschutzG geregelten Auskunftsanspruchs wird zudem eine Person, welche nach Angaben der in Nr. 1-3 genannten Personen an der Erbringung rechtsverletzender Dienstleistungen beteiligt war, nicht von dem jeweiligen Auskunftsanspruch erfasst. Hinsichtlich der im Folgenden zu untersuchenden Fragestellungen ergibt sich durch diese Abweichungen im Wortlaut jedoch kein bedeutsamer Unterschied zwischen den verschiedenen, genannten Auskunftsansprüchen.

48 KOM (2003), 46 endg. S. 23.

49 KOM (2003), 46 endg. S. 23.

Die gravierendste Neuerung, welche die spezialgesetzlichen Auskunftsansprüche erfahren haben, ist, dass sich der Auskunftsanspruch nunmehr gemäß Absatz 2 der genannten spezialgesetzlichen Auskunftsansprüche nicht nur gegen den Verletzer, sondern auch gegen jede andere Person, die in gewerblichem Ausmaß

1. rechtsverletzende Erzeugnisse in ihrem Besitz hatte,
2. rechtsverletzende Dienstleistungen in Anspruch nahm,
3. für rechtsverletzende Tätigkeiten genutzte Dienstleistungen erbrachte, oder
4. nach den Angaben einer in Nummer 1, 2 oder Nummer 3 genannten Person an der Herstellung, Erzeugung oder am Vertrieb solcher Erzeugnisse oder an der Erbringung solcher Dienstleistungen beteiligt war[50]

gerichtet werden kann. Wie weit diese Neuerung reicht, bemisst sich insbesondere an der Reichweite des Verletzerbegriffs, welcher unter C.I. erläutert werden soll. Dass Nichtverletzer im Rahmen eines Auskunftsanspruchs passivlegitimiert sein können, war dem deutschen Recht bislang fremd. Die unter I. dargestellten Fallkonstellationen sahen nur den Rechtsverletzer selber als Auskunftspflichtigen vor. Die Umsetzung des Artikels 8 RL in deutsches Recht hat zahlreiche Probleme zivilprozessualer und verfassungsrechtlicher Natur aufgeworfen, die es im Folgenden zu erörtern gilt. Insbesondere stellt sich die Frage nach der Notwendigkeit eines Richtervorbehalts (C.II.2.), der Auslegung des neu eingeführten Begriffs des „gewerblichen Ausmaßes" (D.) sowie der Möglichkeit eines Auskunftsanspruchs gegen Internetprovider (F.).

Neben dem Kreis der Auskunftspflichtigen wurde auch der Katalog der bislang zu erteilenden Angaben erweitert. Nunmehr erstreckt sich die Auskunftspflicht auch auf die Nennung der Preise und Mengen rechtsverletzender Waren und Dienstleistungen (E.I.). Diese Angaben wurden zuvor nur im Rahmen des unselbständigen Auskunftsanspruchs auf Grundlage des § 242 BGB geschuldet.

Artikel 4 RL räumt die Möglichkeit ein, neben dem Rechteinhaber weitere Aktivlegitimierte vorzusehen. Wie unter B.II.4. gezeigt werden soll, war die Ausweitung der Aktivlegitimation jedoch nicht zwingend in nationales Recht zu übernehmen. Hinsichtlich der Darlegung der Aktivlegitimation ist die in Artikel 5 RL für den Urheber und den Inhaber von dem Urheberrecht verwandten Schutzrechten aufgestellte Urheber- beziehungsweise Inhabervermutung von Bedeutung. Die vor der Enforcement-Richtlinie bereits bestehende Regelung des § 10 UrhG wurde aufgrund dieses Artikels erweitert (B.I.2. und B.II.3.b).

III. Rechtsnatur des selbständigen Auskunftsanspruchs

Bei den spezialgesetzlichen Auskunftsansprüchen handelt es sich um selbständige Auskunftsansprüche.[51] Sie sind modifizierte Formen des allgemeinen aus § 242 BGB hergeleiteten Auskunftsanspruchs.[52] Über die Rechtsnatur des selbständigen Aus-

50 Bei dem hier zitierten Gesetzestext handelt es sich um Absatz 2 des in § 140b PatG geregelten Auskunftsanspruchs. Die in den sonstigen Spezialgesetzen zum gewerblichen Rechtsschutz und im Urheberrecht geregelten entsprechenden Auskunftsansprüche weichen in ihrem Wortlaut wie oben dargestellt ab.

51 OLG Frankfurt GRUR-RR 2005, 147, 148; OLG Hamburg GRUR-RR 2005, 209, 213 m.w.N.

52 OLG Frankfurt GRUR 2005, 147, 148.

kunftsanspruchs wird seit jeher gestritten. Er wurde zunächst als Schadensersatzanspruch eingestuft.[53] Nunmehr ist aber anerkannt, dass der Auskunftsanspruch auch der Beseitigung einer Störung dienen kann.[54] Wie der Anspruch dogmatisch einzuordnen ist, konnte jedoch nach wie vor nicht eindeutig entschieden werden. Die Einordnung ist für die Beantwortung verschiedenster Streitfragen aber von erheblicher Bedeutung. Die Voraussetzungen des Anspruchs und die als Verletzer erfassten Personen lassen sich nur unter Berücksichtigung der Rechtsnatur des Auskunftsanspruchs bestimmen.

1. Differenzierung zwischen Schaden und Beeinträchtigung

Die erste Schwierigkeit bei der Beurteilung, ob ein Schadensersatz- oder ein Beseitigungsanspruch einschlägig ist, liegt in der Beurteilung, ob ein Schaden oder eine Beeinträchtigung gegeben ist. Die Differenzierung bereitet Probleme, da beide im Grunde wesensgleiche Verletzungstatbestände sind.[55] In beiden Fällen soll die Korrektur nachteiliger Konsequenzen eines in der Vergangenheit liegenden haftungsbegründenden Ereignisses erfolgen.[56]

Die Ergebnisse der Rechtsprechung hinsichtlich der Abgrenzung von Beseitigungs- und Schadensersatzansprüchen sind uneinheitlich.[57] In der Literatur wurden verschiedene Vorschläge unterbreitet, wie eine Differenzierung vorzunehmen sein soll.[58] Die Ansätze zeigen jedoch erhebliche Schwächen. Sie vermögen entweder keine eindeutigen Unterscheidungskriterien zu begründen oder sie führen zu unbilligen Ergebnissen.

Zustimmung verdient die von *Gräfin von Merveldt* vertretene Ansicht.[59] Sie plädiert für eine konsequentere Anwendung der Grundsätze, welche der Rechtsprechung zugrunde liegen. Maßgeblich ist demnach eine klare Trennung zwischen der Beeinträchtigung und den durch diese hervorgerufenen Folgebeeinträchtigungen. Letztere können nur im Rahmen eines Schadensersatzanspruchs ersetzt werden, es sei denn, sie werden erst durch die Beseitigung der ursprünglichen Beeinträchtigung verursacht. Ist die Beseitigung der Folgebeeinträchtigungen und damit eine Wiederherstellung untrennbar mit der Beseitigung der ursprünglichen Beeinträchtigung verbunden, besteht dennoch ein Beseitigungsanspruch.

---

53 BGH GRUR 1972, 558, 560-Teerspritzmaschinen; BGH GRUR 1974, 351, 351-Frisiersalon; BGH GRUR 1976, 367, 368-Ausschreibungsunterlagen; OLG Frankfurt GRUR-RR 2005, 147, 148; OLG Hamburg MMR 2005, 453, 456; wohl auch OLG Hamburg GRUR-RR 2005, 209, 212.

54 Erstmals: RG GRUR 1939, 494, 500-Wegengagieren; im Anschluss u.a.: BGH GRUR 1994, 630, 632 f.-Cartier-Armreif; GRUR 1994, 435, 437-Pulloverbeschriftung; GRUR 1995, 427, 428 f.-Schwarze Liste; GRUR 2001, 841, 842-Enfernung der Herstellungsnummer II; BGH GRUR 2002, 709, 711-Entfernung der Herstellungsnummer III.

55 Siehe Oppermann S. 66, Fn. 332.

56 Staudinger-Gursky § 1004, Rn. 138.

57 Müko-Medicus § 1004, Rn. 72; Staudinger/Gursky § 1004, Rn. 137.

58 Siehe die Darstellung und Diskussion bei Müko-Medicus § 1004, Rn. 71 sowie bei Gräfin von Merveldt S. 45 ff.

59 Gräfin von Merveldt S. 52 ff. m.w.N.

2. Auskunftserteilung als Schadensersatz

a) Schaden

Damit die Drittauskunftserteilung als Schadensersatz gewährt werden kann, müsste überhaupt ein Schaden gegeben sein, der durch die Drittauskunft beseitigt werden kann. Das entscheidende Differenzierungskriterium zwischen Schaden und Beeinträchtigung ist das Fortdauern der Konsequenzen des haftungsbegründenden Ereignisses.

Der Auskunftsanspruch wird vom Verletzten geltend gemacht, um durch das Aufstöbern weiterer Verletzer ein Vorgehen gegen diese zu ermöglichen und so zu verhindern, dass durch diese weitere Verletzungen begangen werden. Sowohl bei der Unterwanderung eines Vertriebsbindungssystems als auch beim Bestehen einer Absatzkette von Verletzern droht dem Verletzten regelmäßig der Eintritt weiterer Schäden durch die Lückenhaftigkeit seines Systems bzw. durch den Fortbestand der Absatzkette und den daher drohenden weiteren Vertrieb rechtsverletzender Waren. Allerdings ruft jede Verletzung, die im Rahmen der Absatzkette erfolgt, einen eigenständigen Schaden hervor und bildet nicht Teil eines einzigen großen Schadensfalls.[60] Da primärer Zweck des Auskunftsanspruchs die Verhinderung weiterer Verletzungen bildet, dient er nicht der Beseitigung der bereits eingetretenen Beeinträchtigungen und damit eines Schadens, sondern allenfalls der Beseitigung einer vom Fortbestand des Verletzernetzwerkes ausgehenden, andauernden Gefahr.[61]

b) Auskunftserteilung als Schadensersatz

Auch die mit einem Schadensersatz verbundenen Rechtsfolgen sprechen gegen die Einordnung des Auskunftsanspruchs als Schadensersatzanspruch. Im Rahmen der Naturalrestitution wird die Wiederherstellung des Zustandes, der ohne das schädigende Ereignis bestehen würde, geschuldet. Dafür reicht es aus, einen Zustand zu schaffen, der dem schadensfreien möglichst nahe kommt.[62] Wie groß die Abweichungen sein dürfen, wird bislang nicht einheitlich beantwortet.[63] Dies kann hier aber auch dahinstehen, denn geschuldet ist jedenfalls die Herbeiführung eines tatsächlichen Erfolgs.[64] Der tatsächliche Erfolg wird in den Fällen des Auskunftsanspruchs aber nicht bereits durch die Auskunftserteilung bewirkt, sondern erst durch die Geltendmachung der bestehenden Ansprüche gegen die auf das Auskunftsverlangen hin benannten Dritten.[65] Erst mit Durchsetzung dieser Ansprüche wird wieder eine dem schadensfreien Zustand vergleichbare Situation geschaffen. Um diesen Zustand zu erreichen, genügt es aber nicht, dass der Schädiger die Auskunft erteilt. Vielmehr muss der Verletzte im Rahmen der nachfolgenden Prozesse den Schaden selbst begleichen und trägt dabei das Prozessrisiko. Dies stellt auch die herrschende Meinung fest, wenn sie davon ausgeht, dass der Auskunftsanspruch lediglich der *Vorbe-*

---

60 A.A. Tilmann GRUR 1987, 251, 261; siehe dazu sogleich unter A.III.3.b).

61 Ernst-Moll in FS Klaka S. 18; Tilmann GRUR 1987, 251, 258.

62 BGH NJW-RR 2003, 1042, 1043; Oppermann S. 55; Müko-Oetker § 249, Rn. 313 m.w.N.

63 Streitdarstellung bei Müko-Oetker § 249, Rn. 314 m.w.N.

64 Oppermann S. 56 m.w.N; Larenz S. 467.

65 Banzhaf S. 118; Oppermann S. 57 f.

reitung der Naturalrestitution dient.[66] Dennoch gewährt sie rein ergebnisorientiert einen Schadensersatz auf Grundlage des § 249 Absatz 1 BGB.[67].

3. Auskunft als Beseitigung einer Beeinträchtigung

Damit eine Auskunft als Störungsbeseitigungsmaßnahme verlangt werden kann, müsste eine Beeinträchtigung gegeben sein. Eine solche könnte in der Unkenntnis des Verletzten oder in der Beteiligung des Auskunftspflichtigen an einer Absatzkette zu sehen sein.

a) Unkenntnis des Verletzten

Um eine Beeinträchtigung handelt es sich auch dann, wenn ein gefahrbegründender Störungszustand geschaffen wird.[68] Einige Stimmen in der Literatur gehen daher davon aus, die Unkenntnis des Verletzten von den einzelnen Gliedern der Verletzerkette sei Teil eines gefahrbegründenden Störungszustandes.[69] Richtig ist, dass durch die Unkenntnis der Verletzte an der Verfolgung der Verletzer gehindert wird und der Fortbestand der Absatzkette die Gefahr weiterer Verletzungen birgt. Auf der anderen Seite kann die Unkenntnis des Verletzten keinen gefahrbegründenden Zustand darstellen, wenn nicht anzunehmen ist, dass weitere Rechtsverletzungen von der Verletzerkette ausgehen werden.[70] Zudem ist gegen die Einordnung der Unkenntnis des Verletzten als Teil eines gefahrbegründenden Zustandes einzuwenden, dass die Unkenntnis zwar vom Verletzer beseitigt werden könnte aber nicht von diesem geschaffen wurde. Die Unkenntnis des Verletzten von den einzelnen Absatzstufen geht zwar mit der Verletzung einher, sie wird jedoch nicht durch die Verletzung verursacht.[71] Es fehlt folglich an der Kausalität zwischen der Unkenntnis und der Verletzung. Ferner hat *Oppermann* richtig angemerkt, dass die Bestimmung des Beeinträchtigungszustandes grundsätzlich nicht an einen in der Person des Verletzten vorliegenden Zustand angeknüpft werden kann, sondern sich auf das betreffende gewerbliche Rechtsgut oder das Urheberrecht beziehen muss.[72] Die Unkenntnis stellt folglich keine Beeinträchtigung dar.[73]

b) Beteiligung an einer Absatzkette

Eine Beeinträchtigung könnte in der bloßen Bildung einer Absatzkette liegen.[74] Dass zur rechtswidrigen Verwendung bestimmte Gegenstände durch eine rechtswidrige Handlung des Schuldners in die Hände von Dritten gelangt sind, kann nur dann ei-

66 BGH GRUR 1994, 630, 632-Cartier-Armreif.
67 BGH GRUR 1964, 320, 323-Maggi; BGH GRUR 1974, 351, 352-Frisiersalon; BGH GRUR 1976, 367, 368-Ausschreibungsunterlgen; Banzhaf S. 118; Palandt-Heinrichs § 249, Rn. 42.
68 Müko-Medicus § 1004, Rn. 47; zur Beeinträchtigung von Vertriebsbindungssystemen: Banzhaf S. 77.
69 Teplitzky Kap. 38, Rn. 6; nicht eindeutig: BGH GRUR 1995, 427, 428-Schwarze Liste.
70 BGH GRUR 1994, 635, 637-Pulloverbeschriftung.
71 So auch Gräfin von Merveldt S. 55.
72 Oppermann S. 36.
73 So auch Oppermann S. 36; Ernst-Moll in FS Klaka S. 18;. a.A. Teplitzky Kap. 38, Rn. 6; Pastor in Reimer S. 334.
74 So im Ergebnis Ernst-Moll in FS Klaka S. 18; Oppermann S. 36.

nen Störungszustand begründen, wenn weitere Verletzungen zu befürchten sind.[75] Vertreibt der Verletzer die verletzende Ware über eine zu diesem Zweck gebildete Absatzkette, kommen weitere Verletzungen durch andere Glieder dieser Kette in Betracht. Die Schutzrechtsverletzungen auf den einzelnen Handelsstufen könnten daher insgesamt als Teil einer die einzelnen Verletzungshandlungen zusammenfassenden Gesamtverletzung zu verstehen sein und die einzelnen Kettenmitglieder könnten in einer Störergemeinschaft gemäß den §§ 830, 840 BGB analog für die Gesamtverletzung haften.[76] Voraussetzung dafür ist, dass es sich bei der Beeinträchtigung um ein und dieselbe Tat im Sinne der Verwirklichung einer unerlaubten Handlung handelt. Der auskunftspflichtige Verletzer könnte ein Untätigkeitsstörer[77] sein. Durch die Geheimhaltung der Kettenglieder hält er die Verletzerkette intakt. Darin könnte die Schaffung einer Gefahrenlage zu sehen sein.[78] Dagegen spricht aber, dass die Gefahr nicht aufgrund der bestehenden geschäftlichen Bindung zwischen dem Verletzer und dem Dritten sowie ihrer Geheimhaltung besteht. Die eigentliche Gefahr geht vielmehr von der Person des Dritten aus. Der Verletzer selber haftet daher nicht als Störer. Dennoch eine einheitliche Tat anzunehmen, wäre verfehlt. Durch eine Analogie zu den §§ 830, 840 BGB kann niemand zum Störer gemacht werden.[79] Für dieselbe Tat im Sinne der §§ 830, 840 BGB reicht folglich die Beteiligung als Glied in der Absatzkette nicht aus.[80]

c) Zwischenergebnis

Für die Erteilung einer Auskunft als Beseitigungsmaßnahme fehlt es bereits an einer zu beseitigenden Beeinträchtigung durch den Anspruchsschuldner. Eine Beeinträchtigung geht lediglich von der Person aus, über welche die Auskunft erteilt werden soll. Selbst wenn man eine Beeinträchtigung durch den Schuldner annehmen sollte, wäre die Auskunftserteilung keine taugliche Störungsbeseitigungshandlung, da durch sie die Störung nicht beseitigt würde. Der selbständige Auskunftsanspruch kann folglich auch kein Beseitigungsanspruch sein.

4. Anspruch sui generis

Da der selbständige Auskunftsanspruch weder Schadensersatz- noch Beseitigungsanspruch ist, muss es sich um einen Anspruch sui generis handeln. Vor dieser Konsequenz sind die Vertreter der herrschenden Meinung bislang zurückgeschreckt und haben stattdessen unnötig komplizierte Begründungen für die Einordnung des Auskunftsanspruchs in einer der beiden Anspruchsarten gesucht oder einfach auf eine Begründung ihrer Ansicht verzichtet.

Für eine Einordnung als Anspruch sui generis spricht, dass er stets auf eine eigene Anspruchsgrundlage, nämlich entweder auf § 242 BGB oder auf die Spezialgesetze

---

75 BGH GRUR 1994, 635, 637-Pulloverbeschriftung; BGH GRUR 1995, 427, 428-Schwarze Liste; a.A. Oppermann S. 36; Ernst-Moll in FS Klaka S. 18.

76 Tilman GRUR 1987, 251, 261.

77 Zum Begriff Müko-Medicus § 1004, Rn. 47 ff.

78 Der BGH (GRUR 1995, 427, 428-Schwarze Liste) gewährte einen Auskunftsanspruch „zur Beseitigung des fortwirkenden Zustandes als Quelle künftiger Störungen".

79 Banzhaf S. 82.

80 So aber *Tilmann* (GRUR 1987, 251, 262) der aufgrund der gegenseitigen Abhängigkeit der Kettenglieder voneinander eine gemeinschaftliche Tat annimmt.

zurückgeführt und nicht im Rahmen eines Schadensersatz- oder Beseitigungsanspruchs gewährt wurde.[81]
Seinem Wesen nach ähnelt der selbständige Auskunftsanspruch eher einem Beseitigungs- und damit einem Abwehranspruch als einem Schadensersatzanspruch, welcher der Gattung der Ausgleichansprüche angehört. Im Unterschied zu Ausgleichsansprüchen zeichnen sich Abwehransprüche dadurch aus, dass sie der Verhinderung künftiger Beeinträchtigungen dienen und genau dies tut der selbständige Auskunftsanspruch.[82] Der Unterschied des selbständigen Auskunftsanspruchs zum Beseitigungsanspruch liegt lediglich darin, dass die künftige Beeinträchtigung von einem Dritten und nicht von dem Anspruchsschuldner ausgeht und durch die Erfüllung des Anspruchs die Beeinträchtigung nicht sofort beseitigt wird, sondern lediglich die Möglichkeit zur Beseitigung durch die Geltendmachung weiterer Ansprüche bereitet wird. Für die Einordnung als Abwehranspruch sui generis spricht ferner, dass die in den §§ 140b Absatz 1 PatG, 24b Absatz 1 GebrMG, 19 Absatz 1 MarkenG, 9 Absatz 2 Halbleiterschutzgesetz iVm. § 24b Absatz 1 GebrMG, § 101 Absatz 1 UrhG, § 46 Absatz 1 GeschmMG und § 37b Absatz 1 Sortenschutzgesetz geregelten Ansprüche verschuldensunabhängig gewährt werden, was bei Schadensersatzansprüchen nicht der Fall sein kann.

B. Auskunftsberechtigte

I. Der Rechteinhaber

1. Nachweis der Inhaberschaft

Der Rechteinhaber ist stets aktivlegitimiert. Wer Inhaber des Rechts ist, kann zumeist ohne Schwierigkeiten anhand der Eintragung in den betreffenden Registern nachgewiesen werden. Problematisch kann die Erbringung des Nachweises der Rechteinhaberschaft dann sein, wenn die Verletzung eines Schutzrechtes geltend gemacht wird, welches nicht eingetragen ist, wie beim Urheberrecht, dem nicht eingetragenen Gemeinschaftsgeschmacksmuster und der notorisch bekannten sowie der mit Verkehrsgeltung benutzten Marke. Dem Markenrechtsinhaber dürfte es jedoch trotz fehlenden Registereintrags weitestgehend problemlos gelingen, seine Inhaberschaft nachzuweisen. In den anderen Fällen ist der Nachweis hingegen schwieriger zu führen.

2. Urheber- oder Inhabervermutung

a) Übereinstimmung von Artikel 5 RL und § 10 Absatz 1 UrhG

Im Bereich des Urheberrechts wurde die Problematik im deutschen Recht bereits im Jahre 1965 durch die Normierung des § 10 UrhG a.F. zum Teil gelöst. So stellt § 10 Absatz 1 UrhG eine widerlegbare Vermutung zugunsten desjenigen auf, der auf Vervielfältigungsstücken eines erschienenen Werkes oder dem Original eines Werkes als Urheber bezeichnet wurde. Demnach muss nicht der Urheber seine Urheberschaft, sondern derjenige, welcher die Urheberschaft bestreitet, muss das Gegenteil

81 Siehe auch Gräfin von Merveldt S. 56, die, soweit ersichtlich, bislang als Einzige von einem Anspruch sui generis ausgeht.
82 Teplitzky Kap. 22, Rn. 2.

beweisen. Ist das Werk hingegen lediglich veröffentlicht, so gilt die Vermutung des § 10 Absatz 1 UrhG nicht, es sei denn, es handelt sich um ein Werk der bildenden Künste.
Auf die Vermutung kann sich sowohl der Urheber selbst als auch dessen Rechtsnachfolger berufen. Ferner ist sie im Verhältnis mehrerer Miturheber untereinander und gegenüber Dritten anwendbar.[83] Vermutet wird allerdings nicht, dass überhaupt ein urheberrechtlich schützenwertes Recht vorliegt.[84]
Anders als § 10 Absatz 1 UrhG verlangt Artikel 5 RL kein Erscheinen des Werkstücks. Selbst ein Veröffentlichen setzt der Wortlaut des Artikels 5 RL nicht voraus. Nach Artikel 15 RBÜ[85] und dem daran anknüpfenden Artikel 5 RL[86] wird lediglich verlangt, dass der Name des Urhebers in der üblichen Weise auf dem Werkstück angegeben ist. Die Veröffentlichung ist aber, wie *Grünberger* ausführlich dargestellt hat, eine ungeschriebene Tatbestandsvoraussetzung des Artikels 15 Absatz 1 Satz 1 RBÜ und daher auch des Artikels 5 lit. a RL.[87] Demnach verlangt das Gemeinschaftsrecht lediglich ein „Veröffentlichen" des Werkes, damit die Urhebervermutung greift, wohingegen § 10 UrhG ein „Erscheinen" voraussetzt.
Die ältere Literatur ging mit Blick auf Artikel 15 RBÜ bislang davon aus, dass der gemeinschaftsrechtliche Begriff des Veröffentlichens mit dem deutschen Verständnisses des Begriffs übereinstimmt.[88] Ein Erscheinen des Werkes sollte demnach nicht erforderlich sein.[89] Der Unterschied der bei einer Anwendung des Artikel 15 RBÜ erzielten Ergebnisse wurde im Verhältnis zu den bei einer Anwendung des § 10 UrhG erzielten Ergebnisse als gering eingestuft,[90] da ein Werkstück, auf welchem der Name des Urhebers in der üblichen Weise angegeben wurde, in aller Regel bereits erschienen und nicht nur veröffentlicht sei.[91] Folgt man dieser Ansicht, so wäre der Gesetzgeber bei Umsetzung der Enforcement-Richtlinie verpflichtet gewesen, § 10 UrhG den Vorgaben des Artikels 5 RL entsprechend zu ändern und kein Erscheinen, sondern nunmehr lediglich ein Veröffentlichen des Werkes zu fordern.
Gegen eine derartige Umsetzung spricht jedoch, dass nicht ohne weiteres von der Übereinstimmung des gemeinschaftsrechtlichen und des deutschen Begriffs „Veröffentlichen" ausgegangen werden kann.[92] In der Enforcement-Richtlinie findet sich keine Begriffsdefinition. Da Artikel 5 RL an Artikel 15 RBÜ anknüpft, sind die in der Enforcement-Richtlinie und dem RBÜ verwendeten Rechtsbegriffe übereinstimmend

---

83 BGH GRUR 1959, 335, 336-Wenn wir alle Engel wären; BGH GRUR 1994, 39, 40-Bora Bora; Dreier/Schulze-Schulze § 10, Rn. 24; Fromm/Nordemann-Nordemann § 10, Rn. 3; Möhring/Nicolini/Ahlberg-Ahlberg § 10, Rn. 13 f.; Wandtke/Bullinger-Thum § 10, Rn. 29 f. m.w.N.
84 BGH GRUR 1998, 376, 378-Coverversion; Dreier/Schulze-Schulze § 10, Rn. 18; Möhring/Nicolini/Ahlberg-Ahlberg § 10, Rn. 10; Schricker-Loewenheim § 10, Rn. 9; Wandtke/Bullinger-Thum § 10, Rn. 25.
85 Berner Übereinkunft zum Schutz von Werken der Literatur und Kunst v. 9.9.1886, zuletzt revidiert in Paris am 24.7.1971 BGBl II 1973, 1071; zur Wirkung des Art. 15 RBÜ siehe Fromm/Nordemann-Nordemann § 10, Rn. 5; Wandtke/Bullinger-Thum § 10, Rn. 17 f.
86 Siehe Erwägungsgrund 19 RL.
87 Grünberger GRUR 2006, 894, 896 ff; für Artikel 5 RL ebenso Dreier/Schulze-Schulze § 10, Rn. 6a; Fromm/Nordemann-Nordemann § 10, Rn. 5.
88 Dreier/Schulze-Schulze § 10, Rn. 6a; Fromm/Nordemann-Nordemann § 10, Rn. 5.
89 Dreier/Schulze-Schulze § 10, Rn. 6a; Fromm/Nordemann-Nordemann § 10, Rn. 5; Möhring/Nicolini/Ahlberg-Ahlberg § 10, Rn. 6; Wandtke/Bullinger-Thum § 10, Rn. 18.
90 Schricker-Loewenheim § 10, Rn. 6.
91 Dreier/Schulze-Schulze § 10, Rn. 6a.
92 Grünberger GRUR 2006, 894, 896 ff.

auszulegen. Gemäß Artikel 3 Absatz 3 RBÜ liegt eine Veröffentlichung vor, wenn mit Zustimmung des Urhebers Vervielfältigungsstücke erschienen sind, die abhängig von der Natur des Werks der Öffentlichkeit in einer Art und Weise zur Verfügung gestellt sein müssen, die deren normalen Bedarf befriedigt. Vervielfältigungsstücke sind dabei nur verkörperte Wiederholungen des Werks.[93]

In der deutschen Rechtsterminologie genügt es gemäß § 6 Absatz 1 UrhG für die Veröffentlichung, dass das Werk mit Zustimmung des Berechtigten der Öffentlichkeit zugänglich gemacht wird. Art und Weise des Zugänglichmachens ist dabei weitestgehend freigestellt.[94] Das Erscheinen eines Werkes stellt eine qualifizierte Form der Veröffentlichung dar.[95] Für ein Erscheinen ist gemäß § 6 Absatz 2 UrhG über das Veröffentlichen hinaus erforderlich, dass die Urheberangabe auf einer zur Deckung des normalen Bedarfs genügenden Anzahl verkörperter Wiederholungen des Werks erfolgt, welche der Öffentlichkeit angeboten oder in Verkehr gebracht werden müssen. Diese beiden gegenüber der Veröffentlichung im Sinne des § 6 Absatz 1 UrhG qualifizierten Voraussetzungen sind dieselben, wie sie bei einem „Veröffentlichen" im Sinne der RBÜ erfüllt sein müssen. Das deutsche Verständnis des Begriffs „Erscheinen" und die gemeinschaftsrechtliche Definition des Begriffs „Veröffentlichen" stimmen folglich überein. Auch nach der Enforcement-Richtlinie ist daher ein Erscheinen im deutschen Sinne zu fordern.[96]

§ 10 Absatz 1 UrhG erfüllt mithin die Voraussetzungen des Artikels 5 lit. a RL. Einer richtlininenkonformen Auslegung oder einer vorrangigen Anwendung des Artikels 15 RBÜ[97] bedarf es insofern nicht.

Ein Unterschied von Artikel 5 lit. a RL und Artikel 15 RBÜ zu § 10 Absatz 1 UrhG verbleibt. Gemäß § 10 Absatz 1 UrhG müssen Werke der bildenden Künste nicht veröffentlicht beziehungsweise nach deutscher Begrifflichkeit erschienen sein, damit die Urhebervermutung greift. Da diese Regelung den Urheber besser stellt, als von der Richtlinie vorgesehen, ist die Abweichung gemäß Artikel 2 Absatz 1 RL zulässig. Ob die Unterscheidung zwischen veröffentlichten und erschienenen Werken, insbesondere angesichts der fortschreitenden technischen Veröffentlichungsmöglichkeiten noch sinnvoll ist und beibehalten werden sollte, kann nach wie vor bezweifelt werden.[98] Diesbezüglich soll hier aber nur auf die einschlägige Literatur verwiesen werden.

b) Erfasste Schutzgegenstände

aa) Verwandte Schutzrechte

Durch die Umsetzung des Artikels 5 RL wurde die Vermutung der Rechteinhaberschaft auf Inhaber von dem Urheberrecht verwandten Schutzrechten erweitert. Welche Rechte dem Urheberrecht verwandte Schutzrechte sind, wurde durch

---

93 Grünberger GRUR 2006, 894, 896.

94 Dreier/Schulze-Dreier § 6, Rn. 8; Fromm/Nordemann-Nordemann § 6, Rn. 2; Schricker-Katzenberger § 6, Rn. 16.

95 Dreier/Schulze-Dreier § 6, Rn. 12; Schricker-Katzenberger § 6, Rn. 30; Wandtke/Bullinger-Marquardt § 6, Rn. 24.

96 Ebenso Grünberger GRUR 2006, 894, 899, a.A. Dreier/Schulze-Schulze § 10, Rn. 6a.

97 So aber Fromm/Nordemann-Nordemann § 10, Rn. 5.

98 Dreier/Schulze-Schulze § 10, Rn. 6; Fromm/Nordemann-Nordemann § 10, Rn. 6b; Möhring/Nicolini/Ahlberg-Ahlberg § 10, Rn. 6; Schricker-Loewenheim § 10, Rn. 6.

die Enforcement-Richtlinie nicht geregelt. Erwägungsgrund 19 RL nennt lediglich die Hersteller von Tonträgern.
Die Vermutung des § 10 Absatz 1 UrhG galt bislang bereits für wissenschaftliche Ausgaben (§ 70 UrhG) sowie für Lichtbilder (§ 72 UrhG).
Als verwandte Schutzrechte wurden im UrhG selbst zudem nachgelassene Werke (§ 71 UrhG a.F.), Darbietungen ausübender Künstler (§ 74 UrhG a.F.), Leistungsrechte des Veranstalters (§ 81 UrhG), Verwertungsrechte von Tonträgerherstellern (§ 85 UrhG a.F.), Sendeunternehmen (§ 85 UrhG a.F.) und Datenbankherstellern (§ 87b UrhG a.F.) genannt. Bei diesen Rechten wurde bislang allenfalls eine analoge Anwendung des § 10 Absatz 1 UrhG in Betracht gezogen.[99] Nach neuem Recht gilt die Vermutung des § 10 Absatz 1 UrhG nunmehr für die Verwertungsrechte des Filmherstellers (§ 94 UrhG a.F.) sowie für diese als verwandte Schutzrechte bezeichneten Rechte.[100]

bb) Geschmacksmusterrecht

Es fragt sich, ob mit der Beschränkung auf im Urheberrecht geregelte Schutzgegenstände die Gelegenheit verpasst wurde, eine dem Kampf gegen die Produktpiraterie besser dienende, weiter reichende Lösung zu finden.[101]
Von der Enforcement-Richtlinie sollen gemäß Erwägungsgrund 30 alle Rechte des geistigen Eigentums erfasst werden. Für solche Rechte des geistigen Eigentums, die nicht im Urhebergesetz geregelt sind, aber mit dem Urheberrecht verwandt sind, muss folglich ebenfalls die Inhabervermutung gelten. Dafür spricht auch, dass einige der in Deutschland als verwandte Rechte im UrhG geregelten Rechte in anderen europäischen Ländern ihre eigenen Schutzgesetze haben.[102] Die Reichweite des Begriffs „verwandte Schutzrechte" darf daher nicht am Umfang des durch das UrhG gewährten Schutzes bestimmt werden, sondern bedarf einer eigenständigen Auslegung.
In den bisherigen europäischen Richtlinien wurden als verwandte Schutzrechte bislang keine Rechte anerkannt, die über die im deutschen UrhG geregelten Rechte hinausgegangen wären. Allerdings beschränkten die gemeinschaftsrechtlichen Vorgaben sich in der Vergangenheit nicht auf bestimmte festgelegte Schutzgegenstände, die in den Bereich der verwandten Schutzrechte aufgenommen werden sollten. Eine abschließende Definition der verwandten Schutzrechte existiert nicht. Vielmehr wurde in der Schutzdauerrichtlinie[103] die Reichweite des Begriffs der verwandten Schutzrechte, der erstmals in der Vermietrechts-Richtlinie[104] benutzt wurde, sogar ausdrücklich nicht begrenzt, sondern den Mitgliedstaaten in Erwägungsgrund 20 freigestellt, "andere verwandte Schutzrechte beizubehalten oder einzuführen". Es wurde

99 Dreier/Schulze-Schulze § 10, Rn. 5; Schricker-Loewenheim § 10, Rn. 2 m.w.N.
100 Während im Regierungsentwurf des Gesetzes der Veranstalterschutz nach § 81 UrhG noch nicht von der Vermutung erfasst wurde, wurde dieses Redaktionsversehen durch den Rechtsausschuss verbessert.
101 So Stellungnahme der Deutschen Vereinigung für gewerblichen Rechtsschutz und Urheberrechte GRUR 2006, 393, 394.
102 Zum Beispiel der Filmhersteller Poll GRUR Int. 2003, 290, 296.
103 Richtlinie 93/98/EWG des Rates vom 29.10.1993 zur Harmonisierung der Schutzdauer des Urheberrechts und bestimmter verwandter Schutzrechte, ABL L 290 vom 24.11.1993, S. 9-13.
104 Richtlinie 92/100/EWG des Rates vom 19.11.1992 zum Vermietrecht und Verleihrecht sowie zu bestimmten dem Urheberrecht verwandten Schutzrechten im Bereich des geistigen Eigentums, ABL L 346 vom 27.11.1992, S. 61-66.

insoweit in Artikel 12 der Schutzdauerrichtlinie nur eine Mitteilungspflicht bezüglich der "Einführung neuer verwandter Schutzrechte" verankert. Der Katalog der verwandten Schutzrechte ist daher grundsätzlich erweiterungsfähig.
Als verwandt wird ein Recht bezeichnet, wenn es eine enge sachliche Nähe aufweist.[105] Dies könnte beim Geschmacksmusterrecht zu bejahen sein.[106] Das Geschmacksmusterrecht würde dann von der Vermutung des Artikels 5 lit. 1 RL erfasst. Das gemeinschaftsrechtliche Verständnis des Begriffs „verwandte Schutzrechte“ erfasst nur die oben dargestellten Rechte. Im Gemeinschaftsrecht selber erfolgte jedoch keine Erweiterung des Begriffsverständnisses. Vielmehr hat die Kommission in ihrer Stellungnahme zu Artikel 2 Absatz 1 RL, in der sie die vom Begriff des „geistigen Eigentums“ erfassten Rechte bezeichnet, das Geschmacksmusterrecht unabhängig von den dem Urheberrecht verwandten Rechten aufgeführt.[107] Das Geschmacksmusterrecht ist folglich nicht vom Begriff des dem Urheberrecht verwandten Rechts nach Artikel 5 RL erfasst.
Die Schutzdauerrichtlinie gestattet den nationalen Gesetzgebern jedoch eine Erweiterung der Schutzgegenstände. Es wäre folglich möglich, das Geschmacksmusterrecht dennoch als verwandtes Schutzrecht in der Inhabervermutung des Artikels 5 lit. a RL zu erfassen. Die Vermutung des Artikels 5 lit. a RL wurde insbesondere geschaffen, um die Durchsetzung solcher Schutzrechte zu erleichtern, die nicht förmlich eingetragen werden müssen, um zu entstehen.[108] Im Bereich des Geschmacksmusterrechts bestehen derartige Beweisschwierigkeiten im deutschen Recht nicht. Das deutsche Geschmacksmusterrecht kennt ausschließlich eingetragene Geschmacksmuster. Es entsteht gemäß § 27 Absatz 1 GeschmMG erst mit Eintragung in das Register und berechtigt und verpflichtet gemäß § 8 GeschmMG den Anmelder und den Rechteinhaber. In das Register kann gemäß § 29 Absatz 3 GeschmMG auch der Übergang des Rechts an dem Geschmacksmuster eingetragen werden. Einer Inhabervermutung bedarf es insofern nicht.
Anders stellt sich dies bezüglich des Gemeinschaftsgeschmacksmusters dar. Die internationale Eintragung eines Geschmacksmusters entspricht nach Schutzumfang und Rechtsdurchsetzung einem nationalen Geschmacksmusterrecht. Ein Gemeinschaftsgeschmacksmuster kann aber auch ohne Eintragung entstehen. Im Fall eines nicht eingetragenen Geschmacksmusters kann der Nachweis der Rechteinhaberschaft zu erheblichen Beweisschwierigkeiten führen. Eine Vermutung der Rechteinhaberschaft enthält die Gemeinschaftsgeschmacksmusterverordnung nicht. Daher fragt sich, ob auf nationaler Ebene die Vermutung des Artikels 5 RL auch für das Geschmacksmusterrecht gelten sollte.
Dagegen spricht, dass die Sachverhalte im Urheberrecht und Geschmacksmusterrecht trotz der in gewissem Umfang bestehenden sachlichen Nähe nicht ohne weiteres vergleichbar sind. Die im Urheberrecht für das Eingreifen der Vermutung erforderlichen Vervielfältigungsstücke, welche den Namen des Urhebers tragen, schaffen die Grundlage für die Vermutungswirkung.[109] Ein Erfordernis wie im Urheberrecht, eine gewisse Anzahl von Vervielfältigungsstücken zur Verfügung zu stellen, kennt

105 Grünberger GRUR 2006, 894, 898.
106 *Schulze* (Dreier/Schulze-Schulze § 10, Rn. 37) bezeichnet das Geschmacksmusterrecht als ein dem Urheberrecht verwandtes Recht.
107 ABl L 94 vom 13.04.2005, S.37.
108 Erwägungsgrund 19 RL.
109 Dreier/Schulze-Schulze § 10, Rn. 6.

das Geschmacksmusterrecht nicht. Für die Begründung einer Vermutungswirkung fehlt es daher an einer das Eingreifen der Vermutung rechtfertigenden Grundlage. Der Gesetzgeber hat daher zu Recht von einer Ausweitung der Inhabervermutung auf das Geschmacksmusterrecht abgesehen.

II. Weitere Gläubiger

1. Übertragung

Der Urheber beziehungsweise Inhaber der Rechte aus den §§ 70 und 72 UrhG kann seine Urheber- oder Inhaberschaft gemäß § 29 UrhG nicht übertragen. Das verwandte Schutzrecht der ausübenden Künstler kann nur, soweit das Urheberpersönlichkeitsrecht nicht betroffen wird, übertragen werden.[110] Die übrigen verwandten Schutzrechte sind als Vermögensansprüche ganz oder teilweise übertragbar.[111] Nach dem Tod des Urhebers oder Inhabers der Rechte aus den §§ 70 und 72 UrhG sind gemäß § 28 Absatz 1 UrhG deren Erben oder Vermächtnisnehmer aktivlegitimiert, es sei denn, es wurde gemäß § 28 Absatz 2 Satz 2 UrhG ein Testamentsvollstrecker eingesetzt. Dieser verdrängt die Erben, die Inhaber des Rechts geworden sind, gemäß § 2212 BGB in der Aktivlegitimation.

Wurde ein Patent übertragen oder ist es in anderer Weise übergegangen, kann der Erwerber gemäß § 30 Absatz 3 Satz 2 PatG Ansprüche wegen Verletzung des Recht nur dann gerichtlich geltend machen, wenn das Patent im Patentregister auf ihn umgeschrieben ist. Ist eine Umschreibung noch nicht erfolgt, verbleibt dem Erwerber nur die Möglichkeit, seine Ansprüche im Wege der gewillkürten Prozessstandschaft geltend zu machen, es sei denn, der nicht eingetragene, materiell berechtigte Inhaber geht gegen den zu Unrecht eingetragenen, formellen Patentinhaber als Verletzer vor.[112]

Das Recht an einem Geschmacksmuster kann gemäß § 29 Absatz 1 GeschmMG und das Recht an einer Marke gemäß § 27 Absatz 1 MarkenG übertragen werden oder in anderer Weise übergehen. Eine Eintragung in das Register kann in beiden Fällen erfolgen.[113] Anders als im PatG ist im GeschmMG und MarkenG die Eintragung keine Voraussetzung für die Geltendmachung des Rechts.[114]

2. Abtretung des Auskunftsanspruchs

Die von der Übertragung des Schutzrechtes unabhängige Abtretung des Auskunftsanspruchs kann für den Rechteinhaber in verschiedenen Konstellationen von Interesse sein. Er kann daran interessiert sein, selber nicht in einen Auskunftsprozess involviert zu werden und die entsprechenden Kosten tragen zu müssen. Das Schutzrecht will er deshalb aber in der Regel nicht übertragen. Hat er Lizenzen vergeben, kann der Lizenznehmer zur Wahrnehmung des Auskunftsanspruchs aus eigenem

110 Dreier/Schulze-Schulze § 28, Rn. 3 und § 76, Rn. 4; Schricker-Schricker Vor §§ 28 ff., Rn. 34.

111 Dreier/Schulze-Schulze § 28, Rn. 3; Schricker-Schricker Vor §§ 28 ff., Rn. 25.

112 Benkard-Rogge/Grabinski § 139, Rn. 16; Busse-Keukenschrijver § 139, Rn. 20.

113 § 29 Absatz 3 GeschmMG und § 27 Absatz 3 MarkenG.

114 Eine Ausnahme für Verfahren vor dem Patentamt inklusive Rechtsmittelinstanzen regelt § 28 Absatz 2 MarkenG.

oder fremdem Recht berechtigt sein.[115] Hat kein Lizenznehmer ein eigenes Recht, verbleibt allenfalls die gewillkürte Prozessstandschaft als Instrument neben der Abtretung, um die Aktivlegitimation des Lizenznehmers zu begründen.[116] Diese Berechtigung kann aber an fehlendem oder nicht ausreichend vorhandenem, eigenen rechtlichen Interesse des Lizenznehmers scheitern. Selbiges gilt für Verwertungsgesellschaften, Berufsorganisationen und sonstige Dritte.

Die Übertragung eines Anspruchs ist gemäß § 398 BGB durch Abschluss eines Abtretungsvertrages möglich. Hinsichtlich der abtretbaren Forderungen ergeben sich jedoch gewisse Grenzen aus den §§ 399, 400 BGB. Nach § 399 BGB kann eine Forderung nur dann abgetreten werden, wenn sich durch die Leistung des Schuldners an einen anderen als den ursprünglichen Gläubiger der Inhalt der Leistung nicht ändert und die Abtretung nicht durch eine Vereinbarung zwischen Gläubiger und Schuldner ausgeschlossen wurde. Eine Veränderung des Leistungsinhaltes erfolgt nach herrschender Meinung aber bei der Abtretung von Unterlassungs- und Beseitigungsansprüchen.[117] Zudem stellen Abwehransprüche wie der Unterlassungs- und Beseitigungsanspruch keine selbständigen Forderungen, sondern ein Teil des Rechts dar, für den sie geltend gemacht werden.[118] Sie können folglich nicht selbständig abgetreten werden.[119] Da es sich beim Auskunftsanspruch, wie unter A.III.4. gezeigt wurde, um einen Abwehranspruch handelt, ist er als Teil des Schutzrechtes, für den er geltend gemacht wird, an dieses Recht gebunden und kann somit nicht selbständig übertragen werden.

Gegen die selbständige Abtretbarkeit des Auskunftsanspruchs wird weiterhin geltend gemacht, es sei dem Anspruchsgegner nicht zuzumuten, den mit dem Auskunftsverlangen verbundenen Eingriff in seine betriebliche Geheimsphäre durch jeden beliebigen Dritten hinzunehmen.[120] Hierzu ist zunächst festzuhalten, dass durch die Verletzung eines Schutzrechtes verschiedene Personen wie Lizenznehmer, Verwertungsgesellschaften und unter Umständen auch Berufsorganisationen neben dem Inhaber des Rechts ein schützenswertes Interesse am Erhalt der Auskunft haben können. Während das Argument der Unzumutbarkeit der Abtretung für den Schuldner des Auskunftsanspruches daher durchgreift, wenn der Dritte kein eigenes schutzwürdiges Interesse an der Geltendmachung des Anspruchs hat, kann dies nicht gelten, wenn ein solches Interesse des Dritten zu bejahen ist. Da es aber auch in solchen Fällen dabei bleibt, dass der Auskunftsanspruch als Abwehranspruch und Teil des betroffenen Schutzrechtes nicht selbständig abtretbar ist, können diese Dritte den Auskunftsanspruch allenfalls im Wege der gewillkürten Prozessstandschaft geltend machen. Eine Abtretung des Auskunftsanspruchs ist unzulässig. Eine dennoch erfolgte Abtretungserklärung kann aber umgedeutet werden in eine Ermächtigung des

115 Dazu sogleich unter 3.

116 Dazu unter 5.

117 Ingerl/Rohnke Vor §§ 14-19, Rn. 19 m.w.N.; Teplitzky Kap. 15, Rn. 3 m.w.N.

118 Wiume S. 147.

119 Benkard-Rogge/Grabinski § 139, Rn. 18; Busse-Keukenschrijver § 139, Rn. 26; Möhring/Nicolini/Ahlberg-Lütje § 97, Rn. 94.

120 Wiume S. 148 f.

Dritten den Auskunftsanspruch im Rahmen der gewillkürten Prozessstandschaft wahrzunehmen.[121]

3. Lizenznehmer

a) Befugnisse

Wie vom Gesetzgeber in der Gesetzesbegründung zutreffend festgehalten, ist der Rechteinhaber selbst häufig nicht mit den erforderlichen finanziellen und/oder organisatorischen Mitteln ausgestattet, um sein Recht umfassend und effektiv gegenüber jedermann zu verteidigen.[122] Häufig werden Lizenznehmer, welche das geschützte Recht für ihre Geschäfte nutzen, weitaus besser im Stande sein, dieses Recht auch zu verteidigen. Zudem besteht ihrerseits auch ein Interesse daran, dass das Schutzrecht nicht verletzt wird. Dieses Interesse kann sich daraus ergeben, dass zum Beispiel der gute Ruf einer Marke durch einen rechtsverletzenden Gebrauch nicht zerstört oder geschädigt wird, wodurch auch der Lizenznehmer Umsatzeinbußen fürchten müsste. Ferner kann sich ein Interesse am Schutz des Rechts daraus ergeben, dass der Verletzer im Gegensatz zum Lizenznehmer keine Lizenzgebühren entrichtet und daher dieselben Produkte zu einem geringeren Preis anbieten kann. Dadurch kann er den Lizenznehmer unter Umständen aus dessen Stellung am Markt verdrängen.

Das Interesse des Lizenznehmers an einer Verfolgung von Schutzrechtsverletzungen legt die Frage nach der Klagebefugnis des Lizenznehmers nahe. Lediglich § 30 Absatz 3 MarkenG und § 31 Absatz 3 GeschmMG treffen eine Regelung hinsichtlich des Rechts des Lizenznehmers, Ansprüche gerichtlich geltend zu machen. Demnach kann der Lizenznehmer nur mit Zustimmung des Rechteinhabers klagen. Das Zustimmungserfordernis in den §§ 30 Absatz 3 MarkenG und 31 Absatz 3 Satz 1 GeschmMG dient der Abstimmung der Schutzinteressen von Lizenznehmer und Lizenzgeber.[123] Es wird aber keine Aussage hinsichtlich des Bestehens eines eigenen Rechts des Lizenznehmers getroffen.

Die herrschende Meinung geht davon aus, dass der Inhaber einer ausschließlichen Lizenz befugt ist aus eigenem Recht zu klagen,[124] während der Inhaber einer einfachen Lizenz lediglich als Prozessstandschafter auftreten kann.[125] Grund für diese Differenzierung soll sein, dass die ausschließliche Lizenz dem Lizenznehmer eine zumindest quasi-dingliche Position einräumt, während die einfache Lizenz lediglich eine schuldrechtliche Überlassung des Rechts zu dessen Benutzung darstellt.[126] Im

---

121 OLG Hamburg ZUM 1999, 78, 80; Möhring/Nicolini/Ahlberg-Lütje § 97, Rn. 94.

122 RegE Begr., BT-Dr. 16/5048, S. 47.

123 Fezer § 30, Rn. 31.

124 Für das Patentrecht: BGH GRUR 1992, 310-Taschenbuchlizenz; Benkard-Rogge/Grabinski § 139, Rn. 17; Busse-Keukenschrijver § 139, Rn. 25; für das Markenrecht: BGH GRUR 1995, 338, 340-Kleiderbügel m.w.N.; Wiume S. 151; Fezer § 30, Rn. 8; Ingerl/Rohnke § 30, Rn. 73; a.A. Ströbele/Hacker-Hacker § 30, Rn. 65; für das Urheberrecht: Dreier/Schulze-Schulze § 31, Rn. 56 und § 97, Rn. 18; Möhring/Nicolini/Ahlberg-Lütje § 97, Rn. 79; Schricker-Wild § 97, Rn. 28.

125 Für das Patentrecht: Benkard-Rogge/Grabinski § 139, Rn. 17; Busse-Keukenschrijver § 139, Rn. 22; Fischer GRUR 1980, 374, 378; für das Markenrecht: Wiume S. 150 und 155; Fezer § 30, Rn. 9; für das Urheberrecht: Dreier/Schulze-Schulze § 31, Rn. 51 und § 97, Rn. 20; Möhring/Nicolini/Ahlberg-Lütje § 97, Rn. 79; Schricker-Wild § 97, Rn. 30; zur Prozessstandschaft unter A.II.5.

126 Wiume S. 149 ff.; Benkard § 15, Rn. 61; Fezer § 30, Rn. 7 ff.; Fromm/Nordemann-Hertin §§ 31/32, Rn. 2; Lichtenstein GRUR 1965, 344, 345; eine a.A. (exemplarisch: Schricker-Schricker

Patent- und Urheberrecht ist diese Ansicht weitestgehend unstrittig. Im Marken- und Geschmacksmusterrecht herrscht hingegen noch Uneinigkeit darüber, ob der ausschließliche Lizenznehmer aus eigenem Recht aktivlegitimiert ist oder § 30 Absatz 3 MarkenG beziehungsweise § 31 Absatz 3 GeschmMG lediglich auf die Möglichkeit der Prozessstandschaft hinweisen.[127] Für ein eigenes Recht spricht neben den oben genannten Gründen die Regelung des § 31 Absatz 3 Satz 2 GeschmMG, die dem ausschließlichen Lizenznehmer, anders als dem einfachen Lizenznehmer, die Möglichkeit einräumt auch ohne die Zustimmung des Lizenzgebers zu klagen, wenn dieser auch nach Verstreichen einer angemessenen Frist selber kein Verletzungsverfahren anhängig macht.

Artikel 4 lit. b RL sieht vor, dass die Mitgliedstaaten auch Lizenznehmern die Aktivlegitimation zur Geltendmachung der in der Richtlinie genannten Rechte einräumen können. Eine Verpflichtung hierzu besteht nach der Richtlinie aber nicht. Lizenznehmer sollen nur soweit aktivlegitimiert sein, als dies nach den Bestimmungen des anwendbaren Rechts zulässig ist und mit ihnen im Einklang steht. Im Rahmen der Umsetzung wurde auf eine Erweiterung der Aktivlegitimation der Lizenznehmer verzichtet. Die alte Rechtslage besteht somit fort. Der ausschließliche Lizenznehmer ist aktivlegitimiert, der einfache Lizenznehmer nicht.
Seit jeher gibt es aber auch Stimmen, die ein eigenes Klagerecht des einfachen Lizenznehmers befürworten.[128] Die Umsetzung der Enforcement-Richtlinie bot die Gelegenheit, eine solche Regelung erneut zu überdenken. Durch die Verletzung eines Schutzrechts wird auch der Inhaber einer einfachen Lizenz beeinträchtigt. Denn er kann ebenso wie der ausschließliche Lizenznehmer oder der originäre Rechteinhaber unter der Beeinträchtigung des guten Rufs des Produktes, an welchem ein Schutzrecht besteht, leiden. Er kann also in bestimmten Fällen ein berechtigtes Interesse haben, gegen den Verletzer vorzugehen. Gegen ein eigenes Klagerecht des einfachen Lizenznehmers spricht jedoch zunächst die Gefahr einer unnötigen Belastung der Gerichte, da unter Umständen mehrere einfache Lizenznehmer unabhängig voneinander klagen könnten. Zudem besteht für den einfachen Lizenznehmer noch immer die Möglichkeit, seine Interessen im Wege der Prozessstandschaft geltend zu machen. Dass er für die Prozessstandschaft eine Zustimmung des Rechteinhabers oder Urhebers benötigt, ist dabei hinzunehmen. Es liegt im Verantwortungsbereich des Lizenznehmers, entsprechende Vereinbarungen mit dem Lizenzgeber bereits bei Abschluss des Lizenzvertrages zu treffen. Selbst wenn er dies unterlässt, hat er in einigen Fällen einen Anspruch gegen den Lizenzgeber auf Erteilung der Zustimmung. Zwar ist dieses Vorgehen nicht immer ebenso effektiv wie ein Vorgehen aus eigenem Recht, dies ergibt sich aber notgedrungen aus dem bloß schuldrechtlichen Charakter der einfachen Lizenz. Der einfache Lizenznehmer wird nicht Inhaber eines Teilrechtes, sondern muss sich mit geringeren Rechten als der ausschließliche Li-

---

Vor §§ 28 ff., Rn. 49 m.w.N.) geht zwar vom gegenständlichen Charakter auch eines einfachen Nutzungsrechts aus, will dem einfachen Lizenznehmer aber dennoch kein eigenes Klagerecht einräumen; für eine bloß schuldrechtliche Natur der einfachen und der ausschließlichen Lizenz: Ströbele/Hacker-Hacker § 30, Rn. 21 ff.

127 Für ein eigenes Recht: BGH GRUR 1999, 161, 163-MAC Dog; Fezer § 30, Rn. 8; Ingerl/Rohnke § 30, Rn. 73; Plaß GRUR 2002, 1029, 1036; dagegen: Ströbele/Hacker-Hacker § 30, Rn. 65.

128 Für das Patentrecht: Reimer-Reimer § 9, Rn. 71; Lichtenstein GRUR 1965, 344 ff.; für das Markenrecht: Emmert S. 77 ff. insbesondere S. 92 f. m.w.N.

zenznehmer begnügen. Im Gegenzug zahlt er aber auch eine geringere Lizenzgebühr.
Die Entscheidung des Gesetzgebers von einer Erweiterung der Aktivlegitimation abzusehen, ist daher im Ergebnis zu unterstützen. Wünschenswert wäre allerdings gewesen, zumindest im Marken- und Geschmacksmusterrecht, eine Klarstellung bezüglich der Aktivlegitimation des ausschließlichen Lizenznehmers vorzunehmen.

b) Inhabervermutung

Für den ausschließlichen Lizenznehmer kann es erforderlich sein seine Aktivlegitimation im Prozess auch nachzuweisen. Dabei kann ihm nach neuem Recht zumindest im Urheberrecht die Inhabervermutung des § 10 Absatz 3 UrhG helfen. Diese Vorschrift wurde eingeführt, obwohl die Richtlinie in Artikel 5 lit. b dies nicht ausdrücklich voraussetzt.[129] Der Gesetzgeber ist jedoch mit ihrer Einführung den verschiedentlich geäußerten Forderungen nach einer Erweiterung der Vermutung des § 10 UrhG a.F. nachgekommen.[130]
Die Vermutung zugunsten des Lizenznehmers gilt allerdings nur in Verfahren des einstweiligen Rechtsschutzes oder soweit Unterlassungsansprüche geltend gemacht werden. Die Rechtswahrnehmung ist für den Lizenznehmer also nur dann erleichtert, wenn er seine Ansprüche schnell durchsetzen will. Im anschließenden Hauptverfahren muss er aber seine Rechteinhaberschaft wieder vollständig nachweisen. Zudem wird im Hauptsacheverfahren die Rechteinhaberschaft des Lizenznehmers zwar für den Unterlassungsanspruch nicht aber für den Beseitigung- oder Schadensersatzanspruch vermutet. Gelingt es dem Lizenznehmer nicht seine Rechteinhaberschaft zu beweisen, ist es daher möglich, dass der Verletzer zum Unterlassen verurteilt wird, der Anspruch auf Auskunftserteilung oder Schadensersatz aber nicht durchgesetzt werden kann.
Diese Beschränkung wurde, teilweise berechtigt, kritisiert.[131] Richtig ist die Beschränkung auf die Geltendmachung von Unterlassungsansprüchen, denn so wird zumindest im Hauptsacheverfahren verhindert, dass eine Person, die in Wahrheit kein ausschließlicher Lizenznehmer ist, Informationen oder Schadensersatzzahlungen erhält, auf die er keinen Anspruch hat. Andererseits kann er aber dafür sorgen, dass eine Verletzung abgestellt wird. Die (beschränkte) Vermutungswirkung zugunsten des Lizenznehmers liegt daher letztlich im Interesse der tatsächlich Berechtigten sowie der Allgemeinheit.[132]

---

129 Vor Umsetzung der Richtlinie daher gegen eine Erstreckung der Vermutung auf Lizenznehmer LG Mannheim MMR 2007, 335, 336.

130 Schulze/Dreier-Schulze § 10, Rn. 39; Stellungnahme Börsenverein vom 16.02.2006, S. 1 f. zuletzt abgerufen am 31.05.2008 unter: http://www.boersenverein.de/de/69181?rubrik=82993&dl_id=108190; Stellungnahme der Deutschen Vereinigung für gewerblichen Rechtsschutz und Urheberrechte GRUR 2006, 393, 394 f.; Stellungnahme BITKOM vom. 13.12.2004, S. 1 zuletzt abgerufen am 31.05.2008 unter: http://bitkom.org/files/documents/Stellungnahme_Umsetzung_Nachahmungsrichtlinie_13.12.2004.pdf und vom 14.02.2006, S. 1 zuletzt abgerufen am 31.05.2008 unter: http://bitkom.org/files/documents/Stellungnahme_RefE_zur_NachahmungsR_Endversion_14_02_06.pdf.

131 Stellungnahme BITKOM vom 02.04.2007, S. 7 zuletzt abgerufen am 31.05.2008 unter: http://www.bitkom.org/files/documents/BITKOM_Stellungnahme_RegE_Umsetzung_Enforcement_RL_2007_04_02.pdf.

132 BR-Drs. 64/07 (Beschluss), S. 1; *Erwägungsgrund 1RL* nennt unter anderem die Entwicklung des Arbeitsmarktes und die Verbesserung der Wettbewerbsfähigkeit als Ziel des Schutzes geistigen

Problematisch ist die Regelung jedoch hinsichtlich der uneingeschränkten Wirkung der Vermutung im einstweiligen Rechtsschutz. Auch bei der Geltendmachung eines Auskunftsanspruchs im einstweiligen Verfahren wird die Rechteinhaberschaft des Lizenznehmers vermutet. Der Anspruch dient in diesem Fall meistens der Ermittlung eines unbekannten Verletzers. Kann dieser nicht schnell ermittelt werden, kommt es unter Umständen zu weiteren Schäden oder eine spätere Ermittlung des Verletzers wird vereitelt. Ein Vorgehen auch eines unberechtigten angeblichen Lizenznehmers würde in diesem Fall dem tatsächlich Berechtigten zu Gute kommen. Allerdings ist zu berücksichtigen, dass der Inanspruchgenommene durch einen Auskunftsanspruch im Einzelfall stark belastet werden kann, da er Einblick in Geschäftsinterna gewähren muss. Eine einmal erteilte Auskunft ist zudem nicht mehr rückgängig zu machen. Das Hauptsacheverfahren wird vorweggenommen (G.III.1.). Dieser Eingriff erscheint nur dann angemessen, wenn der tatsächlich Berechtigte den Anspruch geltend macht oder eine hinreichend starke Vermutungswirkung dafür spricht, dass der Kläger tatsächlich berechtigt ist. Wie sich aus den normierten Beschränkungen ergibt, betrachtet der Gesetzgeber die für den ausschließlichen Lizenznehmer streitende Vermutungswirkung aber zu recht als nicht so stark wie die des Urhebers aus § 10 Absatz 1 UrhG oder des Herstellers aus § 10 Absatz 2 UrhG. Denn der Lizenznehmer kann seine Lizenz, nachdem er seinen Namen auf dem Werk hinterlassen hat, verloren haben und bei Geltendmachung des Anspruches bereits nicht mehr legitimiert sein. Die Grundlage der Vermutung ist folglich nicht so gefestigt wie dies beim Urheber der Fall ist, dessen Person sich nicht mehr ändern kann, der Fall ist. Daher wäre es sinnvoll gewesen, die Vermutungswirkung nicht nur auf die Geltendmachung von Unterlassungsansprüchen und auf Fälle des einstweiligen Rechtsschutzes zu beschränken, sondern darüber hinaus auch Auskunftsansprüche von der Vermutung auszunehmen oder zumindest nur dann zuzugestehen, wenn die Vermutung durch andere Anzeichen als die bloße Nennung des angeblichen Lizenznehmers auf dem verkörperten Werk, erhärtet worden ist.

4. Kollektive Rechtswahrnehmung

Häufig werden nicht nur die Rechte eines einzelnen Rechteinhabers oder Urhebers verletzt, sondern zugleich Rechte verschiedener Inhaber oder Urheber. Um ihre Interessen besser durchsetzen zu können, empfiehlt sich die kollektive Geltendmachung ihrer Rechte über Verwertungsgesellschaften oder Verbände. Durch eine kollektive Rechtswahrnehmung wird nicht nur den wirtschaftlich schwächeren Rechteinhabern die Rechtsdurchsetzung erleichtert, sondern auch für den Verletzer sowie den Staat hat eine solche Vorgehensweise Vorteile. Die Anzahl der Verfahren sinkt und zusätzliche Kosten werden vermieden.
Artikel 4 lit. c und d RL sehen daher vor, dass Verwertungsgesellschaften oder Berufsorganisationen mit ordnungsgemäß anerkannter Befugnis zur Vertretung von Inhabern von Rechten des geistigen Eigentums aktivlegitimiert sein können. Die Richtlinie verlangt ihre Aktivlegitimation allerdings nur, soweit dies nach den Bestimmungen des anwendbaren Rechts zulässig ist und mit ihnen im Einklang steht.

Eigentums. Gemäß *Erwägungsgrund 3 RL* sind die Instrumente zur Durchsetzung der Rechte des geistigen Eigentums von zentraler Bedeutung für den Erfolg des Binnenmarkts. Siehe auch die Einleitung dieser Arbeit, in der die Folgen der Produktpiraterie für die Volkswirtschaft verdeutlicht werden. Fezer § 19, Rn. 19.

Nach deutschem Recht sind Verwertungsgesellschaften aus eigenem Recht zur Geltendmachung von Auskunftsansprüchen befugt, soweit ihnen die Rechte, zu deren Wahrnehmung der Auskunftsanspruch beitragen soll, übertragen sind.[133] In der Regel erfolgt eine Übertragung der Rechte aber nur nach Maßgabe der §§ 31 ff. UrhG, so dass die Verwertungsgesellschaften wie andere Nutzungsberechtigte zu behandeln sind.[134] Haben sie kein eigenes Recht, können sie die Rechte der Urheber in Prozessstandschaft wahrnehmen.
Berufsorganisationen haben im Bereich des gewerblichen Rechtsschutzes und Urheberrecht kein eigenes Recht. Auch eine analoge Anwendung des § 8 Absatz 3 UWG ist nicht möglich.[135] Für Verbände kommt daher allenfalls ein Vorgehen in Prozessstandschaft in Betracht (B.II.5.b)bb). Durch das Gesetz zur Umsetzung der Enforcement-Richtlinie hat sich hieran nichts geändert.
Im Folgenden soll untersucht werden, inwiefern eine kollektive Rechtswahrnehmung durch die Enforcement-Richtlinie vorgesehen wird und ob die Einführung eines Verbandsklagerechts sachgerecht wäre.

a) Verpflichtung zur Einräumung von Klage- und Sachbefugnis

Micklitz vertritt die Ansicht, Artikel 4 lit. c und d RL sehe die Einräumung einer Klage- und Sachbefugnis von Verwertungsgesellschaften und Berufsorganisationen zwingend vor.[136] Zur Begründung führt er die Stoßrichtung des Artikels 3 RL an.[137] Dem ist jedoch entgegenzuhalten, dass Artikel 3 RL lediglich allgemeine Anforderungen an die vorzusehenden Maßnahmen, Verfahren und Rechtsbehelfe stellt. Die Maßnahmen selbst müssen die in Artikel 3 RL genannten Attribute erfüllen. Wer zur Einleitung entsprechender Maßnahmen oder Verfahren beziehungsweise zur Ergreifung entsprechender Rechtsbehelfe berechtigt sein muss, wird durch diese Regelung hingegen nicht festgelegt. Artikel 3 RL setzt bestimmte Eigenschaften für die Verfahrensdurchführung fest, während Artikel 4 RL sich auf die zur Verfahrenseinleitung berechtigten Personen bezieht.
Zudem spricht der Wortlaut des Erwägungsgrundes 18 gegen die Auffassung Micklitz'. Demnach soll die Antragsberechtigung dann bestehen, wenn die betreffende Person ein unmittelbares Interesse hat und klagebefugt ist. Den Mitgliedstaaten bleibt es überlassen zu bestimmen, wann dies der Fall ist. Denn die Antragsbefugnis soll nur insoweit bestehen, wie dies nach den Bestimmungen des anwendbaren Rechts zulässig ist und mit ihnen im Einklang steht. Erwägungsgrund 18 ist dementsprechend sehr vage gehalten. Er sieht vor, dass die Antragsbefugnis nicht nur den eigentlichen Rechteinhabern eingeräumt werden „sollte" und zu den weiteren berechtigten Personen auch Berufsorganisationen gehören „können". Ein Zwang entspre-

---

133 Möhring/Nicolini/Ahlberg-Lütje § 97, Rn. 87 und 107; Schricker-Wild § 97, Rn. 34.

134 Möhring/Nicolini/Ahlberg-Lütje § 97, Rn. 87; siehe dazu auch unter B.II.3.

135 Teplitzky Kap. 13, Rn. 17 m.w.N.

136 Micklitz' terminologischer Gebrauch der „Klagebefugnis" erscheint uneinheitlich. Er spricht zunächst von Anspruchsberechtigung (Müko(UWG)-Micklitz EG Q, Rn. 12) und im Anschluss von Klagebefugnis (Müko(UWG)-Micklitz EG Q, Rn. 16). An anderer Stelle (Müko(UWG)-Micklitz EG L, 48) geht er davon aus, dass im Gemeinschaftsrecht der Begriff der Klagebefugnis die Prozessführungs- und Sachbefugnis nach deutscher Begrifflichkeit erfasst. In EG Q, Rn. 16 ist daher mit dem Begriff der Klagebefugnis wohl die Prozessführungs- und Sachbefugnis gemeint.

137 Müko(UWG)-Micklitz EG Q, Rn. 12 und 16.

chende Regelungen zu treffen, lässt sich daher bei einer Zusammenschau des Artikels 4 RL sowie des Erwägungsgrundes 18 nicht ersehen.

b) Rechtspolitisches Bedürfnis für die Aktivlegitimation

Eine richtlinienkonforme Umsetzung war auch unter Verzicht auf die Normierung einer Aktivlegitimation für Verwertungsgesellschaften und Berufsorganisationen möglich. Allerdings könnten rechtspolitische Erwägungen für die Einführung einer solchen Aktivlegitimation sprechen.

Die kollektive Rechtswahrnehmung dient dem Schutz der Allgemeinheit.[138] Wie einleitend dargestellt, kann sie daneben aber auch im Interesse der wirtschaftlich schwächeren Rechteinhaber und der Verletzer liegen. Ginge jeder Rechteinhaber einzeln gegen den Verletzer vor, so würden die Gerichte durch eine Vielzahl von Prozessen belastet und die Rechtsverfolgungskosten würden sich summieren. Klagt nur die Berufsorganisation, so genügt ein einziger Prozess zur Klärung der Angelegenheit und die Kosten verringern sich. Die Bündelung von Individualinteressen ist jedoch allein noch kein ausreichender Grund, um ein Bedürfnis für die Einräumung einer Aktivlegitimation anzuerkennen. Vielmehr spricht sogar gegen die kollektive Rechtswahrnehmung, dass die Berufsorganisationen unabhängig vom Rechteinhaber agieren, der möglicherweise im Einzelfall keine prozessuale Verfolgung seiner Rechte will oder seine Rechte aufgrund der Besonderheiten des Falls lieber selber wahrnehmen möchte. Es ist denkbar, dass dem Einzelnen durch die Verbandsklage ein Schutz aufgedrängt wird, dessen er nicht bedarf und den er auch nicht wünscht. Der wirtschaftlich schwächere Rechteinhaber kann zwar durch die kollektive Geltendmachung der Rechte besser geschützt werden, dieser Effekt ist aber auch über ein Auftreten des Verbandes als Prozessstandschafter zu erreichen. Einer eigenen Anspruchsberechtigung bedarf es hierfür nicht. Der Schutz der Mitgliederinteressen kann folglich als willkommener Nebeneffekt, nicht aber als primäres Ziel der kollektiven Rechtswahrnehmung bezeichnet werden.[139]

Im Lauterkeitsrecht erfolgte die Einführung der Aktivlegitimation der Verbände seinerzeit aufgrund der Erfahrung, dass sich Kaufleute aus Zeit- oder Kostengründen oder aufgrund kaufmännischer Erwägungen scheuten, Verletzer gerichtlich zu verfolgen, und dass strafrechtliche Sanktionen zugleich weitgehend versagten.[140] Dadurch entstand ein Verfolgungsdefizit. Die Lauterkeit des Wettbewerbs ist für die weitere wirtschaftliche Entwicklung und daher auch für die Gesellschaft ein entscheidender Faktor. Daher beschloss der Gesetzgeber das Eigeninteresse der Verbände zu benutzen und die Bekämpfung institutionellen Fehlgebrauchs der Wettbewerbs- und Vertragsfreiheit zu intensivieren.[141] Die Aktivlegitimation der Verbände wurde damit

---

138 Siehe zum Wettbewerbsrecht: BGH GRUR 1990, 282, 284-Wettbewerbsverein IV m.w.N.; BGH GRUR 1994, 304, 305-Zigarettenwerbung in Jugendzeitschriften; Hefermehl/Köhler/Bornkamm-Köhler § 8, Rn. 3.30.

139 Müko(ZPO)-Lindacher Vor § 50 ff., Rn. 78; a.A. BGH GRUR 1995, 604, 605-Vergoldete Visitenkarten, der Sinn und Zweck der Norm ausschließlich in der Wahrnehmung der Mitgliederinteressen sieht. Nach herrschender Ansicht liegt der Zweck der kollektiven Rechtswahrnehmung sowohl in der kollektiven Wahrnehmung von Mitgliederinteressen als auch im öffentlichen Interesse: BGH GRUR 1997, 933, 934-EP; Hefermehl/Köhler/Bornkamm-Köher § 8, Rn. 3.30.

140 Zur geschichtlichen Entwicklung: Müko(UWG)-Ottofülling § 8, Rn. 351 f.; Teplitzky Kap. 13, Rn. 15 m.w.N.; Pastor GRUR 1969, 571, 572 f.

141 Müko(ZPO)-Lindacher Vor § 50 ff., Rn. 78; Müko(UWG)-Ottofülling § 8, Rn. 351; Teplitzky Kap. 13, Rn. 15.

letztlich im öffentlichen Interesse gewährt.[142] Ein tatsächliches Bedürfnis für die Aktivlegitimation der Verbände ergibt sich nach wie vor nur aus dem Gedanken des objektiven Institutionenschutzes.[143]
Auch im Bereich des geistigen Eigentums steht zu befürchten, dass insbesondere wirtschaftlich schwächere Rechteinhaber die Verfolgung ihrer Rechte aufgrund des damit verbundenen Kosten- beziehungsweise Zeitaufwandes unterlassen. Dies gilt gerade auch im Hinblick auf schwierigere Fälle, in denen der Verletzer erst durch die Geltendmachung von Hilfsansprüchen ermittelt werden muss. Die Verfolgung von Verletzungen geistiger Eigentumsrechte liegt jedoch ebenso wie die Lauterkeit des Wettbewerbs im Interesse der Allgemeinheit.[144] Auch in diesem Bereich ist es daher im öffentlichen Interesse geboten, eine Aktivlegitimation von Verbänden anzuerkennen, um so die Eigeninteressen der Verbände für eine Bekämpfung der Produktpiraterie nutzbar zu machen.[145]

c) Geltendmachung des Auskunftsanspruchs

Die Geltendmachung von Auskunftsansprüchen durch Verbände begegnet besonderen Bedenken. Der Auskunftsanspruch erlaubt es dem Auskunftsberechtigten, Informationen zu erhalten, bei denen es sich um Geschäftsgeheimnisse des Auskunftspflichtigen handeln kann. Wie unter aa) bereits dargestellt wurde, kann es dem Auskunftspflichtigen daher nicht zugemutet werden, diese Informationen an jedwede Person zu erteilen. Wird ein berechtigtes Interesse an der Geltendmachung des Auskunftsanspruchs durch einen Verband anerkannt, so würden nicht nur die Mitglieder des Verbandes, welchen ein Auskunftsanspruch zusteht, die Informationen erhalten, sondern darüber hinaus der Verband selbst. Damit hätten auch alle anderen Verbandsmitglieder die Möglichkeit, die erteilten Informationen für sich nutzbar zu machen.
Der Gefährdung der Geheimhaltungsinteressen durch die Geltendmachung eines Auskunftsanspruchs durch Verbände stehen jedoch gewichtige Gründe für die Einräumung eines eigenen Rechts gegenüber. Geht man davon aus, dass Verbände auch im gewerblichen Rechtsschutz aktivlegitimiert sein sollen, können Hilfsansprüche wie der Auskunftsanspruch, welche die Rechtsdurchsetzung erst ermöglichen, nicht ausgenommen werden. Andererseits sollten dann auch Verwertungsverbote geschaffen werden, welche die Weitergabe von im Prozess gewonnenen Kenntnissen innerhalb des Verbandes einschränken.

---

142 Müko(ZPO)-Lindacher Vor § 50 ff., Rn. 78; (UWG)-Ottofülling § 8, Rn. 352; Lindacher in FS Lücke S. 380; a.A. BGH GRUR 1995, 604, 605-Vergoldete Visitenkarten.

143 Umstritten ist, ob den Verbänden ein eigenes Recht zusteht. Die h.M. bejaht dies: Müko(UWG)-Ottofülling § 8, Rn. 322, 350; Teplitzky Kap. 13, Rn. 14 m.w.N.

144 Fezer § 19, Rn. 19; BR-Drs. 64/07 (Beschluss), S. 1; *Erwägungsgrund 1RL* nennt unter anderem die Entwicklung des Arbeitsmarktes und die Verbesserung der Wettbewerbsfähigkeit als Ziel des Schutzes geistigen Eigentums. Gemäß *Erwägungsgrund 3 RL* sind die Instrumente zur Durchsetzung der Rechte des geistigen Eigentums von zentraler Bedeutung für den Erfolg des Binnenmarkts. Siehe auch die Einleitung dieser Arbeit, in der die Folgen der Produktpiraterie für die Volkswirtschaft verdeutlicht werden.

145 A.A. Wiume S. 156.

d) Zwischenergebnis

Durch die Umsetzung der Enforcement-Richtlinie haben sich bei der kollektiven Rechtswahrnehmung keine Änderungen ergeben. Nach wie vor wurde Berufsorganisationen kein eigenes Recht zur Verfolgung von Verletzungen der Rechte ihrer Mitglieder eingeräumt. Es handelt sich um eine richtlinienkonforme Umsetzung. Allerdings bot die Richtlinie einen wesentlich weiteren Spielraum. Der Gesetzgeber hat diesen nicht ausgenutzt, obwohl ein rechtspolitisches Bedürfnis für die Einräumung eines eigenen Rechts der Verwertungsgesellschaften und Berufsorganisationen besteht.

5. Gewillkürte Prozessstandschaft

Eine weitere Möglichkeit, den Anspruch selbständig geltend zu machen, ist die gewillkürte Prozessstandschaft. Diese ist bei allen Verletzungsansprüchen des gewerblichen Rechtsschutzes und Urheberrechts zulässig.[146]
Die gewillkürte Prozessstandschaft setzt ein eigenes schutzwürdiges rechtliches Interesse des Wahrnehmenden, die Übertragbarkeit des geltend gemachten Anspruchs sowie die Ermächtigung durch den Rechteinhaber voraus.[147] Klagt der Rechteinhaber selber, ist daneben eine gewillkürte Prozessstandschaft zugunsten eines Dritten nicht zulässig.[148]

a) Übertragbarkeit des geltend gemachten Anspruchs

Wie bereits unter 2. gezeigt wurde, ist der Auskunftsanspruch als Abwehranspruch nicht selbständig abtretbar. Es mangelt folglich bereits an der Übertragbarkeit des Auskunftsanspruchs. Es ist jedoch anerkannt, dass eine gewillkürte Prozessstandschaft auch in solchen Fällen zulässig ist, in denen der Anspruch zwar nicht abtretbar ist, das schutzwürdige Interesse des Prozessstandschafters an der Rechtsverfolgung jedoch zu bejahen ist und die Ermächtigung durch den Rechteinhaber vorliegt.[149] Würde man diese Ausnahme nicht anerkennen, hätten Lizenznehmer, die durch die Verletzung eines Schutzrechts ebenfalls beeinträchtigt wurden, keine Möglichkeit selbständig gegen den Verletzer vorzugehen, da sie die notwendigen und durch einen Auskunftsanspruch zu gewinnenden Informationen nicht ohne Hilfe des Lizenzgebers erhalten könnten. Um den Kreis der möglichen Prozessstandschafter auf der anderen Seite nicht ausufern zu lassen, ist es jedoch erforderlich, die Anforderungen an das schutzwürdige Interesse restriktiv zu handhaben.

---

146 Für das Markenrecht: Fezer § 19, Rn. 5; Ingerl/Rohnke Vor §§ 14-19, Rn. 15; für das Patentrecht: Benkard-Rogge/Grabinski § 139, Rn. 17 f.; Busse-Keukenschrijver § 139, Rn. 26; für das Urheberrecht: Dreier/Schulze-Schulze § 31, Rn. 51 und § 97, Rn. 21; Möhring/Nicolini/ Ahlberg-Lütje § 97, Rn. 95.

147 Ganz h.M.: BGH GRUR 1961, 635, 636 f.-Stahlrohrstuhl; BGH GRUR 1983, 371, 372-Mausfigur; BGH GRUR 1994, 800, 801-Museumskatalog; BGH GRUR 1995, 668, 670-Emil Nolde; Busse-Keukenschrijver § 139, Rn. 26; Dreier/Schulze-Schulze § 97, Rn. 21; Möhring/Nicolini/Ahlberg-Lütje § 97, Rn. 95 ff.

148 Ingerl/Rohnke Vor §§ 14-19, Rn. 16.

149 GRUR 1981, 658 – Preisvergleich; BGH GRUR 1983, 379 – Geldmafiosi.

b) Eigenes schutzwürdiges Interesse des Prozessstandschafters

aa) Lizenznehmer

Da der Prozessstandschafter Auskunft an sich selbst verlangen kann,[150] wird es dem Auskunftsberechtigten durch die Geltendmachung des Auskunftsanspruchs ermöglicht, einen gewissen Einblick in die betriebliche Geheimsphäre des Verpflichteten zu erhalten. Dies bedeutet für den Inanspruchgenommenen einen empfindlichen Eingriff. Dennoch wird geltend gemacht, dass es dem Auskunftspflichtigen zumutbar sei, andere Gläubiger als den ursprünglich Anspruchsberechtigten als Prozesspartei zuzulassen, da letzterer ohnehin berechtigt sei, die erteilte Auskunft nach Belieben zu verbreiten.[151] Diesem Argument ist aus unterschiedlichen Gründen entgegen zu treten. Die starke Stellung einer Prozesspartei darf nicht schon deshalb gewährt werden, weil die Allgemeinheit theoretisch ohnehin Kenntnis erlangen kann.[152] Des Weiteren ist zu berücksichtigen, dass die Möglichkeit der Kenntniserlangung durch die Allgemeinheit insbesondere bei Geschäftsgeheimnissen durch prozessuale Maßnahmen weitestgehend ausgeschlossen werden kann (Vgl. E.I.3.a). In diesem Fall stellt es also einen erheblichen Unterschied für den Auskunftspflichtigen dar, ob eine Person Prozesspartei ist oder nicht. Es ist daher für den Auskunftspflichtigen nicht zumutbar, jedem beliebigen Dritten Auskunft zu erteilen. Vielmehr kann nur dann von der Zumutbarkeit einer Auskunftserteilung ausgegangen werden, wenn der Dritte, welcher dem Verpflichteten als Prozesspartei aufgezwungene wird, ein schützenswertes Interesse an der Geltendmachung des fremden Rechts in eigenem Namen hat.

Das Erfordernis des schützenswerten Interesses an der fremden Prozessführung dient dem Schutz des Inanspruchgenommenen, indem es den Kreis der Personen eingrenzt, die als Prozesspartei auftreten können. Um diesen Schutz effektiv gewährleisten zu können, ist das Erfordernis des schützenswerten Interesses grundsätzlich eng auszulegen. Im Rahmen eines Auskunftsanspruchs gilt dies in besonderem Maße.[153] Dies ist zum einen damit zu begründen, dass bei der Geltendmachung eines Auskunftsanspruchs in Prozessstandschaft kein abtretbarer Anspruch erforderlich ist, wenn auf der anderen Seite ein schutzwürdiges Interesse vorliegt. Würde man das schutzwürdige Interesse, zusätzlich zu diesen verringerten Anforderungen an die Prozessstandschaft, weit verstehen, so sähe der Auskunftspflichtige sich erneut einer erheblichen Anzahl potentieller Prozessstandschafter gegenüber. Des Weiteren sprechen die bei Geltendmachung des Auskunftsanspruchs gefährdeten Geheimhaltungsinteressen für eine enge Auslegung des schutzwürdigen Interesses. Eine weite Handhabung würde direkten Konkurrenten unverhältnismäßig einfach ermöglichen, Informationen über Betriebsinterna des Inanspruchgenommenen zu erlangen.

Ein schützenswertes Interesse kommt insbesondere bei einfachen Lizenznehmern, denen kein eigenes Recht zusteht, in Betracht. Sie werden, rein wirtschaftlich betrachtet, durch die Rechtsverletzung häufig stärker betroffen als der Rechteinhaber selber (B.II.3.a). Neben dem Inhaber des Schutzrechts können folglich auch Lizenz-

---

150 BGH GRUR 1995, 216, 219f.-Oxygenol II.
151 Eichmann GRUR 1995, 575.
152 Wiume S. 149 Fn. 2.
153 Ebenso Wiume S. 154.

nehmer ein schützenswertes Interesse am Erhalt der Auskunft haben.[154] Hat der Verletzer auch Rechte dieser Personen beeinträchtigt, geht ihr berechtigtes Interesse dem Interesse des Inanspruchgenommenen, die Auskunft nur an eine bestimmte Person erteilen zu müssen, grundsätzlich vor.

bb) Verwertungsgesellschaften und Berufsorganisationen

Sind die Verwertungsgesellschaften nicht bereits aus eigenem Recht zur Wahrnehmung der Rechte ermächtigt, haben sie also lediglich eine Inkassovollmacht, ergibt sich das schützenswerte Interesse der Verwertungsgesellschaften an der Wahrnehmung der zu ihrem Tätigkeitsbereich gehörenden Rechte und Ansprüche aus § 6 UrhWG.[155] Die zum Tätigkeitsbereich der Wahrnehmungsgesellschaft gehörenden Rechte ergeben sich aus dem mit dem Urheber geschlossenen Wahrnehmungsvertrag. Dazu kann auch die Rechtsverfolgung gegen Verletzer gehören und damit auch die Geltendmachung von Auskunftsansprüchen.
Schwieriger stellt sich die Frage des schutzwürdigen Interesses bei Berufsorganisationen dar. Hier genügt es nicht, dass lediglich Interessen der Mitglieder betroffen sind, sondern es ist ein eigenes schutzwürdiges Interesse des Verbandes zu fordern.[156] Im Wettbewerbsrecht war lange Zeit anerkannt, dass Verbände Ansprüche ihrer Mitglieder im Wege der gewillkürten Prozessstandschaft geltend machen können, wenn die Rechtsverfolgung sich im Rahmen der satzungsgemäßen Zwecke des rechtsfähigen Verbandes hält und, über die Wahrung rein individueller Belange hinaus, allgemein der Förderung der geschäftlichen Interessen der Verbandsmitglieder dient.[157] In diesem Fall wurde ihnen ein schutzwürdiges Interesse an der Geltendmachung des fremden Rechts in eignem Namen zugestanden.[158]
Nach neuerer Rechtsprechung wird ein schutzwürdiges eigenes Interesse nunmehr aber verneint.[159] Durch Neufassung des § 13 Absatz 2 Nr.2 UWG a.F. im Jahre 1994 sei den Verbänden bewusst die eigene Verfolgungskompetenz entzogen worden. Die Klagebefugnis von Verbänden könne nur unter den Voraussetzungen des § 13 Absatz 2 Nr. 2 UWG a.F. zuerkannt werden, da andernfalls die bewusste Beschränkung der Klagebefugnis der Verbände unterlaufen würde. Eine Prozessstandschaft komme daneben mangels schutzwürdigen eigenen Interesses nicht mehr in Betracht.

Im Recht des geistigen Eigentums wurde bei der Umsetzung der Enforcement-Richtlinie keine Befugnis zur kollektiven Rechtswahrnehmung vorgesehen. Es kann folglich nicht wie im Lauterkeitsrecht von einem Entzug der Verfolgungskompetenz gesprochen werden. Die Schutzwürdigkeit eines Eigeninteresses von Verbänden muss vielmehr unter denselben Voraussetzungen wie vor der Änderung der Recht-

154 BGH GRUR 1961, 635, 637-Stahlrohrstuhl; Dreier/Schulze-Dreier § 97, Rn. 22; Möhring/Nicolini/Ahlberg-Lütje § 97, Rn. 97 f.; Schricker-Wild § 97, Rn. 33 m.w.N.
155 Möhring/Nicolini/Ahlberg-Lütje § 97, Rn. 107.
156 BGH GRUR 1956, 279, 280-Olivin; BGH GRUR 1960, 240-Süßbier; BGH GRUR 1981, 658, 660-Preisvergleich; BGH GRUR 1983, 379, 381-Geldmafiosi; Zöller-Vollkommer Vor § 50, Rn. 58.
157 BGH GRUR 1956, 279, 280-Olivin; BGH GRUR 1960, 240-Süßbier; BGH GRUR 1981, 658, 660-Preisvergleich; BGH GRUR 1983, 379, 381-Geldmafiosi.
158 BGH GRUR 1956, 279, 280-Olivin; BGH GRUR 1960, 240-Süßbier; BGH GRUR 1981, 658, 660-Preisvergleich; BGH GRUR 1983, 379, 381-Geldmafiosi.
159 BGH GRUR 1998, 417-Verbandsklage in Prozessstandschaft; OLG Nürnberg WRP 1996, 358, 361 f.; Ulrich WRP 1995, 441, 442 ff. a.A. KG WRP 1995, 218 ff.

sprechung im Bereich des Lauterkeitsrechts anerkannt werden. Dafür spricht auch, dass ein rechtspolitisches Bedürfnis für eine kollektive Rechtswahrnehmung auch im Immaterialgüterrecht grundsätzlich zu bejahen ist (s.o. B.II.4.b). Berufsorganisationen sollte somit die Möglichkeit eingeräumt werden, als Prozessstandschafter die Rechte ihrer Mitglieder geltend zu machen, wenn die Geltendmachung von Ansprüchen aus dem Bereich des gewerblichen Rechtsschutzes und Urheberrecht den satzungsmäßigen Zwecken der Berufsorganisation entspricht und darüber hinaus die geschäftlichen Interessen der Mitglieder fördert.[160]

c) Ermächtigung durch den Rechteinhaber

An die Erteilung einer Ermächtigung sind, aus denselben Gründen wie bei der Darlegung eines eigenen schutzwürdigen Interesses, ebenfalls strenge Voraussetzungen zu stellen.[161] Für die Geltendmachung von Unterlassungs-, Vernichtungs- oder Schadensersatzansprüchen ist anerkannt, dass sich die Ermächtigung durch den Rechteinhaber auch konkludent aus einem Lizenzvertrag ergeben kann.[162] Bei Auskunftsansprüchen ist die Gefährdung des Auskunftspflichtigen jedoch ungleich höher, da seine Geheimhaltungsinteressen beeinträchtigt werden können. Es sollte daher eine ausdrückliche Ermächtigung gefordert werden.[163]
Die Ermächtigung muss bereits in der Tatsacheninstanz vorliegen.[164] Es genügt nicht, wenn der Kläger lediglich einen Anspruch auf Erteilung der Ermächtigung vorweisen kann. In diesem Fall wäre er verpflichtet, zunächst den Anspruch auf Erteilung der Ermächtigung gegen den Rechteinhaber durchzusetzen und erst dann gegen den Auskunftspflichtigen vorzugehen.[165] Dies kann dazu führen, dass sich der an einer Rechtsverfolgung Interessierte gezwungen sieht, mehrere Prozesse hintereinander zu führen, während derer er das Risiko trägt, dass der Auskunftsanspruch beziehungsweise der an den Auskunftsanspruch anschließende Anspruch auf Schadensersatz nicht mehr durchgesetzt werden kann. Von einer schnellen und effektiven Rechtsverfolgung kann in diesen Fällen folglich nicht ausgegangen werden.
Trotz einer einmal im Lizenzvertrag erklärten Ermächtigung verbleibt dem Inhaber des Schutzrechts beziehungsweise dem Urheber stets das Recht auf den Anspruch zu verzichten.[166] Tut er dies, so kann der zur Wahrnehmung des Rechts Ermächtigte den Anspruch nicht mehr durchsetzen.

Die Ermächtigung einer Berufsorganisation zur Rechtsdurchsetzung kann im Rahmen der Satzung erfolgen.[167] Dies gilt aber nicht uneingeschränkt für jede Anspruchsart. So wird bei der Geltendmachung von Schadensersatzansprüchen anders als bei Unterlassungsansprüchen eine Ermächtigung durch die Mitglieder gefordert.[168] Bei den spezialgesetzlichen Drittauskunftsansprüchen handelt es sich jedoch

160 So wohl auch Stellungnahme der Deutschen Vereinigung für gewerblichen Rechtsschutz und Urheberrechte GRUR 2003, 682 f.; a.A. Wiume S. 156.
161 Wiume S. 155.
162 Möhring/Nicolini/Ahlberg-Lütje § 97, Rn. 100; Dreier/Schulze-Dreier § 97, Rn. 21.
163 Wiume S. 156.
164 BGH GRUR 1994, 800, 801-Museumskatalog; Möhring/Nicolini/Ahlberg-Lütje § 97, Rn. 100.
165 Möhring/Nicolini/Ahlberg-Lütje § 97, Rn. 101.
166 Fromm/Nordemann-Nordemann § 97, Rn. 14; Möhring/Nicolini/Ahlberg-Lütje § 97, Rn. 100.
167 Zöller-Vollkommer Vor § 50, Rn. 60; Müko(ZPO)-Lindacher Vor § 50, Rn. 57.
168 BGH NJW 1984, 2220, 2221-Binnenschifffahrts-Verband.

nicht um Schadensersatz-, sondern um Abwehransprüche (vgl. A.III.). Im Interesse einer effektiven Rechtsdurchsetzung sollte auch bei der Geltendmachung von Auskunftsansprüchen eine Ermächtigung einer Berufsorganisation angenommen werden, wenn diese zu den satzungsmäßigen Aufgaben des Verbandes gehört.

6. Prozessbeitritt

Macht der Rechteinhaber beziehungsweise Urheber seine Recht selber geltend, kann ein Dritter unter den Voraussetzungen der §§ 59, 60 ZPO als einfacher Streitgenosse beitreten. Dafür muss der Dritte einen eigenen Anspruch haben.
Dies ist bei Lizenznehmern problematisch. Denn während Lizenznehmer einer ausschließlichen Lizenz regelmäßig ein eigenes Recht haben, zu dessen Geltendmachung sie aber im Marken- und Geschmacksmusterrecht dennoch der Zustimmung des Lizenzgebers bedürfen, steht den Inhabern einer einfachen Lizenz kein eigenes Klagerecht zu.
Eine gesetzliche Ermächtigung der Inhaber ausschließlicher Marken- oder Geschmacksmusterlizenzen, ihre Schadensersatzansprüche im Wege der Streitgenossenschaft geltend zu machen, findet sich in § 30 Absatz 4 MarkenG beziehungsweise § 31 Absatz 4 GeschmMG. Obwohl der Wortlaut lediglich Ansprüche auf Schadensersatz erfasst, werden auch Beseitigungsansprüche und damit der selbständige Auskunftsanspruch vom Beitrittsrecht umfasst.[169] Im Urheber- und Patentrecht gibt es keine entsprechenden Regelungen. D.h., der einfache Lizenzinhaber kann nicht beitreten, während der Inhaber einer ausschließlichen Lizenz aufgrund seines eigenen Rechts grundsätzlich dazu in der Lage ist.

C. Auskunftspflichtige

I. Der Verletzer

1. Begriffsbestimmung

Die genaue Begrenzung des Verletzerbegriffs ist bislang ungeklärt. Unstreitig fallen darunter diejenigen Personen, die die Verletzungshandlung alleine oder gemeinschaftlich begangen, zu ihr angestiftet oder bei ihrer Begehung Hilfe geleistet haben.[170] Voraussetzung für die Haftung als Täter oder Teilnehmer ist ein die Rechtswidrigkeit einschließender Vorsatz zur Begehung der Verletzung.[171]
Nach herrschender Meinung[172] haften mehrere Verletzer unter den Voraussetzungen der §§ 830, 840 BGB iVm. §§ 421 ff. BGB grundsätzlich gesamtschuldnerisch. Dagegen spricht aber, dass eine effektive Rechtsverfolgung nur dann möglich ist, wenn

169 Wiume S. 152 m.w.N.

170 RegE Begr., BT-Dr. 16/5048, S. 29; OLG Frankfurt GRUR-RR 2005, 147; Benkard-Rogge/Grabinski § 139, Rn. 19; Busse-Keukenschrijver § 139, Rn. 28, m.w.N.; Dreier/Schulze § 97, Rn. 23 ff. m.w.N.; Ingerl/Rohnke Vor §§ 14-19, Rn. 20 ff.; Schricker-Wild § 97, Rn. 35; Knaak GRUR Int. 2004, 745, 749. Zur Haftung juristischer Personen und Betriebsinhaber siehe Wiume S. 160 ff.

171 BGH GRUR 2004, 860, 863 f.– Internet-Versteigerung I m.w.N.; LG München MMR 2006, 332, 335; Schricker-Wild § 97, Rn. 35.

172 Banzhaf S. 133; Schulze/Dreier-Dreier § 97, Rn. 24.

jeder Verletzer verpflichtet ist, die ihm bekannten Informationen zu erteilen.[173] Denn die Informationen, über welche der Inanspruchgenommene verfügt, werden häufig von Verletzer zu Verletzer unterschiedlich sein. Eine gesamtschuldnerische Haftung würde dem Zweck des Auskunftsanspruchs daher nicht gerecht.

Problematisch gestaltet sich die Einordnung solcher Personen, die selber die Verletzung des Rechtsguts nicht herbeiführen und denen auch nicht die Verletzung durch den Verletzer über die Regelungen zur Täterschaft und Teilnahme zugerechnet werden können, weil ihnen der entsprechende Vorsatz fehlt. Diese Personen sind nach obiger Definition keine Verletzer. Sie können allenfalls im Rahmen einer Störerhaftung in Anspruch genommen werden. Als Störer haftet jeder, der in irgendeiner Weise willentlich und adäquat kausal an der Herbeiführung oder Aufrechterhaltung einer rechtswidrigen Beeinträchtigung mitwirkt.[174]

Dies schließt auch den mittelbaren Störer ein. Mittelbare Störer sind solche Personen, die untergeordnete Beiträge zur Verletzung der Immaterialrechtsgüter leisten.[175] Für ein Mitwirken reicht es demnach aus, wenn der Inanspruchgenommene die Handlung eines eigenverantwortlich handelnden Dritten unterstützt oder ausnutzt, sofern er die rechtliche Möglichkeit zur Verhinderung dieser Handlung hatte.[176] Eine solche kann auch dann bestehen, wenn der Inanspruchgenommene lediglich Kenntnis von früheren, mehrfachen, nicht unerheblichen Rechtsverstößen des Verletzers hat.[177]

Damit die Störerhaftung nicht über Gebühr auf Dritte, die nicht selbst die rechtswidrige Beeinträchtigung vorgenommen haben, ausgeweitet wird, entwickelte die Rechtsprechung in den vergangenen Jahren eine zusätzliche einschränkende Voraussetzung. Demnach ist erforderlich, dass der Inanspruchgenommene Verhaltens- insbesondere Prüfpflichten verletzt hat.[178] Das Bestehen solcher Pflichten wird durch das Erfordernis der Zumutbarkeit bereits auf Tatbestandsseite begrenzt.[179] Die Zumutbarkeit ist nach den Umständen des Einzelfalls zu beurteilen.[180] Zu berücksichtigen sind die Funktion und Aufgabenstellung des Inanspruchgenommenen und die Eigenverantwortlichkeit des Verletzers.[181]

Störer kann also grundsätzlich nur sein, wer willentlich und adäquat kausal an der Verletzung eines Immaterialrechtsguts mitwirkt und dabei eine zumutbare Prüfpflicht verletzt.

---

173 So auch Wiume S. 158 f.

174 RegE Begr., BT-Dr. 16/5048, S. 30; BGH GRUR 2001, 1038, 1039- ambiente.de; GRUR 2002, 618, 619-Meißner Dekor m.w.N.; GRUR 2004, 860, 864–Internet-Versteigerung I; BGH GRUR Int. 2007, 933, 936-Internet-Versteigerung II; OLG Frankfurt GRUR-RR 2005, 147, 148; Busse § 139, Rn. 27 m.w.N.; Schricker-Wild § 97, Rn. 36a.

175 Dreier/Schulze-Dreier § 97, Rn. 33.

176 BGH GRUR 1997, 313, 315 – Architektenwettbewerb; BGH GRUR 2001, 1038, 1039- ambiente.de.

177 Dreier/Schulze-Dreier § 97, Rn. 33.

178 BGH GRUR 1997, 313, 315 – Architektenwettbewerb; GRUR 1999, 144- Möbelklassiker; GRUR 2001, 1038, 1039- ambiente.de; GRUR 2004, 860, 864–Internet-Versteigerung I; BGH GRUR Int. 2007, 933, 936-Internet-Versteigerung II; OLG Frankfurt a.M. GRUR-RR 2005, 147, 148.

179 Dreier/Schulze-Dreier § 97, Rn. 33.

180 BGH GRUR Int. 2007, 933, 936-Internet-Versteigerung II; Dreier/Schulze-Dreier § 97, Rn. 33; Schricker-Wild § 97, Rn. 36 a.

181 BGH GRUR 2001, 1038, 1039- ambiente.de m.w.N.; BGH GRUR 2003, 969, 970 f.- Vermessungsunterlagen; BGH GRUR 2004, 860, 864–Internet-Versteigerung I.

2. Umfang der Störerhaftung

Für das Bestehen eines Auskunftsanspruchs ist die Relevanz der Einordnung des Störers als Verletzer oder Dritter gering, denn solange der Störer gewerblich handelt, wird er jedenfalls als Dritter vom Auskunftsanspruch erfasst. Eine genaue Einordnung des Störers in die Gruppe der Verletzer oder die Gruppe der Dritten ist dennoch auf Dauer nicht zu umgehen, da die Abgrenzung für die weiteren Klagevoraussetzungen von Bedeutung ist. So muss bei der Geltendmachung eines Auskunftsanspruchs gegen einen Dritten entweder eine offensichtliche Rechtsverletzung vorliegen oder bereits eine Klage gegen den Verletzer erhoben sein.

Der Gesetzgeber sah ausdrücklich von einer Regelung dieser Problematik ab, um die Klärung der Rechtsprechung zu überlassen.[182] An anderer Stelle der Begründung zum Umsetzungsgesetz der Enforcement-Richtlinie geht der Gesetzgeber aber davon aus, dass der Störer zwar grundsätzlich auch als Dritter von den §§ 140b Absatz 2 PatG, 24b Absatz 2 GebrMG, 19 Absatz 2 MarkenG, 9 Absatz 2 Halbleiterschutzgesetz iVm. § 24b Absatz 2 GebrMG, § 101 Absatz 2 UrhG, § 46 Absatz 2 GeschmMG und § 37b Absatz 2 Sortenschutzgesetz erfasst werden könnte, die Formulierung „unbeschadet von Absatz 1" in diesen Absätzen jedoch zum Ausdruck bringen solle, dass auch der Störer „Verletzer" im Sinne des Absatz 1 ist.[183]

In Literatur und Rechtsprechung war bereits vor Umsetzung der Enforcement-Richtlinie umstritten, ob der Störer Schuldner eines Auskunftsanspruchs sein kann.[184] Entgegen der Auffassung von *Gräfin von Merveldt*, kann aus der Entscheidung „Schwarze Liste"[185] des BGH diesbezüglich keine Klarheit gewonnen werden.[186] Aus dem Umstand, dass ein Unternehmer aufgrund der Zurechnungsnorm des § 8 Absatz 2 UWG auch auf Auskunft haften kann, lässt sich kein Erst-Recht-Schluss für die Haftung des Störers ziehen. Denn der Unternehmer haftet nicht ohne lediglich aufgrund des Bedürfnisses dem Verletzten einen durchsetzbaren und wirtschaftlich besser gesicherten Anspruch zu geben, sondern unter anderem aufgrund der Tatsache, dass er mit Hilfe seiner Mitarbeiter seinen Geschäftskreis erweitert und den Nutzen aus deren Tätigkeit zieht.[187] Auf der Gegenseite diesen Nutzens muss der Unternehmer auch das mit der Tätigkeit verbundene Risiko von Wettbewerbsverstößen tragen,[188] zumal dies zu dem von ihm beherrschten oder doch beherrschbaren Gefahrenkreis gehört.[189] Das Handeln des Mitarbeiters wird durch § 8 Absatz 2 UWG einem Handeln des Unternehmens gleichgestellt. Der Unternehmer wird somit selber zum Verletzer. Über die Haftung des Störers kann daraus aber nichts abgeleitet werden.

---

182 RegE Begr., BT-Dr. 16/5048, S. 30.

183 RegE Begr., BT-Dr. 11/4792, S. 38.

184 Dafür: LG Hamburg MMR 2005, 55, 57; LG Köln Urt. v. 26.7.2004-28 O 301/04; Ströbele/Hacker-Hacker § 19, Rn. 8; Peukert/Kur GRUR Int. 2006, 292, 296; dagegen: BGH GRUR 2001, 82, 83-Neu in Bielefeld I; BGH GRUR 2002, 618-Meißner Dekor; BGH GRUR 2004, 860, 864-Internet-Versteigerung I; OLG Frankfurt GRUR-RR 2005, 147, 148; OLG Hamburg GRUR-RR 2005, 209, 212, Ingerl/Rohnke Vor §§ 14-19, Rn. 29; Sieber/Höfinger MMR 2004, 575, 580; Kitz MMR 2005, 133, 134.

185 BGH GRUR 1995, 427, 428-Schwarze Liste.

186 Gräfin von Merveldt S. 89 f.

187 Hefermehl/Köhler/Bornkamm-Köhler § 8, Rn. 2.33; Fezer(UWG)-Büscher § 8, Rn. 169.

188 BGH GRUR 1990, 1039, 1040-Anzeigenauftrag m.w.N.; BGH GRUR 2003, 453, 454-Verwertung von Kundenlisten; Fezer(UWG)-Büscher § 8, Rn. 169.

189 Hefermehl/Köhler/Bornkamm-Köhler § 8, Rn. 2.33.

Bei der Beantwortung der Frage, ob der selbständige Auskunftsanspruch vom Umfang der Störungshaftung erfasst wird, muss mangels eindeutiger gesetzlicher Regelung auf die allgemein anerkannten Grundsätze zurückgegriffen werden. Nach ganz herrschender Meinung können Abwehransprüchen gegen den Störer bestehen, Ersatzansprüchen hingegen nicht.[190] Da es sich beim selbständigen Auskunftsanspruch um einen Abwehranspruch handelt (s.o. A.III.), wird auch der Störer vom Begriff des Verletzers erfasst und ist damit passivlegitimiert.
Eine Inanspruchnahme des Störers als Verletzer und somit nach Absatz 1 des Auskunftsanspruchs erscheint nicht unverhältnismäßig, da durch das Erfordernis der Verletzung einer Prüfpflicht der Kreis der als Störer erfassten Personen eingeschränkt wird. Wer sich pflichtwidrig verhalten hat, muss stets hinnehmen, dass er wie ein Verletzer in Anspruch genommen werden kann. Es ist kein Grund ersichtlich, warum von diesem Grundsatz im Rahmen der Hilfsansprüche abgewichen werden sollte. Die Pflichtwidrigkeit des Verhaltens rechtfertigt es den Handelnden einem Anspruch auszusetzen.[191]

II. Dritte

1. Begriffsbestimmung

Der in Artikel 8 Absatz 1 lit. a bis d RL normierte Auskunftsanspruch gegen Dritte wurde im deutschen Recht weitestgehend identisch in § 140b Absatz 2 PatG, § 24b Absatz 2 GebrMG, § 19 Absatz 2 MarkenG, § 9 Absatz 2 Halbleiterschutzgesetz iVm. § 24b Absatz 2 GebrMG, § 101 Absatz 2 UrhG, § 46 Absatz 2 GeschmMG und § 37b Absatz 2 Sortenschutzgesetz umgesetzt. Demnach besteht der Anspruch nicht nur gegen den Verletzer, sondern, in Fällen offensichtlicher Rechtsverletzung oder in Fällen, in denen der Verletzte gegen den Verletzer Klage erhoben hat, auch:

> gegen eine Person, die in gewerblichem Ausmaß
>
> 1. rechtsverletzende Erzeugnisse in ihrem Besitz hatte,
> 2. rechtsverletzende Dienstleistungen in Anspruch nahm,
> 3. für rechtsverletzende Tätigkeiten genutzte Dienstleistungen erbrachte oder
> 4. nach den Angaben einer in Nummer 1, 2 oder Nummer 3 genannten Person an der Herstellung, Erzeugung oder am Vertrieb solcher Erzeugnisse oder an der Erbringung solcher Dienstleistungen beteiligt war.

Für eine Haftung als Störer ist nach deutschem Recht die Verletzung einer zumutbaren Verhaltens- insbesondere einer Prüfpflicht erforderlich. Die Regelungen zur Auskunftspflicht eines Dritten sehen eine derartige Einschränkung der Störerhaftung nicht vor. Während der Störer wie oben gezeigt als Verletzer einzuordnen ist, sind Personen, die keine Prüfpflicht oder lediglich solche Prüfpflichten, deren Einhaltung nicht zumutbar waren, verletzten und in gewerblichem Ausmaß handeln, als Dritte einzustufen. Es können nach den neuen Regelungen auch Hilfspersonen, die früher überhaupt nicht haftbar waren, in Anspruch genommen werden. Eine Einschränkung der stark erweiterten Passivlegitimation erfolgt durch das Kriterium des gewerblichen

---

190 BGH GRUR 2001, 82, 83- Neu in Bielefeld I; BGH GRUR 2001, 1038, 1039-ambiente.de; BGH GRUR 2002, 618, 619-Meißner Dekor; BGH GRUR 2004, 860, 864-Internet-Versteigerung I.

191 Ob es insofern der Figur der Störerhaftung überhaupt bedarf, wird zunehmend in Frage gestellt. Siehe dazu: Köhler GRUR 2008, 1, 6; zum Wettbewerbsrecht: BGH MMR 2007, 634 ff.- Jugendgefährdende Medien.

Ausmaßes sowie dadurch, dass Dritte nur in Anspruch genommen werden können, wenn eine offensichtliche Rechtsverletzung vorliegt oder gegen den Verletzer bereits Klage erhoben wurde.

Eine Auskunftspflicht gegen Dritte, die selbst keinem Anspruch ausgesetzt sind, wurde bereits früher ausnahmsweise vom BGH angenommen.[192] In diesem Fall wurde die für einen Auskunftsanspruch aus § 242 BGB notwendige Sonderverbindung zwischen dem Auskunftsberechtigten und dem Verpflichteten darin gesehen, dass durch dessen Verhalten erst der Anspruch gegen den eigentlichen Verletzer zustande kam.[193] Der neue Auskunftsanspruch sieht einen Anspruch gegen den Dritten aber bereits dann vor, wenn der Dritte durch vollkommen untergeordnete Tätigkeiten und ohne die Verletzung von Verhaltenspflichten an der Absatzkette teilnimmt. Zusätzlich wird in den Absätzen 2 Nr. 4 der einschlägigen Auskunftsvorschriften auf einen Nachweis des Vorliegens dieser Voraussetzungen verzichtet. Es soll für die Annahme einer Beteiligung nach Absatz 2 Nr. 1-3 der einschlägigen Auskunftsvorschriften bereits ausreichen, wenn eine solche von einem Dritten im Sinne des Absatzes 2 Nr.1-3 behauptet wird. Der Auskunftsanspruch erfährt durch die Einführung des Auskunftsanspruchs gegen Dritte im Bereich des gewerblichen Rechtsschutzes und Urheberrechts eine erhebliche Erweiterung.

2. Fallgruppen der Inanspruchnahme

Absatz 2 der einschlägigen Auskunftsvorschriften verlangt für eine Inanspruchnahme eines Dritten, dass dieser nachweislich und in gewerblichem Ausmaß rechtsverletzende Erzeugnisse in seinem Besitz hatte, rechtsverletzende Dienstleistungen in Anspruch nahm oder für rechtsverletzende Tätigkeiten genutzte Dienstleistungen erbracht hat.

Wird der Auskunftsanspruch im Zusammenhang mit einem Verfahren gegen den Verletzer geltend gemacht, prüft der Richter nach § 286 ZPO das Vorliegen der Tatbestandsmerkmale. Soll mit Hilfe des Auskunftsanspruchs die Person des Verletzers überhaupt erst ermittelt werden, kann dies zumindest im deutschen Recht nicht im Zusammenhang mit einem Verfahren gegen den Verletzer geschehen, denn eine Klage gegen „Unbekannt" ist dem deutschen Prozessrecht fremd (G.II.3.).

Der Auskunftsanspruch sieht neben der Geltendmachung des Auskunftsanspruchs gegen Dritte im Zusammenhang mit einem Verfahren gegen den Verletzer auch die Möglichkeit vor, einen Anspruch dann geltend zu machen, wenn die Rechtsverletzung offensichtlich ist. Auf die Normierung eines Richtervorbehalts wurde trotz des Richtlinienwortlauts, der vorsieht, dass der Dritte „nachweislich" die in den in Artikel 8 Absatz 1 lit. a-c RL genannten Voraussetzungen erfüllen muss, verzichtet. Da der Verzicht auf einen Richtervorbehalt den Rechteinhaber entlastet und folglich zu seinen Gunsten über die Richtlinienvorgaben hinausgeht, ist die erfolgte Regelung gemäß Artikel 2 Absatz 1 RL zulässig.

192 BGH GRUR 1971, 519 ff- Urheberfolgerecht.
193 BGH GRUR 1971, 519, 522-Urheberfolgerecht.

3. Inanspruchnahme eines Unbeteiligten

a) Nachrangigkeit der Interessen des Dritten

Die Inanspruchnahme eines Dritten, dessen Beteiligung nicht feststeht, widerspricht den Grundsätzen des deutschen Rechts.[194] Hat eine Person etwas verschuldet, wird es als gerechtfertigt angesehen, sie im Gegenzug einem Anspruch auszusetzen. Im Fall des Auskunftsanspruchs gegen Dritte wird nicht nur eine Person in Anspruch genommen, die kein Störer ist und daher keine Prüfpflichten verletzt hat, sondern der Dritte sieht sich mangels Richtervorbehalts auch einem Kostenrisiko ausgesetzt, wenn er das Vorliegen der Voraussetzungen seiner Inanspruchnahme bestreiten möchte. Da der Dritte kein Störer ist und keine Prüfpflichten verletzt hat, kann der Anspruch gegen den Dritten nicht als gerechtfertigte Folge eines ungebührlichen Verhaltens verstanden werden. Der Dritte ist folglich besonders schützenswert. Zwar kennt die Rechtsordnung die Beschränkung von Rechten eines Unbeteiligten zum Schutz höherwertiger Rechtsgüter.[195] Dies aber nur dann, wenn die Gefahr eines unverhältnismäßig höheren Schadens droht. Zudem trifft den Unbeteiligten dann nur eine Duldungs- und keine Handlungspflicht.

Auf der anderen Seite ist die Verfolgung eines Verletzers häufig nur dann möglich, wenn dessen Identität zunächst mit der Hilfe eines unbeteiligten Dritten ermittelt wird. Der Gesetzgeber hat dem Interesse an der Aufdeckung und Verfolgung von Schutzrechtsverletzungen grundsätzlich den Vorrang vor den Interessen des Verletzers eingeräumt.[196] Dies zeigt, dass der Gesetzgeber der effektiven Verfolgung von Schutzrechtsverletzern einen hohen Stellenwert beimisst. Zu berücksichtigen ist auch, dass durch die Verfolgung von Schutzrechtsverletzern nicht nur der Rechteinhaber geschützt wird, sondern auch die Allgemeinheit.[197] Diese Schutzzwecke überwiegen nach der gesetzgeberischen Entscheidung dem Interesse des unbeteiligten Dritten, keinem Anspruch ausgesetzt zu werden. Allerdings ist der Auskunftsanspruch auch gemäß dessen Absatz 4 ausgeschlossen, wenn die Inanspruchnahme im Einzelfall unverhältnismäßig ist (E.I.3.).

b) Fehlen eines Richtervorbehalts

Mangels Richtervorbehalts wird nach derzeitiger Rechtslage weder das Vorliegen einer offensichtlichen Rechtsverletzung geprüft, noch wird gerichtlich festgestellt, ob der Dritte eine der in Absatz 2 lit. a-c genannten Handlungen begangen hat und ob der Anspruchsteller tatsächlich der Inhaber des vermeintlich verletzten Rechts ist. Der Dritte muss selber überprüfen, ob eine offensichtliche Rechtsverletzung vorliegt und ein Anspruch gegen ihn besteht oder nicht (G.II.3.b). Die Offensichtlichkeit der Rechtsverletzung wird er bisweilen jedoch gar nicht beurteilen können[198] oder anders einschätzen als der Rechteinhaber. Ist das Auskunftsbegehren rechtmäßig und der Dritte lässt es zum Prozess kommen, so muss er die Prozesskosten tragen. Hält er

---

194 Knaak GRUR Int. 2004, 745, 749.

195 Siehe § 904 BGB.

196 Fezer § 19, Rn. 19.

197 Fezer § 19, Rn. 19; *Erwägungsgrund 1RL* nennt unter anderem die Entwicklung des Arbeitsmarktes und die Verbesserung der Wettbewerbsfähigkeit als Ziel des Schutzes geistigen Eigentums. Gemäß *Erwägungsgrund 3 RL* sind die Instrumente zur Durchsetzung der Rechte des geistigen Eigentums von zentraler Bedeutung für den Erfolg des Binnenmarkts.

198 RegE Begr., BT-Dr. 16/5048, S. 39; Peukert/Kur GRUR Int. 2006, 292, 297.

den Anspruch irrtümlich für gegeben und erfüllt den Anspruch, könnte er mit Schadensersatzforderungen seitens seiner Kunden oder Geschäftspartner, über welche er Informationen preisgegeben hat, konfrontiert werden. Auf letzteres hat der deutsche Gesetzgeber Rücksicht genommen. Gemäß §§ 140b Absatz 6 PatG, 24b Absatz 6 GebrMG, 19 Absatz 6 MarkenG, 9 Absatz 2 Halbleiterschutzgesetz iVm. § 24b Absatz 6 GebrMG, § 101 Absatz 6 UrhG, § 46 Absatz 6 GeschmMG und § 37b Absatz 6 Sortenschutzgesetz haftet der Auskunftserteilende weiteren Personen gegenüber nur dann, wenn er positive Kenntnis davon hatte, dass er nicht zur Auskunftserteilung verpflichtet war. Die Haftungsfreistellung des Dritten (siehe C.II.4.a) gegenüber seinen Kunden oder Geschäftspartnern führt dazu, dass er diesen gegenüber nahezu kein finanzielles Risiko trägt.
Der Dritte kann aber auch ein eigenes Interesse daran haben, das Bestehen eines gegen ihn gerichteten Auskunftsanspruchs zu bestreiten. Dies ist der Fall, wenn er durch die Erteilung der Auskunft Einblick in seine Geschäftsinterna gewähren oder einen erheblichen Aufwand zur Beschaffung und Zusammenstellung der geforderten Informationen betreiben müsste. Will er diese Interessen schützen, sieht er sich als eigentlich Unbeteiligter[199] nach derzeitiger Rechtslage gezwungen, einen Prozess gegen den Rechteinhaber zu führen und das damit verbundene Kostenrisiko zu tragen. Zudem wird der Dritte durch die Verpflichtung zur Auskunftserteilung in seinem Recht auf informationelle Selbstbestimmung betroffen. Zu seinem Schutz könnte daher ein Richtervorbehalt notwendig sein.

Bestünde ein Richtervorbehalt, würde das Kostenrisiko für den Dritten weitestgehend ausgeschlossen. Ein solches Verfahren wäre folglich aus Sicht des Dritten ein milderes Mittel. Bei Bestehen eines Richtervorbehalts bliebe es dem Dritten unbenommen, den Anspruch zu erfüllen und Auskunft zu erteilen, ohne dass das Bestehen des Anspruchs richterlich festgestellt wurde. Da er ohne richterliche Entscheidung aber nie verpflichtet sein könnte, Auskunft zu erteilen, würde er ohne Prozess stets das Risiko tragen, sich seinen Geschäftspartnern gegenüber schadensersatzpflichtig zu machen. Die Haftungsfreistellung würde in diesem Fall nicht greifen. Um einer Haftung zu entgehen, müsste der Dritte sich folglich auch gegen seinen Willen auf einen Prozess einlassen. Die Prozesskosten müssten daher unabhängig vom Obsiegen stets dem Rechteinhaber aufgebürdet werden.[200] Würde der Auskunftsanspruch gegen den Dritten nur unter Richtervorbehalt gewährt, müssten Prozesse geführt werden, an denen keine der Parteien ein Interesse hat. Die Gerichte würden zusätzlich erheblich belastet und durch die richterliche Entscheidung ginge wertvolle Zeit für die Verfolgung des eigentlichen Verletzers verloren. Der Rechteinhaber würde also durch den Richtervorbehalt der Gefahr ausgesetzt, dass der Verletzer selbst oder zumindest dessen Vermögen seinem Zugriff entzogen wird. Die mit einem solchen Vorbehalt verbundenen Nachteile lassen eine solche Regelung daher gegenüber der derzeitigen Rechtslage nicht als gleich geeignet erscheinen. Zudem widerspräche die Einführung eines Richtervorbehalts damit Artikel 3 RL, der verlangt, dass die Mitgliedstaaten verhältnismäßige, kostengünstige, schnelle und effektive Verfahren zum verbesserten Schutz der Rechte des geistigen Eigentums schaffen.

199 RegE Begr., BT-Dr. 16/5048, S. 38 f.
200 So auch RegE Begr., BT-Dr. 16/5048, S. 38.

Dass mit der Entscheidung für einen Anspruch gegen Dritte ohne die Normierung eines Richtervorbehalts gewisse Nachteile für den Dritten verbunden sind, liegt in der Natur der Sache. Diese Nachteile sind dem Dritten jedoch grundsätzlich zumutbar. Seinen Interessen wird durch die Haftungsfreistellung in Absatz 6 der einschlägigen Paragraphen ausreichend Rechnung getragen.
Aus denselben Gründen ist auch ein Richtervorbehalt hinsichtlich der Inanspruchnahme weiterer Beteiligter im Sinne der §§ 140b Absatz 1 Nr. 4 PatG, 24b Absatz 1 Nr. 4 GebrMG, 19 Absatz 1 Nr. 4 MarkenG, 9 Absatz 2 Halbleiterschutzgesetz iVm. § 24b Absatz 1 Nr. 4 GebrMG, § 101 Absatz 1 Nr. 4 UrhG, § 46 Absatz 1 Nr. 4 GeschmMG und § 37b Absatz 1 Nr. 4 Sortenschutzgesetz für den Schutz ihrer Grundrechte nicht erforderlich.

4. Beeinträchtigung des vermeintlichen Verletzers

Indem der Dritte über den vermeintlichen Verletzer Auskunft erteilt, wird letzterer in seinem Recht auf informationelle Selbstbestimmung betroffen. Dies ist nach der gesetzgeberischen Wertung des Absatzes 2 der einschlägigen Auskunftsvorschriften dann gerechtfertigt, wenn bereits ein Verfahren gegen den Verletzer anhängig ist oder offensichtlich eine Rechtsverletzung durch den vermeintlichen Verletzer begangen wurde. Wurde hingegen noch keine Klage erhoben und ist eine Verletzung durch den vermeintlichen Verletzer nur möglich oder besteht lediglich eine gewisse Wahrscheinlichkeit für eine Verletzung, ist die Beschränkung des Rechts auf informationelle Selbstbestimmung des vermeintlichen Verletzers nicht ohne weiteres zu rechtfertigen. Dass Informationen über ihn erteilt werden, muss er nur unter den für den Anspruch gegen Dritte bestimmten Voraussetzungen hinnehmen.
Die derzeitige Gesetzeslage nimmt allerdings auf die Interessen des lediglich vermeintlichen Verletzers kaum Rücksicht. Wie gezeigt wurde, besteht im Rahmen des Absatzes 2 der einschlägigen Auskunftsvorschriften kein Richtervorbehalt. Der Dritte kann ohne Überprüfung der Anspruchsvoraussetzungen in Anspruch genommen werden. Der vermeintliche Verletzer kann sich gegen die Geltendmachung des Auskunftsanspruchs gegen den Dritten nicht wehren, da er selbst nicht Partei des Verfahrens ist und mit seinem Beitritt das mit dem Auskunftsbegehren verfolgte Ziel, seine Identität zu erfahren, bereits erreicht würde. Gerade dies zu vermeiden, kann aber im berechtigten Interesse des vermeintlichen Verletzers liegen, da durch die Erteilung von Informationen, über das zwischen ihm und dem in Anspruch genommenen Dritten bestehende Verhältnis, seine Geheimhaltungsinteressen berührt werden könnten. Der den Anspruch geltend machende angebliche Rechteinhaber überprüft seinen Anspruch allenfalls mit Hinblick auf eine drohende Haftung wegen Missbrauchs des Anspruchs. Bei einem Missbrauch des Auskunftsanspruchs können zwar Schadensersatzansprüche des vermeintlichen Verletzers gegen den Rechteinhaber in Betracht kommen (H.II.), doch ist zu diesem Zeitpunkt die Information bereits weitergegeben und ein bestehendes Geheimhaltungsinteresse unwiederbringlich beeinträchtigt.

Ein Eingriff in die Rechte des vermeintlichen Verletzers läge nicht vor, wenn der Anspruch gegen Dritte nur dann gewährt würde, wenn das Bestehen eines Anspruchs gegen den Dritten gerichtlich festgestellt wurde. Die Gefahr unberechtigter Auskunftsbegehren wäre in diesem Fall weitestgehend minimiert. Die Einführung eines

Richtervorbehalts stellt, wie unter C.II.3. erläutert wurde, im Vergleich zur erfolgten Regelung jedoch kein gleich geeignetes Mittel dar. Es war also erforderlich, den Auskunftsanspruch gegen Dritte ohne Richtervorbehalt vorzusehen.
Die Normierung eines Richtervorbehalts ist nicht der einzig gangbare Weg, um den vermeintlichen Verletzer vor einer ungerechtfertigen Inanspruchnahme zu schützen. Es müssen jedoch Vorkehrungen getroffen werden, die eine ungerechtfertigte Innspruchnahme und damit eine Verletzung des vermeintlichen Verletzers in seinem Recht auf informationelle Selbstbestimmung möglichst verhindern.[201]

a) Schutz des Verletzers durch Haftung des Auskunftspflichtigen

Wie zu zeigen sein wird, besteht für den Dritten im Sinne des Absatzes 2 des Auskunftsanspruch eine Pflicht zur Prüfung der Offensichtlichkeit (G.II.3.b). Durch die Haftungsfreistellung des Absatzes 6 der einschlägigen Auskunftsvorschriften könnte diese Pflicht sich jedoch als untaugliches Mittel zur Begrenzung des Anspruchs erweisen. Gemäß §§ 140b Absatz 6 PatG, 24b Absatz 6 GebrMG, 19 Absatz 6 MarkenG, 9 Absatz 2 Halbleiterschutzgesetz iVm. § 24b Absatz 6 GebrMG, § 101 Absatz 6 UrhG, § 46 Absatz 6 GeschmMG und § 37b Absatz 6 Sortenschutzgesetz haftet der auskunfterteilende Dritten gegenüber nur dann, wenn er positive Kenntnis davon hatte, dass er nicht zur Auskunftserteilung verpflichtet war. Kritisch zu betrachten ist die Haftungsfreistellung insbesondere für die Fälle der Inanspruchnahme Dritter, denn der Verletzer wird regelmäßig wissen, ob er zur Auskunftserteilung verpflichtet ist und wird dieser auch nur dann nachkommen, wenn er dazu verpflichtet ist.
Die Haftungsfreistellung führt dazu, dass der Dritte das Vorliegen der Anspruchsvoraussetzungen nicht sorgfältig überprüfen wird. Denn wenn er das Vorliegen einer Rechtsverletzung überhaupt nicht prüft, hat er keine Kenntnis von der Nichtschuld und muss daher Dritten gegenüber grundsätzlich nicht haften. Damit trägt er gegenüber seinen Kunden oder Geschäftspartnern praktisch kein finanzielles Risiko. Da es dem vom Dritten benannten vermeintlichen Verletzer in der Regel unmöglich ist, den Nachweis zu erbringen, dass auf Seiten des Auskunftserteilenden positive Kenntnis von der Rechtswidrigkeit des Auskunftsverlangens vorlag, wird der Inanspruchgenommene faktisch von jeder Prüfpflicht hinsichtlich des Bestehens des Anspruchs entbunden. Die Regelung des Absatzes 6 der einschlägigen Auskunftsvorschriften begründet damit die Gefahr, dass der Inanspruchgenommene zu leichtfertig Auskunft erteilen könnte.[202] Lediglich dann, wenn die Rechtswidrigkeit des Auskunftsbegehrens derart offenkundig ist, dass der Auskunftserteilende nicht vernünftigerweise von der Rechtmäßigkeit des Auskunftsbegehrens ausgehen konnte, ist ein Schadensersatzanspruch des geschädigten Dritten anzunehmen. Betroffene Dritte bleiben damit in der Regel auf einem durch die Auskunftserteilung verursachten Schaden sitzen.[203]
Die Bemühungen, durch eng gefasste Voraussetzungen in Absatz 2 der einschlägi-

201 Dieselbe Interessenlage besteht auch im Fall eines Drittauskunftsanspruchs hinsichtlich des vom Verletzer benannten Dritten. Anders als in diesen Fällen steht dem Dritten im Sinne des Absatzes 2 des Auskunftsanspruchs jedoch die Haftungsbeschränkung aus Absatz 6 des Auskunftsanspruchs zu Seite.

202 Stellungnahme der Deutschen Vereinigung für gewerblichen Rechtsschutz und Urheberrechte GRUR 2006, 393, 394; Kramer S. 173.

203 Hier liegt der entscheidende Unterschied zur Interessenlage in Drittauskunftsfällen.

gen Auskunftsvorschriften der Gefahr der Uferlosigkeit des Auskunftsbegehrens entgegen zu wirken,[204] werden so konterkariert.

b) Alternativen zur Haftungsfreistellung nach Absatz 6

Dem geschilderten Dilemma hätte nach einer Ansicht abgeholfen werden können, indem das Haftungsrisiko für eine sich nachträglich als rechtswidrig herausstellende Auskunftserteilung nicht dem Inanspruchgenommenen sondern dem Anspruchsteller auferlegt wird.[205] Eine solche Regelung würde jedoch allgemeinen zivilprozessualen Grundsätzen zuwider laufen. Der Kläger muss zwar bei einem Unterliegen die Prozesskosten sowie die prozessbezogenen Unkosten der gegnerischen Partei tragen, ihm dürfen aber nicht darüber hinausgehende Schäden auferlegt werden, solange die Klage nicht rechtsmissbräuchlich geltend gemacht wurde. Eine abweichende Regelung könnte insbesondere wirtschaftlich weniger starke Rechteinhaber von berechtigten Auskunftsverlangen abhalten. Zudem würde sich an dem Eingriff in das Recht des zu Unrecht als Verletzer Bezeichneten nichts mehr ändern lassen. Sinnvoll wäre vielmehr eine Regelung, welche dazu beitragen würde, die Rechtsmäßigkeit der Inanspruchnahme des Dritten stärker zu kontrollieren.

Eine Möglichkeit bestünde darin, den zu Unrecht Auskunfterteilenden nur dann von der Haftung freizustellen, wenn er bei Überprüfung des Vorliegens der Anspruchsvoraussetzungen hätte feststellen müssen, dass keine offensichtliche Verletzung vorlag. Er würde folglich immer dann auf Schadensersatz haften, wenn er fahrlässig nicht wusste, dass er nicht zur Auskunftserteilung verpflichtet gewesen wäre.

Durch diese Regelung würden auch möglicherweise bestehende vertragliche Geheimhaltungsvereinbarungen mit dem benannten Verletzer, die unabhängig vom tatsächlichen Vorliegen einer Rechtsverletzung ihre Gültigkeit besitzen, nicht übergangen. Nach der Regelung des Absatzes 6 der einschlägigen Auskunftsvorschriften kann dies hingegen durchaus der Fall sein, da der Auskunftserteilende trotz anders lautender vertraglicher Geheimhaltungspflicht keinem Schadensersatzanspruch ausgesetzt wird.

Gegen eine derartige Regelung ist allerdings einzuwenden, dass sie den unbeteiligten Dritten zusätzlich belastet. Er sieht sich einem Haftungsrisiko ausgesetzt, obwohl ihn hinsichtlich der Rechtsverletzung kein Verschulden trifft und die Auskunftserteilung lediglich im Interesse des Rechteinhabers erfolgen soll. Eine Lösung unter Einbeziehung aller beteiligten Interessen kann indes nur unter Einschränkung derselben bei allen Beteiligten gefunden werden. Der Dritte sollte daher nur dann von der Haftung nach Absatz 6 der einschlägigen Auskunftsvorschriften von der Haftung freigestellt werden, wenn er grob fahrlässig nicht wusste, dass er zur Auskunftserteilung nicht verpflichtet war. Zugleich sollten aber für den Fall, dass der Dritte eine offensichtliche Rechtsverletzung nicht für gegeben hält, die Kosten eines Verfahrens zur Geltendmachung des Anspruchs gegen ihn, dem Rechteinhaber auferlegt werden können. Gelangt das Gericht also zu der Überzeugung, dass die Rechtsverletzung für den Dritten nicht offensichtlich war, so erlegt es dem Rechteinhaber unabhängig von dessen Obsiegen die Kosten auf. Lag tatsächlich eine offensichtliche Rechtsverletzung vor, kann der Rechteinhaber die Kosten im anschließenden Verfahren gegen

---

204 RegE Begr., BT-Drs. 16/5048, S. 38.

205 So der Vorschlag von *eco* in der Stellungnahme v. 14.02.06, S. 9, zuletzt abgerufen am 31.05.2008 unter: http://www.eco.de/dokumente/20060214-DurchsetzungsG-Stellungnahme.pdf.

den Verletzer von diesem zurückverlangen. In allen anderen Fällen bleibt es bei der Regelung der §§ 91 ff. ZPO.
Bei dieser Regelung könnte der Dritte ein Verfahren einleiten, ohne bei einem Unterliegen stets mit den Kosten belastet zu werden. Auf der anderen Seite würde in Fällen, in denen das Gericht zu der Überzeugung gelangt, dass die Rechtsverletzung auch für den Dritten offensichtlich war, in der Regel auf die Einleitung eines entsprechenden Verfahrens verzichtet. Zugleich würde durch eine entsprechende Regelung weitestgehend sichergestellt, dass ein Anspruch nach Absatz 2 der einschlägigen Auskunftsvorschriften gegen den Dritten tatsächlich besteht und ein ungerechtfertigter Eingriff in die Rechte des vermeintlichen Verletzers somit unterbleibt.

5. Zwischenergebnis

Der neue Auskunftsanspruch trägt den Interessen des Dritten ausreichend Rechnung. Eines Richtervorbehaltes bedarf es zu seinem Schutz nicht. Dies gilt auch für den Schutz der Rechte des durch ihn benannten vermeintlichen Verletzers. Insbesondere die hohe Belastung der Gerichte sowie der Rechteinhaber spricht sogar gegen einen Richtervorbehalt.
Die derzeitige Ausgestaltung des Auskunftsanspruchs gegen Dritte benachteiligt jedoch, aufgrund der Haftungsfreistellung nach Absatz 6 der einschlägigen Auskunftsvorschriften, den vermeintlichen Verletzer auf unangemessene Weise. Dem könnte durch wenige Änderungen im Interesse aller Beteiligter abgeholfen werden. Dafür müsste zunächst eine Verschärfung der Haftung des Auskunftserteilenden dahingehend erfolgen, dass dieser auch dann auf Schadensersatzleistung in Anspruch genommen werden kann, wenn er grob fahrlässig nicht wusste, dass der Auskunftsanspruch gegen ihn nicht bestand. Des Weiteren wäre die Auferlegung der Kosten eines zur Durchsetzung des Anspruchs gegen den Dritten geführten Verfahrens in das Ermessen des Gerichts zu stellen.

III. Analoge Anwendung im Wettbewerbsrecht

Durch den Schutz der Immaterialgüter in den Spezialgesetzen allein können nicht alle Tatbestände erfasst werden, in denen die geistige schöpferische Leistung gefährdet wird. Daher kommt für solche Fälle, die nicht von den Spezialgesetzen erfasst werden, die aber eine vergleichbare Schutzwürdigkeit wie die Immaterialgüter aufweisen, ein Schutz über den von der Rechtsprechung entwickelten ergänzenden wettbewerbsrechtlichen Leistungsschutz, der aus der Generalklausel des UWG hergeleitet wurde und nunmehr in § 4 Nr. 9 UWG eine gesetzliche Ausprägung gefunden hat,[206] in Betracht. Besteht ergänzender Leistungsschutz kann der Verletzte unter anderem Auskunftsansprüche geltend machen. Sie wurden im Wettbewerbsrecht nicht nur zur Verfolgung unlauterer Nachahmung im Bereich ergänzenden wettbewerbsrechtlichen Leistungsschutzes gewährt,[207] sondern auch zur Bekämpfung von

206 BGHZ 57, 116 ff.-Wandsteckdose II; BGH GRUR 1993, 757, 759 f.-Kollektion Holiday; BGH GRUR 1994, 630 ff.-Cartier-Armreif; BGH GRUR 1991, 223 ff.-finnischer Schmuck; BGH GRUR 1988, 690, 693-Kristallfiguren.
207 BGH GRUR 1988, 690, 693-Kristallfiguren; BGH GRUR 1993, 757 ff.-Kollektion Holiday; BGH GRUR 1994, 630, 633-Cartier-Armreif; BGH GRUR 1994, 635, 636-Pulloverbeschriftung.

Vertriebsbindungsverstößen[208] oder zur Unterbindung geschäftsschädigender wettbewerbswidriger Äußerungen.[209]
Aufgrund der Vergleichbarkeit wettbewerbsrechtlicher Leistungspositionen mit dem Immaterialgüterrecht wurden auf der Rechtsfolgenseite Grundsätze übernommen, welche für die gewerblichen Schutzrechte gelten, wie etwa die dreifache Schadensberechnung.[210] Die Schaffung eines Tatbestandes der unlauteren Verwertung fremder Leistungen oder der sklavischen Nachahmung als gesetzliches Beispiel wettbewerbswidrigen Verhaltens im Sinne der wettbewerbsrechtlichen Generalklausel wurde im Rahmen des Produktpirateriegesetzes jedoch aus dogmatischen und rechtspolitischen Gründen abgelehnt.[211] Dementsprechend findet sich auch kein den spezialgesetzlich geregelten Auskunftsansprüchen entsprechender Anspruch im UWG. Trotz der Annäherung an das Schutzniveau der sondergesetzlich geregelten Immaterialgüter bleibt daher der Schutz, welcher auf Grundlage des ergänzenden Leistungsschutzes erlangt werden kann, hinter dem durch die Spezialnormen gewährten Schutz deutlich zurück. Nachfolgend sollen die verbleibenden Schutzdefizite sowie die angestrebte Lösung über eine analoge Anwendung der Spezialnormen erläutert werden. Im Anschluss erfolgt eine entsprechende Beurteilung mit Hinblick auf den neugeschaffenen Auskunftsanspruch gegen Dritte.

1. Der Drittauskunftsanspruch

Der ergänzende wettbewerbsrechtliche Leistungsschutz wurde vom BGH wie ein gewerbliches Schutzrecht ausgebaut.[212] Einen Auskunftsanspruch entwickelte der BGH in diesem Bereich auf der Rechtsgrundlage des § 1 UWG a.F. iVm § 242 BGB. Zunächst richtete sich der Anspruch lediglich auf die Ermittlung des Umfangs der Verletzung. Zur Bezeichnung Dritter verpflichtete der BGH den Anspruchsgegner auf derselben Grundlage erst nach Erlass des Produktpirateriegesetzes.[213]
Die Anknüpfung des Drittauskunftsanspruchs an die wettbewerbsrechtliche Generalklausel[214] sowie die allgemeine Grundlage des § 242 BGB ist Gegenstand fortwährender Kritik, da sie keinen Auskunftsanspruch begründen kann, der so weit geht, wie es die Spezialnormen vorsehen.[215] Als Beispiel hierfür seien der Umfang der Auskunftspflicht, das Verschuldenserfordernis sowie die Möglichkeit der Gewährung des Anspruchs im einstweiligen Rechtsschutz genannt. Der ergänzende wettbewerbsrechtliche Leistungsschutz erfasst nicht die Herstellung, sondern lediglich das Inverkehrbringen von Nachahmungsprodukten.[216] Der Auskunftsanspruch kann sich

208 BGH GRUR 1968, 272 ff.-Trockenrasierer IIII; BGH GRUR 1974, 351 ff.-Frisiersalon; BGH GRUR 2001, 841, 842-Entfernung der Herstellernummer II.
209 BGH GRUR 1987, 647 ff.-Briefentwürfe; BGH GRUR 1995, 427, 429-Schwarze Liste.
210 BGHZ 57, 116 ff.-Wandsteckdose II; BGH GRUR 1993, 757 ff.-Kollektion Holiday; Ulrich ZIP 1994, 979 in Anm. zu BGH ZIP 1994, 977-Cartier-Armreif; Beyerlein WRP 2005, 1354, 1355.
211 Amtl. Begr. PrPG Blatt für PMZ 1990, 161, 176 f.; a.A.: Köhler WRP 1999, 1075 ff.
212 Wiume S. 59.
213 BGH GRUR 1994, 630, 632 f.-Cartier-Armreif; BGH GRUR 1994, 635, 637-Pulloverbeschriftung; BGH GRUR 1995, 427, 429-Schwarze Liste. Gegen die Möglichkeit eines Drittauskunftsanspruchs auf Grundlage des § 242 BGB richtet sich Oppermann S. 73 ff.
214 Beziehungsweise nunmehr § 4 Nr. 9 UWG.
215 Siehe Köhler WRP 1999, 1075, 1077 ff.
216 BGH GRUR 1982, 305, 308-Büromöbelbauprogramm; BGH GRUR 1988, 690, 693-Kristallfiguren; BGH GRUR 1996, 210, 212-Vakuumpumpe; BGH GRUR 1999, 751, 754-Güllepumpe.

daher auch nicht auf die Hersteller verletzender Produkte erstrecken. Des Weiteren fordert der BGH in einigen Fällen für das Bestehen des Anspruchs ein Verschulden des Verletzers,[217] während dies nach den Spezialnormen gerade nicht notwendig ist.[218] Die Geltendmachung des Auskunftsanspruchs im Wege der einstweiligen Verfügung wird durch die Spezialnormen für Fälle offensichtlicher Rechtsverletzung für zulässig erklärt. Diese Regelung stellt eine Ausnahmevorschrift im Verhältnis zu den allgemeinen Grundsätzen dar, da mit der Auskunftserteilung im einstweiligen Rechtsschutz eine Vorwegnahme der Hauptsache erfolgt, was grundsätzlich nur in eng begrenzten Ausnahmefällen zulässig ist.[219] In der Bemühung der Rechtsprechung des BGH zu folgen und die Rechtsgrundlage des Drittauskunftsanspruchs im ergänzenden wettbewerbsrechtlichen Leistungsschutz in § 242 BGB zu verorten, zugleich aber den Leistungsschutzberechtigten gegenüber dem Inhaber von Immaterialgüterrechten nicht zu benachteiligen, hat das LG Düsseldorf unter den Voraussetzungen des § 940 ZPO einen Auskunftsanspruch im Wege der einstweiligen Verfügung zugelassen.[220] Es nahm damit einen Bruch mit dem Verbot der Vorwegnahme der Hauptsache hin. Ein solcher wäre nicht notwendig, wenn man eine analoge Anwendung der im Rahmen des Produktpirateriegesetzes eingeführten Auskunftsansprüche befürworten würde.

Da die wettbewerbsrechtlich geschützten Leistungspositionen dem Immaterialgüterrecht vergleichbar sind, wurde vor der Cartier-Armreif-Entscheidung des BGH von unterinstanzlichen Gerichten wiederholt die analoge Anwendung der Vorschriften des Produktpirateriegesetzes vorgesehen.[221] Dem schloss sich die Literatur mit großer Mehrheit an.[222]

Der BGH hingegen verneinte mangels Vorliegens einer planwidrigen Regelungslücke die Möglichkeit einer Analogie der spezialgesetzlichen Auskunftsansprüche.[223] Der BGH hat ausdrücklich festgestellt, dass den Vorschriften des Produktpirateriegesetzes keine abschließende Wirkung dahingehend zu entnehmen sei, dass die Drittauskunftsverpflichtung des Verletzers auf die Immaterialgüterrechte beschränkt werden sollte.[224] Diese Ansicht wird von der Gesetzesbegründung zum Produktpirateriegesetz gestützt. Ihr ist zu entnehmen, dass eine entsprechende Regelung im Wettbewerbsrecht lediglich aus dogmatischen Gründen abgelehnt wurde und nicht ein Drittauskunftsanspruch im Wettbewerbsrecht generell ausscheiden sollte.[225] Der dem Produktpirateriegesetz zugrunde liegende horizontale Ansatz sowie die Gesetzesbegründung sprechen für eine Erfassung auch des ergänzenden Leitungsschutzes

217 BGH GRUR 1994, 630, 632-Cartier-Armreif. Es ist noch ungeklärt, ob sich ein selbständiger Auskunftsanspruch aus § 1004 BGB oder auch verschuldensunabhängig aus § 3 UWG ergeben kann.

218 Siehe dazu Jacobs GRUR 1994, 635 in Anm. zu BGH GRUR 1994, 630-Cartier-Armreif.

219 OLG Karlsruhe NJW 1984, 1905, 1906; Siehe dazu unter G.III.1.

220 LG Düsseldorf WRP 1997, 253.

221 Siehe Asendorf in FS Traub S. 24 f., der mehrere nicht veröffentlichte Urteile unter-instanzlicher Gerichte zitiert.

222 Wiume S. 61 ff.; Fezer § 19, Rn. 3; Asendorf in FS Traub S. 21 ff.; Ulrich ZIP 1994, 979 f.; Ulrich WRP 1997, 135, 136 ff.; differenzierend aber mit Hinblick auf die Durchsetzung der Auskunftsansprüche im einstweiligen Rechtsschutz bejahend: Teplitzky in FS Tilmann S. 918.

223 BGH GRUR 1994, 630, 633-Cartier-Armreif.

224 BGH GRUR 1993, 630, 633-Cartier-Armreif.

225 Amtl. Begr. PrPG Blatt für PMZ 1990, 161, 176 f.

durch die Regelungen des Produktpirateriegesetzes.[226] Eine planmäßige Regelungslücke besteht nur dann, wenn der Gesetzgeber den Bereich nicht geregelt wissen möchte. Eine den spezialgesetzlichen Auskunftsansprüchen entsprechende Normierung unterblieb nach der Gesetzesbegründung aber nur deshalb, weil der Gesetzgeber davon ausging, dass die Rechtsprechung durch die Anwendung der wettbewerbsrechtlichen Generalklausel die außerhalb der „klassischen" Schutzrechtsverletzungen liegenden Fälle besser erfassen könne.[227] *Ulrich* vertritt insofern die Auffassung, dass der Gesetzgeber vor dem Problem stand, weder den ergänzenden wettbewerbsrechtlichen Leistungsschutz normieren zu wollen noch eine analoge Anwendung der Vorschriften des Produktpirateriegesetzes vorgeben zu können.[228] Von einer planwidrigen Regelungslücke kann zwar nicht die Rede sein. Eine *planmäßige* Regelungslücke sollte demnach aber ebenfalls nicht bestehen.
Dieser Ansicht muss letztlich auch der BGH gewesen sein, denn ansonsten wäre auch ein Rückgriff auf § 242 BGB unzulässig.[229] Denkbar wäre, dass der BGH das Vorliegen einer Regelungslücke als solcher verneinen wollte. Vom Bestehen eines Drittauskunftsanspruchs konnte zu diesem Zeitpunkt jedoch nicht die Rede sein. Vielmehr leitete der BGH in seiner Cartier-Armreif-Entscheidung erstmalig einen Drittauskunftsanspruch aus der wettbewerbsrechtlichen Generalklausel iVm dem Grundsatz von Treu und Glauben her. Die Notwendigkeit des Rückgriffs auf den Grundsatz von Treu und Glauben zeigt, dass eine Regelung, welche einer Analogie entgegenstünde, nicht bestand.[230] Das vom BGH zur Herleitung des Drittauskunftsanspruchs aus § 1 UWG a.F. iVm § 242 BGB angeführte Argument, durch die Normierung des Drittauskunftsanspruchs in den Spezialgesetzen sei dieser Bestandteil der Rechtsordnung geworden,[231] verdeutlicht erneut, dass es sich beim Drittauskunftsanspruch um einen neuen Anspruch handelte.
Das wohl entscheidende Argument für eine analoge Anwendung der Spezialvorschriften liegt in der Gleichartigkeit der Fallgruppen. Wettbewerbsrechtlich geschützte Leistungspositionen sind den Immaterialgüterrechten grundsätzlich vergleichbar, wenn sie auch anders als die Immaterialgüterrechte keine Ausschließlichkeitsrechte zu begründen vermögen.[232] Sie bestehen nur in den Fällen, in denen die Nachahmung abweichend vom Grundsatz der Nachahmungsfreiheit ausnahmsweise nicht nur einem bestimmten Wettbewerber wegen persönlicher Unlauterkeit, sondern – wegen des besonderen Schutzwerts des nachgebildeten Erzeugnisses- jedem anderen wettbewerbsrechtlich untersagt ist.[233] Es handelt sich folglich um Fälle, die nach

226 Eine ausführliche Analyse der Gesetzesbegründung findet sich bei Asendorf in FS Traub S. 21 ff. Demnach soll die Anwendung der durch das PrPG neugeschaffenen Regelungen gerade nicht auf bestimmte Piraterietatbestände und damit auch nicht auf die Piraterie in Form der Schutzrechtsverletzungen im engeren Sinne beschränkt sein (Asendorf in FS Traub S. 31).
227 Amtl. Begr. PrPG Blatt für PMZ 1990, 161, 176 f.; a.A.: Köhler WRP 1999, 1075 ff.
228 Ulrich WRP 1997, 135, 137; Wiume S. 63, 67.
229 So zu Recht Wiume S. 63.
230 Zum Verhältnis von unter Berufung auf den Grundsatz von Treu und Glauben gewachsenem Recht und der Möglichkeit einer Analogie siehe Wiume S. 63.
231 BGH GRUR 1994, 630, 633-Cartier-Armreif.
232 EuGH WRP 2001, 124, 128 f.; BGHZ 57, 116 ff.-Wandsteckdose II; BGH GRUR 1993, 757 ff.-Kollektion Holiday; Wiume S. 68; Beyerlein WRP 2005, 1354, 1355 und 1357 m.w.N.
233 BGHZ 57, 116 ff.-Wandsteckdose II.

Art und Schwere der Verletzung eines Schutzrechts gleichgesetzt werden können.[234] Die wettbewerbsrechtlich geschützten Leistungspositionen sind daher auch ebenso schutzbedürftig.[235] Diese Ansicht wird durch eine Entscheidung des EuGH mit Hinblick auf die Auslegung des TRIPS-Abkommens unterstützt.[236] Der EuGH stellte fest, dass es Vertragsparteien im Rahmen ihres eigenen Rechtssystems freigestellt sei, ein nach den allgemeinen Vorschriften des nationalen Rechts über den unlauteren Wettbewerb gegebenes Klagerecht, welches auf den Schutz gewerblicher Modelle vor Nachahmung gerichtet ist, als „Recht des geistigen Eigentums" im Sinne des Artikels 50 Absatz 1 TRIPS anzusehen.
Wird der Drittauskunftsanspruch in Fällen des ergänzenden Leistungsschutzes auf § 242 BGB gestützt, so sind damit für den Rechteinhaber die oben geschilderten Nachteile verbunden. Angesichts der Vergleichbarkeit der Rechtslage ist diese ungerechtfertigte Ungleichbehandlung zu vermeiden. Es sollte daher eine analoge Anwendung der spezialgesetzlich geregelten Vorschriften über den Drittauskunftsanspruch erfolgen und damit der weitergehende Schutz dieses Anspruchs gewährt werden.

2. Der Anspruch gegen Dritte

Durch die Normierung des Auskunftsanspruchs gegen Dritte in den Spezialgesetzen ist dieser Anspruch, wie der Drittauskunftsanspruch, Bestandteil der Rechtsordnung geworden. Der Gesetzgeber räumt nunmehr dem Schutz der gewerblichen Schutzrechte nicht nur Vorrang vor den Interessen des Verletzers, sondern grundsätzlich auch vor denen des Dritten im Sinne des Absatzes 2 des spezialgesetzlichen Auskunftsanspruchs ein. Ein Anspruch gegen Dritte, die keine Verletzer sind, wurde im Rahmen des ergänzenden wettbewerbsrechtlichen Leistungsschutzes bislang nicht anerkannt. Es besteht folglich eine Regelungslücke.
Damit eine analoge Anwendung der spezialgesetzlichen Ansprüche möglich ist, müsste es sich auch hier um eine planwidrig entstandene Regelungslücke handeln. Das Umsetzungsgesetz verfolgt wie das Produktpirateriegesetz einen horizontalen Ansatz und soll ebenfalls der Verbesserung der Position des Rechteinhabers im Kampf gegen die Produktpiraterie und damit der Stärkung des geistigen Eigentums dienen.[237] Anders als in der Begründung des Produktpirateriegesetzes findet sich zwar keine Bezugnahme auf das Wettbewerbsrecht; angesichts der bei der Schaffung des Produktpirateriegesetzes bereits erfolgten Ablehnung einer Normierung des Auskunftsanspruchs im Wettbewerbsrecht, musste diese Frage aber auch nicht erneut gestellt werden. Noch immer ist die Reglung des Auskunftsanspruchs entsprechend den spezialgesetzlichen Regelungen aus systematischen Gründen abzulehnen.[238] Des weiteren erfolgte eine erneute Beschäftigung mit der Frage der Anwendbarkeit des Auskunftsanspruchs im wettbewerbsrechtlichen Leistungsschutz auch

234 BGHZ 57, 116 ff.-Wandsteckdose II; BGH GRUR 1997, 116, 118-Prospekthalter m.w.N.; Wiume S. 69; Jacobs GRUR 1994, 634 in Anm. zu BGH GRUR 1994, 630-Cartier-Armreif.
235 Wiume S. 69; Jacobs GRUR 1994, 634 in Anm. zu BGH GRUR 1994, 630-Cartier-Armreif.
236 EuGH WRP 2001, 124 ff.
237 RegE BT-Drs. 16/5048, S. 1, 25.
238 Siehe im Einzelnen Amtl. Begr. PrPG Blatt für PMZ 1990, 161, 176 f.

deshalb nicht, weil das BMJ lediglich eine Eins-zu-Eins Umsetzung der Richtlinie vornehmen wollte, um das Gesetz nicht zu überfrachten.[239]

Die Planwidrigkeit der bestehenden Regelungslücke ist dadurch erst recht zu bejahen. Wie im Rahmen des Produktpirateriegesetzes verdeutlicht wurde, erstreckt sich der horizontale Ansatz nicht nur nicht auf die Piraterie in Form der Schutzrechtsverletzungen im engeren Sinne, sondern auch auf solche Fälle der unzulässigen Nachahmung und unerlaubten Verwertung fremder Leistungen, die durch den ergänzenden Leistungsschutz erfasst werden. Dass das Umsetzungsgesetz zur Enforcement-Richtlinie nicht kürzer greifen soll, ergibt sich aus der in der Gesetzesbegründung enthaltenen Bezugnahme auf die Regelungen des Produktpirateriegesetzes und das erklärte Festhalten an dessen Regelungsstruktur.[240] Insbesondere wird ausdrücklich Bezug genommen auf die Regelung des Auskunftsanspruchs. Ebenso wie dem Drittauskunftsanspruch im ergänzenden wettbewerbsrechtlichen Leistungsschutz keine abschließende Wirkung des Produktpirateriegesetzes entgegensteht, ist daher auch der Gesetzesbegründung zum Umsetzungsgesetz der Enforcement-Richtlinie keine abschließende Funktion mit Hinblick auf den Auskunftsanspruch gegen Dritte zuzuschreiben. Vielmehr kann davon ausgegangen werden, dass der Gesetzgeber in der Bemühung einer Eins-zu-Eins Umsetzung der Richtlinienvorgaben die Notwendigkeit einer entsprechenden Regelung im Bereich des ergänzenden Leistungsschutzes ausgeblendet hat.[241] Dafür, dass dieser Bereich bewusst ungeregelt bleiben sollte, ist nichts ersichtlich.

Auch die dritte Voraussetzung für eine analoge Anwendung der spezialgesetzlichen Auskunftsansprüche gegen Dritte, die Gleichartigkeit der wettbewerbsrechtlich geschützten Leistungspositionen und der Immaterialgüterrechte, ist, wie oben geschildert, gegeben. Anders als beim Anspruch auf Drittauskunft wäre eine Herleitung des Anspruchs gegen Dritte auch nicht über § 242 BGB möglich, denn allein das Vorliegen eines der in Absatz 2 Nr. 1 bis 4 der spezialgesetzlichen Auskunftsansprüche bezeichneten Fälle begründen keine deliktische oder vertragliche Sonderverbindung des Dritten zu dem Rechteinhaber, welche aber für das Bestehen des Anspruchs auf dieser Rechtsgrundlage erforderliche wäre.[242] Diese wird vielmehr erst durch Absatz 2 des neugeschaffenen Auskunftsanspruchs begründet. Ein Auskunftsanspruch gegen Dritte kann im ergänzenden wettbewerbsrechtlichen Leitungsschutz daher ausschließlich über eine analoge Anwendung der spezialgesetzlich geregelten Auskunftsansprüche begründet werden.

---

239 Stellungnahme Dr. Raabe vom BMJ in Langhoff ZUM 2006, 457.

240 RegE BT-Drs. 16/5048, S. 26.

241 Beyerlein (WRP 2005, 1354, 1356 ff.) vertritt mit Hinweis auf eine entsprechende Entscheidung des EuGH (WRP 2001, 124 ff.) die Ansicht, dass der ergänzende Leistungsschutz nach § 4 Nr. 9 UWG von dem Begriff des „geistigen Eigentums" der Enforcement-Richtlinie erfasst wird und dass daher eine Umsetzung der Vorschriften des Richtlinie bei einer Eins-zu-Eins Umsetzung auch mit Hinblick auf den ergänzenden Leistungsschutz hätte erfolgen müssen. Das zitierte Urteil sieht indes nur vor, dass jeder Vertragsstaat selber entscheiden kann, ob er ein nach den allgemeinen Vorschriften des nationalen Rechts über den unlauteren Wettbewerb gegebenes Klagerecht, welches auf den Schutz gewerblicher Modelle vor Nachahmung gerichtet ist, als „Recht des geistigen Eigentums" im Sinne des Artikels 50 Absatz 1 TRIPS ansehen möchte. Ein Zwang für eine entsprechende Auslegung ist dem Urteil nicht zu entnehmen.

242 Zum Tatbestandsmerkmal der Sonderverbindung zwischen Rechteinhaber und Auskunftspflichtigem siehe: Gräfin von Merveldt S. 22; Oppermann S. 74 ff.; Wiume S. 34 ff.; jeweils m.w.N.

D. Handlung in gewerblichem Ausmaß

I. Doppeltes Kriterium des Handelns in gewerblichem Ausmaß

Gemäß dem Wortlaut des Absatzes 1 und 2 der einschlägigen Auskunftsvorschriften ist mit Ausnahme von § 101 Absatz 1 UrhG sowohl beim Anspruch gegen den Verletzer selbst als auch beim Anspruch gegen einen Dritten irrelevant, ob der Verletzer in gewerblichem Ausmaß gehandelt hat. Entsprechend verhält es sich mit dem Wortlaut des Artikels 8 Absatz 1 RL. Allerdings sieht Erwägungsgrund 14 eine Anwendung des Artikel 8 Absatz 1 RL nur dann vor, wenn eine in gewerblichem Ausmaß vorgenommene *Rechtsverletzung* vorliegt. Dies spricht dafür, dass bei einem Auskunftsanspruch gegen Dritte nicht nur die Handlung des Dritten selbst, sondern darüber hinaus auch die Rechtsverletzung in gewerblichem Ausmaß begangen sein muss.[243]

Bei den meisten Rechten des gewerblichen Rechtsschutzes ist für das Vorliegen einer Rechtsverletzung ohnehin erforderlich, dass die Handlung gewerblich[244] oder im geschäftlichen Verkehr[245] erfolgte. In diesen Fällen können der Verletzer und der gewerblich handelnde Dritte folglich nur dann in Anspruch genommen werden, wenn der Verletzer ebenfalls gewerblich oder im geschäftlichen Verkehr gehandelt hat. Im Urheberrecht ist für das Vorliegen einer Rechtsverletzung grundsätzlich kein gewerbliches Handeln oder ein Handeln im geschäftlichen Verkehr erforderlich. Die deutsche Umsetzung des Auskunftsanspruchs im Urheberrecht verlangt jedoch, dass der Rechtsverletzer in gewerblichem Ausmaß gehandelt hat. Hinsichtlich des Auskunftsanspruchs gegen Dritte sieht der Wortlaut des § 101 Absatz 2 UrhG neben dem Handeln des Dritten in gewerblichem Ausmaß nicht noch zusätzlich eine Schutzrechtsverletzung, welche in gewerblichem Ausmaß begangen wurde, vor. Abweichend von diesem Wortlaut fordert die Gesetzesbegründung bei einem Auskunftsanspruch gegen Dritte auch das Vorliegen einer in gewerblichem Ausmaß begangenen Schutzrechtsverletzung.[246] Der Auskunftsanspruch gegen Dritte soll demnach im Urheberrecht nicht in allen, sondern nur in Fällen qualifizierter Urheberrechtsverletzungen gewährt werden.[247] Im Folgenden soll beurteilt werden, ob Auskunftsansprüche gegen Dritte entsprechend der Gesetzesbegründung entgegen dem Wortlaut des § 101 Absatz 2 UrhG nur in Fällen von Urheberrechtsverletzungen in gewerblichem Ausmaß gewährt werden können, also ein doppeltes Kriterium des Handelns in gewerblichem Ausmaß erforderlich ist.

---

243 So auch die Gesetzesbegründung u.a. für § 101 UrhG RegE Begr., BT-Dr. 16/5048, S. 49.

244 Umkehrschluss aus § 11 Nr.1 PatG, § 12 Nr. 1 GebrMG, § 40 Nr. 1 GeschmMG, § 10a Nr. 1 Sortenschutzgesetz.

245 §§ 14, 15, 17 MarkenG.

246 RegE Begr., BT-Dr. 16/5048, S. 49.

247 Auf der anderen Seite sieht die Gesetzesbegründung einen Ersatz der Gebühr nach § 128c KostO, welche bei einem Auskunftsverlangen gegen Internetprovider anfällt, auch im Rahmen des § 97 Absatz 2 UrhG vor, der nur bei einem Handeln des Verletzers außerhalb des geschäftlichen Verkehrs und somit nicht bei einem Handeln in gewerblichem Ausmaß eingreift. Siehe RegE Begr., BT-Drs. 16/5048, S. 49.

1. Verhältnismäßigkeit

Da das Erfordernis eines Handelns des Verletzers in gewerblichem Ausmaß sich nicht im Wortlaut des § 101 UrhG wiederfindet, muss davon ausgegangen werden, dass es sich aus Verhältnismäßigkeitsgesichtspunkten ergeben muss und daher im Rahmen der Verhältnismäßigkeitsprüfung nach Absatz 4 der einschlägigen Auskunftsvorschriften berücksichtigt wird.
Richtig ist, dass, wenn der Rechteinhaber bereits zum Zeitpunkt der Geltendmachung des Auskunftsanspruchs gegen den Dritten nachweisen kann, dass der Verletzer in gewerblichem Ausmaß handelt, eine höhere Belastung des Dritten gerechtfertigt ist, da ein erhöhtes Interesse an der Verfolgung des Verletzers besteht. Je extensiver die Auslegung des Merkmals „in gewerblichem Ausmaß" desto mehr wird der Kreis der passivlegitimierten Dritten vergrößert. Zugleich müssten diese bei einem außergerichtlichen Auskunftsverlangen nicht nur prüfen, ob eine offensichtliche Rechtsverletzung vorliegt, sondern auch, ob diese durch einen in „gewerblichem Ausmaß" handelnden Verletzer begangen wurde. Letztlich würde durch die doppelte Anwendung des Kriterium des gewerblichen Ausmaßes daher keine geringere Belastung des Dritten bewirkt, sondern das Gegenteil. Ist der Anspruch gegen den Dritten nicht aufgrund besonderer Umstände auf Seiten des Dritten unverhältnismäßig, ist ihm daher im Interesse eines effektiven Individualrechtsschutzes und im Interesse der Allgemeinheit eine Auskunftserteilung auch dann zuzumuten, wenn der Verletzer, über dessen Identität Auskunft verlangt wird, nicht in gewerblichem Ausmaß gehandelt hat.

2. Richtlinienvorgaben

Diese Auslegung des neuen § 101 UrhG erfüllt unter Umständen nicht die von der Richtlinie vorgeschriebenen Mindeststandards. Zwar stellt die deutsche Fassung des Erwägungsgrundes 14 RL auf eine in gewerblichem Ausmaß vorgenommene Rechtsverletzung ab, diese Fassung weicht damit aber von allen anderen Fassungen ab, die lediglich ein gewerbliches Handeln des Inanspruchgenommenen verlangen.[248] Es könnte sich daher bei der deutschen Übersetzung des Erwägungsgrundes um ein Redaktionsversehen handeln. Folgt man dem, so wäre es nicht erforderlich, bei der Inanspruchnahme des Dritten neben dessen gewerblichen Handeln zusätzlich eine gewerbliche Rechtsschutzverletzung zu verlangen, um den Vorgaben der Richtlinie zu genügen.
Für ein Redaktionsversehen wurde von Seiten der Filmwirtschaft geltend gemacht, eine anders lautende Regelung würde gegen Artikel 41.1 TRIPS verstoßen.[249] Artikel 41.1 TRIPS fordert die Schaffung von Durchsetzungsverfahren für ein wirksames Vorgehen gegen *jede* Verletzung von Rechten des geistigen Eigentums. Eine Beschränkung lediglich auf Verletzungen im gewerblichen Ausmaß ist demnach nicht

---

248 Englische Fassung: "The measures provided for in Articles 6(2), 8(1) and 9(2) need to be applied only in respect of acts carried out on a commercial scale" französische Fassung: "Les mesures prévues à l'article 6, paragraphe 2, à l'article 8, paragraphe 1, et à l'article 9, paragraphe 2, ne doivent s'appliquer qu'à des actes perpétrés à l'échelle commerciale"; spanische Fassung: "Las medidas que establecen el apartado 2 del artículo 6, el apartado 1 del artículo 8 y el apartado 2 del artículo 9 tienen que aplicarse sólo con respecto a actos llevados a cabo a escala comercial.".

249 Spio Stellungnahmen 2007, S. 4 zuletzt abgerufen am 31.05.2008 unter: http://www.spio.de/media_content/707.pdf.

zulässig. Allerdings sind durch Artikel 41.1 TRIPS lediglich die auf diesen Artikel folgenden Durchsetzungsverfahren erfasst. Artikel 47 TRIPS normiert einen Auskunftsanspruch. Dessen Einführung wird allerdings in das Ermessen der Mitglieder des Abkommens gestellt. Durch einen Auskunftsanspruch, der auf Fälle beschränkt wird, in denen eine gewerbliche Rechtsverletzung vorliegt, kann daher auch nicht gegen Artikel 41.1 TRIPS verstoßen werden. Artikel 41.1 TRIPS kann daher nicht als Begründung für ein Redaktionsversehen in Erwägungsgrund 14 RL herangezogen werden.

Dennoch ist es richtig die Richtlinie dahingehend auszulegen, dass ein Handeln in gewerblichem Ausmaß seitens des Inanspruchgenommenen, nicht aber zugleich eine Rechtsverletzung in gewerblichem Ausmaß vorliegen muss.[250] Die anderssprachigen Fassungen des Erwägungsgrundes 14 sprechen eindeutig für einen Übersetzungsfehler in der deutschen Fassung.[251] Zudem lassen sich für diese Auslegung auch verschiedene rechtspolitische Erwägungen anbringen. Unter anderem können zu einem Großteil nur so die Fälle von Urheberrechtsverletzungen im Internet erfasst werden. Denn aufgrund der zumeist verwendeten dynamischen IP-Adressen ist es dem Verletzten regelmäßig nicht möglich, einen Umfang der von einem Rechtsverletzer unter verschiedenen IP-Adressen begangenen Verletzungen darzulegen, der für ein gewerbliches Handeln sprechen würde.[252] Kann der Rechteinhaber aber noch nicht darlegen, dass dem Verletzer eine Vielzahl geringerer Urheberrechtsverletzungen zuzurechnen sind, müsste ein Auskunftsanspruch, trotz eines Handelns in gewerblichen Ausmaß auf Seiten des Verletzers, scheitern. Auch wenn man lediglich ein Handeln des Verletzers ohne Gewinnerzielungsabsicht, dafür aber mit mehrfacher Widerholung voraussetzen würde, würde ein solches Merkmal folglich eine effektive Rechtsdurchsetzung blockieren, da die Häufigkeit der Verletzungen aufgrund der technischen Gegebenheiten regelmäßig nicht nachzuweisen sein wird. Ein Verzicht auf ein gewerbliches Handeln beziehungsweise ein Handeln im geschäftlichen Verkehr oder in gewerblichen Ausmaß seitens des Verletzers ist im Urheberrecht anders als bei sonstigen gewerblichen Schutzrechten möglich, da ein Urheberrecht anders als die sonstigen Schutzrechte des geistigen Eigentums auch durch privates Handeln verletzt werden kann.

Die Richtlinie ist dahingehend auszulegen, dass der Auskunftsanspruch gegen Dritte dann gewährt wird, wenn dieser in gewerblichem Ausmaß handelt. Abweichungen von dieser Regelung sind nur zugunsten des Rechteinhabers zulässig. Eine zusätzliche Einschränkung des Auskunftsanspruchs gegen Dritte dergestalt, dass neben einem Handeln in gewerblichem Ausmaß seitens des Dritten auch ein Handeln des Verletzers in gewerblichem Ausmaß erforderlich ist, würde den Auskunftsanspruch gegen Dritte jedoch zusätzlich beschränken und ginge daher zu Lasten des Rechte-

250 Ebenso BR-Drs. 64/07 (Beschluss) S. 16; Czychowski MMR 2004, 514, 515; Frey/Rudolph ZUM 2004, 522, 525f.; a.A. Seichter in FS Ullmann S. 986; ders. WRP 2006, 391, 396, wohl auch Spindler/Weber ZUM 2007, 257, 262 f.

251 Zum Vorliegen verschiedener Übersetzungsfehler aufgrund des raschen Gesetzgebungsverfahrens Frey/Rudolph ZUM 2004, 522, 532.

252 Zu den technischen Voraussetzungen eines Nachweises des Handelns im geschäftlichen Verkehr bei Urheberrechtsverletzungen im Internet siehe Gutachten des Fraunhofer-Instituts IPSI vom 11.8.2006; zuletzt abgerufen am 31.05.2008 unter: http://www.boersenverein.de/de/69181?rubrik=119424&dl_id=118590.

inhabers. Eine solche Einschränkung verstößt gegen die Vorgaben der Richtlinie. § 101 UrhG ist daher streng nach seinem Wortlaut zu verstehen. Die Gesetzesbegründung kann zwar zur Auslegung einer Vorschrift herangezogen werden, sie vermag jedoch keine zusätzlichen Voraussetzungen zu begründen.[253] Eine zusätzliche Tatbestandsvoraussetzung würde hier nicht nur gegen den Wortlaut des § 101 UrhG, sondern auch gegen europäisches Recht verstoßen.

II. Bedeutungsgehalt des „gewerblichen Ausmaßes"

Die Richtlinie verlangt in Erwägungsgrund 14 zumindest dann das Bestehen eines Auskunftsanspruchs, wenn Rechtsverletzungen in gewerblichem Ausmaß vorgenommen wurden. Nach Erwägungsgrund 14 liegt eine in gewerblichem Ausmaß vorgenommene Rechtsverletzung vor, wenn die Handlung zum Zweck der Erlangung eines unmittelbaren oder mittelbaren wirtschaftlichen oder kommerziellen Vorteils vorgenommen wird. Der Begriff des gewerblichen Ausmaßes wurde im deutschen Recht bislang nicht verwendet; es handelt sich folglich um einen neuen Rechtsbegriff.[254] Zuvor wurde allenfalls von einem „gewerbsmäßigen Handeln", einem Handeln „zu nichtgewerblichen Zwecken" oder von einem Handeln „im geschäftlichen Verkehr" gesprochen. Es fragt sich, ob das Handeln „in gewerblichem Ausmaß" inhaltlich mit einem oder mehreren Begriffen übereinstimmt oder einen selbständigen Bedeutungsgehalt hat.

1. Gewerbliches Handeln und Handeln im geschäftlichen Verkehr

a) Definitionen

In der Begründung zum Umsetzungsgesetz werden die im Zivilrecht verwendeten Formulierungen „zu nichtgewerblichen Zwecken"[255] und „im geschäftlichen Verkehr"[256] beide dem „gewerblichen Ausmaß" gleichgesetzt.[257]
Ein Handeln im geschäftlichen Verkehr ist anzunehmen, wenn das Ausmaß der Handlung über eine Nutzung zum privaten Gebrauch hinausgeht.[258] Es werden also nur solche Betätigungen erfasst, mit denen in Wahrnehmung oder Förderung eigener oder fremder Geschäftsinteressen am Erwerbsleben teilgenommen wird.[259] Eine Gewinnerzielungsabsicht ist dabei nicht notwendig.[260] Die Abgrenzung zum privaten

253 Meister WRP 1991, 137, 143.

254 Siehe auch Stellungnahme des Bundesrates BR-Drs. 64/07 (Beschluss) S. 6.

255 §§ 11 Nr. 1 PatG, 12 Nr.1 GebrMG, 40 Nr. 1 GeschmMG, 10a Nr. 1 SortenschutzG.

256 §§ 14, 15, 17 MarkenG und § 101a UrhG a.F.

257 RegE Begr., BT-Dr. 16/5048, S. 38, 44, 49.

258 RegE Begr., BT-Dr. 16/5048, S. 49; BGH GRUR 1962, 45, 47-Betonzusatzmittel; BGH GRUR 1981, 665, 666-Knochenbrecherin; Ströbele/Hacker-Hacker § 14, Rn. 29; Fezer § 14, Rn. 42 m.w.N.; Piper/Ohly-Piper Einf. PAngV, Rn. 17; Fromm/Nordemann-Nordemann § 101a, Rn. 3; Wandtke/Bullinger-Bohne § 101a, Rn. 3; Möhring/Nicolini-Lütje § 101a, Rn. 3. Ein betriebsinternes Handeln erfolgt nicht im geschäftlichen Verkehr, siehe BGH GRUR 1971, 119-Branchenverezichnis.

259 BGH GRUR 1953, 293, 294-Fleischbezug; BGH GRUR 1956, 216, 217-Bad Ems; BGH GRUR 2004, 241, 242-GeDIOS; Fezer § 14, Rn. 41; Ströbele/Hacker-Hacker § 14, Rn. 27; Piper/Ohly-Piper Einf. PAngV, Rn. 17; Lement GRUR 2005, 210, 213 f.

260 BGH GRUR 1987, 438, 440-Handtuchspender; Oppermann S. 121; Fezer § 14, Rn. 41; Ströbele/Hacker-Hacker § 14, Rn. 27 ff.; Lement GRUR 2005, 210, 213.

Gebrauch erfolgt allein nach objektiven Kriterien.[261] Demnach soll ein Handeln im geschäftlichen Verkehr vorliegen, wenn die Waren einem unbestimmten Personenkreis zugänglich sind.[262]
Ein Handeln zu gewerblichen Zwecken setzt ebenfalls voraus, dass die Handlung zu nicht privaten Zwecken außerhalb der persönlichen privaten Sphäre erfolgt.[263] Ein gewerbliches Handeln verlangt neben dem objektiv zu bestimmenden Kriterium des Handelns außerhalb des privaten Bereichs,[264] anders als das Handeln im geschäftlichen Verkehr, subjektiv ein Handeln zu Erwerbszwecken und daher mit Gewinnerzielungsabsicht.[265]

b) Richtlinienvorgaben

Da sich bereits die bekannten Begriffe des „nichtgewerblichen" beziehungsweise „gewerblichen Handelns" und des „Handelns im geschäftlichen Verkehrs" in ihren Voraussetzungen unterscheiden, kann der Bedeutungsgehalt des „Handelns in gewerblichem Ausmaß" nicht mit beiden Begriffen übereinstimmen. Der entscheidende Unterschied zwischen den älteren Begriffen ist das Erfordernis einer subjektiven Komponente. Auch der erste Halbsatz der Definition des „gewerblichen Ausmaßes" in Erwägungsgrund 14 RL setzt ein subjektives Element auf Seiten des Verletzers voraus, indem es als Zweck der Handlung die Erlangung eines unmittelbaren oder mittelbaren wirtschaftlichen oder kommerziellen Vorteils fordert.[266] Der Begriff des „gewerblichen Ausmaßes" entspräche damit dem „gewerblichen Handeln" und wäre enger auszulegen als das Tatbestandsmerkmal des „Handelns im geschäftlichen Verkehr", für welches keine Gewinnerzielungsabsicht erforderlich ist.

c) Notwendigkeit einer Gewinnerzielungsabsicht

Indem der Gesetzgeber in der Begründung des Regierungsentwurfs das „gewerbliche Ausmaß" dem Handeln „im geschäftlichen Verkehr" gleichsetzte, ging er davon aus, dass eine Gewinnerzielungsabsicht bei ersterem Begriff ebenfalls nicht erforderlich ist. Ebenso ergibt sich aus dem Bericht des Rechtssausschusses des Bundestages, dass der deutsche Gesetzgeber jedenfalls beim urheberrechtlichen Auskunftsanspruch über die Vorgaben des Erwägungsgrundes 14 RL hinausgehen und keine Gewinnerzielungsabsicht fordern wollte.
Ob ein Handeln in gewerblichem Ausmaß erfolgt, kann sich demnach sowohl aus rein quantitativen als auch alternativ aus qualitativen Gesichtspunkten ergeben.. Durch die Möglichkeit einer rein quantitativen Auslegung wird zudem dem eigentlichen Sinn des Wortes „Ausmaß" Rechnung getragen. Dass daneben auch rein qualitative Gesichtspunkte zu einem Handeln in gewerblichem Ausmaß führen können und damit ein solches bereits bei einer einmaligen Rechtsverletzung angenommen werden kann wurde durch Einführung des § 101 Absatz 1 Satz 2 UrhG noch einmal

261 Oppermann S. 121; Benkard § 11, Rn. 3.
262 Oppermann S. 121 m.w.N.
263 BGH GRUR 1990, 997, 999-Ethofumesat; Busse-Keukenschrijver § 11, Rn. 6; Benkard-Scharen § 11, Rn. 3; Bühring § 12, Rn. 3.
264 Oppermann S. 121; Benkard-Scharen § 11, Rn. 3; Busse-Keukenschrijver § 11, Rn. 6.
265 Oppermann S. 121; Benkard-Scharen § 11, Rn. 5.
266 Ebenso Kitz Stellungnahme MPI v. 17.06.2007, S. 5, zuletzt abgerufen am 31.05.2008 unter: http://www.bundestag.de/ausschuesse/a06/anhoerungen/22_Geistiges_Eigentum/04_Stellungnahmen/Kitz.pdf.

klargestellt. Diese Klarstellung ist grundsätzlich zu begrüßen. Sie beseitigt jedoch noch nicht das Problem der Rechtsunsicherheit, welches mit der Auslegung des Handelns in gewerblichem Ausmaß grundsätzlich verbunden ist. Denn wann ein Handeln in gewerblichem Ausmaß genau vorliegen soll bleibt unklar. Es kann sowohl bei einer schwerwiegenden Verletzung vorliegen als auch bei einer unbestimmten Anzahl weniger schwerwiegender Verletzungen. Zu der Frage wann ein gewerbliches Ausmaß erreicht ist, äußert sich der Gesetzgeber nicht.

Eine Gewinnerzielungsabsicht soll demgegenüber nicht erforderlich sein. Ein Verzicht auf dieses Erfordernis wäre durchaus mit den Richtlinienvorgaben vereinbar, denn ohne das Erfordernis einer Gewinnerzielungsabsicht ist der Kreis der Passivlegitimierten erweitert. Da es sich damit um eine für den Rechteinhaber vorteilhafte Regelung handelt, wäre diese Auslegung richtlinienkonform. Für die Notwendigkeit eines Verzichts auf eine Gewinnerzielungsabsicht wurde angeführt, die Gesetzesbegründung sehe vor, dass bei der Inanspruchnahme eines in gewerblichem Ausmaß handelnden Dritten auch der Verletzer in gewerblichem Ausmaß gehandelt haben muss. Nur wenn angenommen würde, der Begriff des gewerblichen Ausmaßes entspreche nicht nur dem des gewerblichen Handelns, sondern erfasse zudem ein Handeln ohne Gewinnerzielungsabsicht, könnten Urheberrechtsverletzungen im Internet verfolgt werden.[267] Wie gezeigt wurde, geht diese Argumentation jedoch bereits in ihrer Grundannahme fehl, das Handeln des Verletzers sei an bestimmte Voraussetzungen zu knüpfen (D.I.2.). Diese Fehlannahme führte dazu, dass durch den Rechtsausschuss in § 101 Absatz 1 Satz 1 UrhG statt der Formulierung „im geschäftlichen Verkehr" die Formulierung „in gewerblichem Ausmaß" aufgenommen wurde. Abgesehen von diesem Paragraphen ist jedoch in allen sonstigen geänderten Spezialgesetzen ein Handeln in gewerblichem Ausmaß nur bei Dritten, die einem Auskunftsanspruch ausgesetzt sind, erforderlich. Der Begriff des gewerblichen Ausmaßes ist daher primär für die Inanspruchnahme des Dritten entscheidend und kann nicht in erster Linie mit Hinblick auf die urheberrechtsverletzende Handlung ausgelegt werden. Wie schwerwiegend der erlittene Schaden war, ist allenfalls für die Verhältnismäßigkeit der Inanspruchnahme des Dritten mitentscheidend. Nicht außer Acht gelassen werden kann aber das eigene Verhalten des Dritten, welches unabhängig davon zu beurteilen ist, wie schwer die Verletzung wiegt, welcher er durch sein Verhalten Vorschub geleistet hat. Die Definition des Handelns in gewerblichem Ausmaß mit der Anzahl oder Schwere der Verletzung in Relation zu setzen, ist daher jedenfalls bei Ansprüchen gegen Dritte widersprüchlich. Es muss bei der Auslegung des „gewerblichen Ausmaßes" nicht vorrangig auf Formen der Verletzung, sondern auf Handlungsformen abgestellt werden. Dafür lassen sich auch die anderssprachigen Fassungen des Erwägungsgrundes 14 RL anführen.[268] In ihnen wird, anders als in der deutschen Übersetzung, nicht auf „Rechtsverletzungen", son-

---

267 *Kitz* Stellungnahme MPI v. 17.06.2007, S. 5, zuletzt abgerufen am 31.05.2008 unter: http://www.bundestag.de/ausschuesse/a06/anhoerungen/22_Geistiges_Eigentum/04_Stellungnahmen/Kitz.pdf.

268 Englische Fassung: "The measures provided for in Articles 6(2), 8(1) and 9(2) need to be applied only in respect of acts carried out on a commercial scale" französische Fassung: "Les mesures prévues à l'article 6, paragraphe 2, à l'article 8, paragraphe 1, et à l'article 9, paragraphe 2, ne doivent s'appliquer qu'à des actes perpétrés à l'échelle commerciale"; spanische Fassung: "Las medidas que establecen el apartado 2 del artículo 6, el apartado 1 del artículo 8 y el apartado 2 del artículo 9 tienen que aplicarse sólo con respecto a actos llevados a cabo a escala comercial."

dern lediglich auf „Handlungen“ Bezug genommen, was dem umfassenden Gebrauch des Merkmals des Handelns in gewerblichem Ausmaß sowohl beim Anspruch gegen den Verletzer als auch gegen Dritte gerecht wird.

Wie häufig der Dritte eine in Absatz 2 Nr. 1-3 der einschlägigen Auskunftsvorschriften genannten Handlungen begangen hat oder wie schwer die *legale* Unterstützungshandlung im einzelnen wiegt, sollte letztlich nicht allein für das Vorliegen eines Handelns in gewerblichem Ausmaß entscheidend sein. Auch wenn eine entsprechende Auslegung des Begriffs des gewerblichen Ausmaßes grundsätzlich möglich ist, erscheint ein Verzicht auf eine Gewinnerzielungsabsicht bereits aus Gründen der Rechtssicherheit nicht ratsam. Darüber hinaus könnte, wenn auf eine Gewinnerzielungsabsicht verzichtet würde, im Rahmen des Vorlage- und Besichtigungsanspruchs auch ein Verbraucher auf Vorlage seiner Bank-, Finanz- und Handelsunterlagen in Anspruch genommen werden.[269] Dies wäre gegenüber Verbrauchern aber eine vollkommen unverhältnismäßige Maßnahme, da anders als bei gewerblich handelnden Verletzern kein anderer tatsächlicher Nutznießer zu ermitteln ist. Eine derartige Auslegung ginge somit deutlich über die Vorgaben der Richtlinie, die eine Gewinnerzielungsabsicht voraussetzen und den gutgläubigen Endverbraucher in der Regel nicht erfasst sehen wollen, hinaus. Von einer Eins-zu-Eins Umsetzung der Richtlinie könnte an diesem Punkt nicht mehr die Rede sein.[270] Bezieht man die Verwendung des Begriffs des „gewerblichen Ausmaßes“ im Rahmen des Vorlage- und Besichtigungsanspruchs in die Betrachtungen mit ein, so muss daraus geschlossen werden, dass im Rahmen der Auslegung des „gewerblichen Ausmaßes“ eine Gewinnerzielungsabsicht zu fordern ist, damit alle im Rahmen des Umsetzungsgesetzes neugeschaffenen Maßnahmen verhältnismäßig sind.
Soweit der Gesetzgeber mit Hinblick auf den Auskunftsanspruch gegen den Verletzer aus § 101 Absatz 1 UrhG auf eine Gewinnerzielungsabsicht des Verletzers verzichten wollte, wäre dies grundsätzlich zu begrüßen gewesen. Für eine stimmige und klare Verwendung der Begrifflichkeiten hätte es daher in § 101 Absatz 1 UrhG bei der von dem Gesetzesentwurf vorgesehenen Verwendung des Begriffs „im geschäftlichen Verkehr“ bleiben sollen.

2. Zwischenergebnis

Der letztlich gewählten Formulierung des gewerblichen Ausmaßes in Absatz 2 mangelt es an Eindeutigkeit. Der Gesetzgeber muss sich vorwerfen lassen, dass die Gesetzesbegründung keine klare Differenzierung der Begrifflichkeiten beinhaltet. So wird das gewerbliche Ausmaß sowohl mit einem gewerblichen Handeln als auch mit einem Handeln im geschäftlichen Verkehr gleichgesetzt. Durch die Verwendung des Begriffs „gewerbliches Handeln“ wäre Erwägungsgrund 14 RL entsprochen worden und durch die Voraussetzung eines Handelns im geschäftlichen Verkehr und damit ohne Gewinnerzielungsabsicht wäre noch weiter über die Richtlinienvorgaben hinausgegangen worden. Beide Auslegungen wären richtlinienkonform, denn es handelt sich um Abweichungen zugunsten des Rechteinhabers. Es wäre ratsam gewesen statt des Richtlinienbegriffs „in gewerblichem Ausmaß“ einen dem deutschen

269 Zum Vorlage- und Besichtigungsanspruch siehe Zweiter Teil.
270 Dies war aber das erklärte Ziel des BMJ. Siehe Stellungnahme Dr. Raabe vom BMJ in Langhoff ZUM 2006, 457.

Recht bekannten Begriff zu verwenden. Der Einführung des neuen Begriffs „in gewerblichem Ausmaß“ bedurfte es nicht. Dieser bringt vielmehr unnötige Auslegungsprobleme und Unstimmigkeiten mit Hinblick auf die verschiedenen Spezialgesetze mit sich.

E. Erfüllung des Anspruchs

I. Auskunftsinhalt und -form

1. Sachlich

Gemäß Absatz 3 der einschlägigen Auskunftsvorschriften hat der Auskunftspflichtige Namen und Anschrift der Hersteller, Lieferanten und anderer Vorbesitzer rechtsverletzender Waren, der Nutzer rechtsverletzender Dienstleistungen sowie der gewerblichen Abnehmer und Verkaufsstellen, für die sie bestimmt waren, zu nennen. Ferner sind die Menge der hergestellten, ausgelieferten, erhaltenen oder bestellten Waren mitzuteilen. Neu ist die Verpflichtung zur Auskunftserteilung über die Preise, die für die betreffenden Waren bezahlt wurden. Eine entsprechende Auskunftspflicht bestand in Deutschland zuvor nur im Rahmen des unselbständigen Auskunftsanspruchs zur Bezifferung von Ersatzansprüchen. Durch die Verpflichtung zur Erteilung dieser zusätzlichen Informationen wird der Eingriff in die Sphäre des Inanspruchgenommenen verschärft, da es sich bei der Bestimmung der Preise um einen überaus wichtigen, wettbewerbsrelevanten Faktor handelt.

a) Nachforschungspflichten

Die Auskunft ist eine Wissenserklärung.[271] Ist der Auskunftspflichtige nicht in der Lage, Namen und Anschriften sogleich zu erteilen, können ihm gewisse Nachforschungspflichten zuzumuten sein. Wieweit diese Nachforschungspflichten reichen, ist nach dem Einzelfall zu bestimmen.

Richtet sich der Anspruch gegen den Verletzer, ist dieser unstreitig verpflichtet seine Geschäftsunterlagen durchzusehen und alle in seinem Unternehmensbereich vorhandenen Informationen zur Auskunftserteilung heranzuziehen.[272] Reichen diese Informationen nicht aus, um eine eindeutige Auskunft erteilen zu können, kann eine Pflicht zur Nachfrage bei verschiedenen in Betracht kommenden Vorbesitzern und Abnehmern bestehen.[273] Eine Ermittlung mit Hilfe dritter Personen ist indes nicht erforderlich.[274]

Ist der Auskunftspflichtige ein Dritter, reichen solche Nachforschungspflichten zu weit. Anders als der Verletzer hat sich der Dritte nichts zu schulden kommen lassen. Er ist an der Verletzung weitestgehend unbeteiligt. Daher ist ihm auch weniger zuzumuten als dem Verletzer. Die Schwelle zur Unverhältnismäßigkeit ist bei ihm we-

271 BGH GRUR 1994, 630, 632-Cartier-Armreif; BGH GRUR 2003, 433, 434-Cartier-Ring; Fezer § 19, Rn. 10; Palandt-Heinrichs § 261, Rn. 20; Teplitzky Kap. 38, Rn. 36; Eichmann GRUR 1990, 575, 580 m.w.N.

272 BGH GRUR 1995, 338, 341-Kleiderbügel; BGH GRUR 2003, 433, 434-Cartier-Ring; Ingerl/Rohnke § 19, Rn. 21; Schricker-Wild § 101 a, Rn. 2; Teplitzky Kap. 38, Rn. 35 b.

273 BGH GRUR 2003, 433, 434-Cartier-Ring; BGH GRUR 2006, 504, 507-Parfümtestkäufe; OLG Köln GRUR 1999, 337, 339-Sculpture.

274 BGH GRUR 2003, 433, 434-Cartier-Ring; BGH GRUR 2006, 504, 507- Parfümtestkäufe.

sentlich niedriger als beim Verletzer. Eine Nachforschungspflicht des Dritten kommt folglich allenfalls hinsichtlich solcher Informationen in Betracht, die sich in seinem eigenen Unternehmensbereich befinden. Eine Pflicht zur Nachfrage bei Dritten kann ihm nicht zugemutet werden (vgl. E.I.3.b).

b) Anhaltspunkte zur Feststellung der Vorbesitzer und Abnehmer

Ist der Auskunftspflichtige im Einzelfall nicht verpflichtet Namen und Anschrift der Vorbesitzer oder Abnehmer durch Nachforschung zu ermitteln, genügt er der Auskunftspflicht gemäß dem Wortlaut des Absatzes 3, wenn er erklärt, nichts zu wissen. Unter Umständen kann er aber Anhaltspunkte liefern, mit deren Hilfe er die Identität der Vorbesitzer oder Abnehmer durch weitere Anstrengungen selbst ermitteln könnte. Im Laufe des Gesetzgebungsverfahrens wurde daher verschiedentlich gefordert, die Auskunftspflicht auch auf Anhaltspunkte, die der Feststellung von Namen und Anschriften von Vorbesitzern und Abnehmern dienen können, zu erweitern.[275] Dafür spricht zunächst die Rechtsnatur der Auskunftserteilung. Denn geht man davon aus, dass die Auskunftserteilung eine der Störungsbeseitigung nahe stehende Handlung ist,[276] hat der Verpflichtete alles ihm Zumutbare zur Beseitigung der Störung beizutragen. Zudem entspricht es Sinn und Zweck des Auskunftsanspruchs, dem Berechtigten durch die Auskunftserteilung die Möglichkeit zu geben, weitere Verletzungen zu verhindern. Hierzu wird der Berechtigte durch die Erteilung von Anhaltspunkten möglicherweise in die Lage versetzt, während er bei der Erklärung von Nichtwissen keine weiteren Vorgehensmöglichkeiten hat.
Eine teleologische Reduktion des Absatzes 3 der einschlägigen Auskunftsvorschriften dahingehend, dass auch solche Auskünfte geschuldet sind, die Anhaltspunkte zur Feststellung der Identität der in Absatz 3 genannten Personen liefern, scheint daher nahe liegend.

Indes birgt eine solche Auslegung verschiedene nicht zu unterschätzende Risiken. Es kann nicht eindeutig festgelegt werden, wann Anhaltspunkte vorliegen, die im Rahmen der Auskunftsverpflichtung mitzuteilen sind. Daher besteht die Gefahr, dass der Auskunftspflichtige, um seiner Auskunftspflicht zu genügen und nicht nach Absatz 5 der einschlägigen Auskunftsvorschriften haften zu müssen, auch nicht belegbare Mutmaßungen äußert oder Informationen über Dritte preisgibt, deren Offenlegung es gar nicht bedurft hätte. Es besteht folglich die Gefahr der Ausforschung des Verpflichteten. Dies belegt, dass der Umfang der Auskunftspflicht aus Gründen der Rechtssicherheit einer konkreten Begrenzung bedarf.[277] Die Vorschläge der *Deutschen Vereinigung für gewerblichen Rechtsschutz und Urheberrechte* und des *Deutschen Anwaltsvereins* wurden daher zu Recht nicht umgesetzt.

---

275 Stellungnahme der Deutschen Vereinigung für gewerblichen Rechtsschutz und Urheberrechte GRUR 2006, 393, 394; Stellungnahme DAV v. März 2007, zuletzt abgerufen am 26.01.2008 unter: http://www.bundestag.de/ausschuesse/a06/anhoerungen/22_Geistiges_Eigentum/04_Stellungnahmen/Tilmann.pdf.

276 Der Unterschied zu einer Störungsbeseitigungshandlung besteht darin, dass bei letzterer eine Störung durch ihren Verursacher beseitigt wird, während durch die Auskunftserteilung lediglich die Möglichkeit zur Beseitigung einer Störung, die durch einen Dritten verursacht wird, geschaffen wird. Siehe dazu unter A.III.

277 BT-Dr. 11/4792, S. 31; Schulze/Dreier-Dreier § 101 a, Rn. 10; Fezer § 19, Rn. 9.

c) Vollständigkeit und Richtigkeit

Auskünfte können auf verschiedene Arten fehlerhaft sein. Sie können entweder unvollständig oder inhaltlich falsch sein. Der Auskunftsanspruch ist unstreitig erfüllt, wenn eine richtige und vollständige Auskunft erteilt wurde. Auch mit der Erteilung von Negativerklärungen, also der Erklärung nichts zu wissen, kann der Auskunftsanspruch erfüllt werden.[278] Erfüllung tritt nach herrschender Meinung nur dann nicht ein, wenn *feststeht*, dass die Auskunft nicht ernsthaft gemeint ist oder sie unvollständig oder von vorneherein unglaubhaft ist.[279] Alleine der Umstand, dass der Auskunftsberechtigte die erteilte Auskunft für unrichtig oder unvollständig hält, steht einer Erfüllung des Anspruchs durch diese Auskunftserteilung nicht entgegen.[280] Daher wird vertreten, auch eine unvollständige und falsche Auskunft könne zur Erfüllung des Auskunftsanspruchs führen.[281] Im Folgenden soll die Richtigkeit dieser Aussage untersucht werden.

aa) Die unvollständige Auskunft

Sinn und Zweck des Auskunftsanspruchs ist es, dem Auskunftsberechtigten zu ermöglichen, weitere Verletzer ausfindig zu machen und ihm so die Möglichkeit zu einer umfassenden Verfolgung seiner Rechte zu geben. Dies setzt voraus, dass die erteilte Auskunft richtig und vollständig ist. Treten nach der Auskunftserteilung weitere Tatsachen zu Tage, welche die bisherige Auskunft objektiv als unvollständig erscheinen lassen oder wurde die bisherige Auskunft auf einer falschen tatsächlichen Grundlage gegeben, ist die erteilte Auskunft nach herrschender Meinung daher nicht geeignet, den Auskunftsanspruch zu erfüllen.[282] Es besteht ein Anspruch auf Vervollständigung der Auskunft.

bb) Die falsche Auskunft

Nach einer Ansicht muss die erteilte Auskunft nicht richtig sein.[283] Während das OLG Hamburg einen Anspruch auf Vervollständigung bejahte, stellte es zugleich fest, dass ein Anspruch auf Berichtigung trotz objektiv bestehender Unrichtigkeit der Auskunft nicht gewährt werden könne.[284] Wenn ein Anspruch auf Berichtigung der Auskunft nicht gewährt werden kann, bedeutet dies im Umkehrschluss, dass das Auskunftsverlangen auch mit einer Auskunft erfüllt werden kann, die sich im Nachhinein

---

278 BGH GRUR 1994, 630, 632-Cartier-Armreif; OLG Hamburg GRUR-RR 2001, 197; OLG Jena GRUR-RR 2008, 92, 93; Hefermehl/Köhler/Bornkamm-Köhler § 9, Rn. 4.32; Piper/Ohly-Piper § 9, Rn. 57.

279 BGH GRUR 1982, 726 f.-Dampffrisierstab; BGH GRUR 1994, 630, 632-Cartier-Armreif; OLG Hamburg GRUR-RR 2001, 197; OLG Jena GRUR 2008, 92, 93; Wiume S. 227 f. m.w.N.; Teplitzky Kap. 38, Rn. 36 m.w.N.

280 BGH GRUR 1994, 630, 632-Cartier-Armreif, OLG Hamburg GRUR-RR 2001, 197; Hefermehl/Köhler/Bornkamm-Köhler § 9, Rn. 4.32; Wiume S. 228.

281 RegE Begr., BT-Drs. 16/5048, S. 39; Wiume S. 228; hinsichtlich falscher Auskünfte: OLG Hamburg GRUR-RR 2001, 197; OLG Jena GRUR 2008, 92, 93.

282 BGH GRUR 1994, 630, 632-Cartier-Armreif; OLG Hamburg GRUR-RR 2001, 197; Hefermehl/Köhler/Bornkamm-Köhler § 9, Rn. 4.32; Mes § 140b, Rn. 24; a.A. RegE Begr., BT-Drs. 16/5048, S. 39 und Wiume S. 227, demnach soll der Auskunftsanspruch auch durch die Erteilung einer unvollständigen Auskunft erfüllt werden können.

283 RegE Begr., BT-Drs. 16/5048, S. 39; OLG Hamburg GRUR-RR 2001, 197; OLG Jena GRUR 2008, 92, 93; Wiume S. 228.

284 OLG Hamburg GRUR-RR 2001, 197; entsprechend Mes § 140b, Rn. 24.

als falsch erweist. Dies erscheint insofern problematisch, als Sinn und Zweck des Auskunftsanspruchs auf Grundlage einer falschen Auskunft nicht verwirklicht werden können. Ein Vorgehen gegen weitere benannte Personen ist nur möglich, wenn es sich bei diesen tatsächlich um Verletzer oder Dritte im Sinne des Absatzes 2 der einschlägigen Auskunftsvorschriften handelt.
Entscheidend für die Beurteilung der Frage, ob der Auskunftsanspruch mit der Erteilung einer falschen Auskunft erfüllt werden kann, ist, welche Auskunft geschuldet ist. Es ist folglich zu bestimmen, wann von einer „richtigen" beziehungsweise wann von einer „falschen" Auskunft auszugehen ist. Wie im Strafrecht bei der Auslegung des Begriffs der „falschen Aussage" im Sinne der §§ 153 ff. StGB, kommt eine subjektive und eine objektive Auslegung in Betracht.[285] Für eine subjektive Auslegung würde sprechen, dass dadurch dem Charakter der Auskunftserteilung als Wissenserklärung Rechnung getragen würde. Insofern hat der BGH festgestellt, die Auskunftserklärung sei eine Wissensauskunft, die naturgemäß vom Erinnerungsvermögen und der Erinnerungsbereitschaft des Auskunftspflichtigen abhängig sei.[286] Entspricht die erteilte Auskunft subjektiv der Wahrheit, hat also der Auskunfterteilende sein Vorstellungsbild richtig wiedergegeben, kann der Auskunftserteilende über die erteilten Angaben hinaus allenfalls darlegen, dass er nichts Genaueres weiß.
Die gewichtigeren Argumente sprechen indes gegen eine Erfüllung durch eine nur subjektiv richtige Auskunft und für die Notwendigkeit einer objektiv richtigen Auskunftserteilung. Damit eine Verfolgung weiterer Verletzer ermöglicht wird, ist eine objektiv richtige Auskunft erforderlich. Ließe man eine subjektiv richtige Auskunft zur Erfüllung des Auskunftsanspruchs genügen, müsste der Auskunftsberechtigte im Zweifelsfall nachweisen, dass die erteilte Auskunft nicht mit dem subjektiven Vorstellungsbild auf Seiten des Auskunftspflichtigen übereinstimmt. Dazu wird er jedoch regelmäßig nicht in der Lage sein.
Da der Auskunftsberechtigte zudem die Richtigkeit der Auskunft regelmäßig nicht beurteilen kann, könnte eine nur subjektiv richtige Auskunft dazu führen, dass dem Auskunftsberechtigten durch die Inanspruchnahme eines Dritten, der in keinem Zusammenhang mit der Rechtsverletzung steht, ein Schaden entsteht. Dieser muss nach Absatz 5 der einschlägigen Auskunftsvorschriften zu ersetzen sein. Wird jedoch beim Schadensersatzanspruch nach Absatz 5 ein objektiver Maßstab zugrunde gelegt, kann für die Erfüllung des Auskunftsbegehrens nichts anderes gelten. Eine ungerechtfertige Inanspruchnahme weiterer Personen kann verhindert werden, wenn der Auskunftspflichtige Unsicherheiten und Lücken seiner Auskunft offen legt. Er muss erklären, Nichts oder jedenfalls nicht mehr als das Erklärte zu wissen. Inwieweit der Auskunftspflichtige durch die bloße Erklärung von Nichtwissen den Auskunftsanspruch erfüllen kann, muss davon abhängig gemacht werden, welche Nachforschungspflichten ihn im Einzelnen treffen.

Wäre der Auskunftspflichtige nur zur Erteilung einer subjektiv richtigen Auskunft verpflichtet, ließe sich zudem nicht gewährleisten, dass dieser seinen Nachforschungspflichten in vollem Umfang nachkommt. Die objektive Unrichtigkeit der Angaben kann regelmäßig erst dann nachgewiesen werden, wenn ein Vorgehen gegen benannte Dritte gescheitert ist. Ist dies der Fall und macht der Auskunftsberechtigte einen

285 Tröndle/Fischer § 153, Rn. 4.
286 BGH GRUR 2004, 630, 631-Cartier-Armreif.

Nachbesserungsanspruch gegen den Auskunftspflichtigen geltend, muss er anders als bei Zugrundelegen der Notwendigkeit einer bloß subjektiv richtigen Auskunft, keine Umstände auf Seiten des Auskunftspflichtigen nachweisen, nämlich die subjektive Unrichtigkeit der Auskunft, sondern es genügt, wenn er die objektive Unrichtigkeit der Auskunft darlegt, was ihm regelmäßig problemlos möglich sein wird. Der Auskunftspflichtige kann sich demgegenüber entlasten, indem er nachweist, seinen Nachforschungspflichten nachgekommen zu sein.

Es ist auch nicht einzusehen, warum ein Anspruch auf Berichtigung grundsätzlich abzulehnen sein soll. Zwar steht grundsätzlich erst zu einem sehr viel späteren Zeitpunkt als dem der ersten Auskunftserteilung fest, ob tatsächlich Erfüllung eingetreten ist oder nicht. Wird jedoch später die Unrichtigkeit der erteilten Auskunft festgestellt, entspricht es Sinn und Zweck des Auskunftsanspruchs, dem Auskunftsberechtigten auch zu diesem späteren Zeitpunkt noch die Möglichkeit der Verfolgung weiterer Rechtsverletzer zu eröffnen. Auch der Vergleich mit dem unstreitig bei einer unvollständigen Auskunftserteilung bestehenden Vervollständigungsanspruch, spricht für die Gewährung eines Berichtigungsanspruchs. Die unvollständige Auskunft stellt letztlich nichts anderes als einen Unterfall der unrichtigen Auskunft dar. Denn, da der Auskunftspflichtige zur Erteilung einer vollständigen und richtigen Auskunft verpflichtet ist, erklärt er, wenn er die Unvollständigkeit der Auskunft nicht offenbart, konkludent, eine vollständige Auskunft erteilt zu haben. Entspricht dies nicht der objektiven Sachlage, liegt insofern eine falsche Auskunft vor. Ein Grund einen Berichtigungsanspruch nur im Unterfall der Unvollständigkeit der Auskunft zu gewähren, ist nicht ersichtlich. Würde man nur für den Fall der Unvollständigkeit die Erfüllung verneinen, könnte der Auskunftspflichtige durch die Erklärung, nichts über die erteilte Auskunft hinaus zu wissen, stets einen weitergehenden Anspruch gegen ihn verhindern.[287] Dass heißt, auch wenn er tatsächlich über weitere Informationen verfügt, hätte der Auskunftsberechtigte keinerlei Handhabe, um diese Informationen zu erlangen. Der Auskunftspflichtige könnte dann auch nicht dazu gezwungen werden seinen Nachforschungspflichten vollumfänglich nachzukommen.

cc) Zwischenergebnis

Der Behauptung, für die Frage der Erfüllung der Auskunftspflicht komme es nicht darauf an, ob die Auskunft richtig und vollständig ist, kann in ihrer Absolutheit nicht gefolgt werden. Vielmehr kommt es jedenfalls insofern auf die inhaltliche Vollständigkeit und Richtigkeit der Auskunft an, als der Auskunftspflichtige seinen Nachforschungspflichten genügen muss. Wenn und soweit der Auskunftspflichtige seinen, im Einzelfall zu bestimmenden, Nachforschungspflichten nicht entsprochen hat, kann er nicht durch die Auskunft, nichts zu wissen, erfüllen. Erfüllung liegt jedoch dann vor, wenn der Auskunftspflichtige nachweisen kann, dass er alle ihm im Rahmen der Nachforschungspflichten zumutbaren Anstrengungen zur Erteilung einer objektiv richtigen und vollständigen Auskunft unternommen hat und zudem, soweit etwas erklärt wurde, dieses mit der objektiven Sachlage übereinstimmt.

---

287 So im Fall OLG Hamburg GRUR-RR 2001, 197; daran anschließen: OLG Jena GRUR 2008, 92, 93.

2. Zeitlich

Bedauerlicherweise hat der Gesetzgeber die Umsetzung der Enforcement-Richtlinie nicht zum Anlass genommen, den seit geraumer Zeit in Rechsprechung und Literatur umstrittenen Auskunftszeitraum gesetzlich festzulegen. Nach vorne wird der Auskunftszeitraum durch die Auskunftserteilung begrenzt.[288] Probleme bereitet aber die zeitliche Begrenzung nach hinten.

Während der X. Zivilsenat des BGH die Auskunftspflicht bis zur ersten Verletzungshandlung zurück bezieht,[289] hat der I. Zivilsenat mehrfach entschieden, dass vor der ersten spezifiziert vorgetragenen Verletzungshandlung liegende, gleichartige Verletzungshandlungen nicht Gegenstand der Auskunftspflicht sind, da deren Bestehen, zumindest dem Grunde nach, vom Verletzten nachzuweisen ist.[290] Eine Auskunftspflicht hinsichtlich weiterer in der Vergangenheit liegender Rechtsverletzungen würde nach Ansicht des I. Senats eine unzulässige Ausforschung des Verpflichteten darstellen. Allerdings lässt es der Senat für den Nachweis einer Verletzungshandlung bereits genügen, wenn eine Vermutung[291] oder eine „große Wahrscheinlichkeit"[292] oder „konkrete Anhaltspunkte"[293] dafür sprechen, dass in einem bestimmten Zeitraum vorher bereits zahlreiche Zuwiderhandlungen in erheblichem Umfang begangen worden sind.

Ein sachlicher Grund für die unterschiedliche Fassung des Auskunftszeitraumes ist nicht ersichtlich. Da der Gesetzgeber hierzu keine Regelung getroffen hat, wird es wohl bis zu einer Entscheidung durch den Großen Senat bei der unterschiedlichen Handhabung im Patent- und Gebrauchsmusterrecht, für das der X. Senat zuständig ist, im Verhältnis zum Urheberrecht und sonstigen gewerblichen Schutzrechten, bei welchen der I. Senat entscheidet, bleiben.[294]

3. Verhältnismäßigkeit

Gemäß Absatz 4 der einschlägigen Auskunftsvorschriften ist dieser ausgeschlossen, wenn die Inanspruchnahme unverhältnismäßig ist. Wann dies der Fall ist, muss im Einzelfall anhand einer Interessenabwägung zwischen dem Informationsinteresse des Rechteinhabers und dem Geheimhaltungsinteresse des Auskunftspflichtigen beurteilt werden.

Dabei ist auch zu berücksichtigen, dass der Gesetzgeber dem Interesse an der Aufdeckung und Verfolgung von Schutzrechtsverletzungen, welches nicht zuletzt auch

---

288 Schulze/Dreier-Dreier § 101 a, Rn. 11; Eichmann GRUR 1990, 575, 578.

289 BGH GRUR 1992, 612 ff.-Nicola; BGH GRUR 2004, 755, 756 f.-Taxameter; dem folgend: Oppermann S. 167; Fezer § 19, Rn 12; Stellungnahme DAV v. März 2007, S. 8 zuletzt abgerufen am 31.05.2008 unter: http://www.bundestag.de/ausschuesse/a06/anhoerungen/22_Geistiges_Eigentum/04_Stellungnahmen/Tilmann.pdf.

290 BGH GRUR 1988, 307, 308-Gaby; BGH WRP 1991, 575, 578-Betonsteinelemente; BGH GRUR 2003, 446-Preisempfehlung für Sondermodelle; BGH GRUR 2003, 892, 893-Alt Luxemburg; dem folgend: Piper/Ohly-Piper § 9, Rn. 50; Teplitzky Kap. 38, Rn. 7; ders. in FS Tilmann S. 920.

291 BGH GRUR 1986, 66-GEMA-Vermutung II.

292 BGH GRUR 1986, 62-GEMA-Vermutung I.

293 BGH GRUR 2003, 892, 893-Alt Luxemburg.

294 Zum aktuellen Stand des Streits: Speckmann Rn. 277 f.; Ullmann (WRP 2004, 422, 427f.) sieht im Fall BGH GRUR 2003, 892, 893-Alt Luxemburg allerdings die Ankündigung einer künftigen Wende der Rspr. des I. Senats.

seitens der Allgemeinheit besteht, grundsätzlich den Vorrang eingeräumt hat.[295] Ferner ist zu erwägen, ob das Gericht Maßnahmen zum Schutz der Geheimnisse des Verpflichteten ergreifen kann.

a) Geheimhaltung

Beim Auskunftsberechtigten und dem vermeintlichen Verletzer handelt es sich regelmäßig um Mitbewerber. Daher haben beide Parteien ein Interesse daran, dass der jeweils andere keine Kenntnis von seinen Bezugs- und Vertriebsstrukturen sowie von seiner Absatz- und Preispolitik erhält. Durch den Auskunftsanspruch sieht sich der vermeintliche Verletzer jedoch gezwungen, gerade solche Informationen preiszugeben, welche die benannten Bereiche betreffen.

Damit neben dem Auskunftsberechtigten keine weiteren Mitbewerber Kenntnis von diese Informationen erhalten, kommt der Ausschluss der Öffentlichkeit von der mündlichen Verhandlung gemäß den §§ 172 Nr. 2, 173 Absatz 2 GVG in Betracht. Hierauf besteht aber kein Anspruch der Parteien. Das Gericht entscheidet vielmehr nach pflichtgemäßem Ermessen.[296] Kommt das Gericht unter Abwägung der Informationsinteressen des Rechteinhabers und der Geheimhaltungsinteressen des Auskunftspflichtigen sowie unter Berücksichtigung der gesetzgeberischen Wertung und der Möglichkeit die Öffentlichkeit von der mündlichen Verhandlung auszuschließen, zu dem Ergebnis, dass die Geheimhaltungsinteressen des Inanspruchgenommenen überwiegen, so ist der Auskunftsanspruch zu versagen.

b) Umfang der Auskunftspflicht

In die Interessenabwägung sind jedenfalls Aspekte wie die Anzahl der Verletzungen und der Aufwand für die Beseitigung der Störung sowie die Größe des entstandenen Schadens einzustellen. Fraglich ist hingegen, ob sich Absatz 4 der einschlägigen Auskunftsvorschriften auch auf den Umfang der Auskunftserteilung bezieht. Nach dem Wortlaut bezieht sich Absatz 4 der einschlägigen Auskunftsvorschriften nur auf die Inanspruchnahme, also auf die Pflicht zur Auskunftserteilung überhaupt.

Absatz 4 der einschlägigen Auskunftsvorschriften normiert keine Besonderheit, sondern betont nur die allgemeine Grenze des Rechtsmissbrauchs, welche bei der Unverhältnismäßigkeit der Inanspruchnahme überschritten wäre. Diese Grenze gilt sowohl hinsichtlich der Inanspruchnahme als solcher als auch hinsichtlich des Umfangs des geltend gemachten Anspruchs.[297] Unabhängig davon, ob sich eine Überprüfung des Umfangs auf dessen Verhältnismäßigkeit aus Absatz 4 oder dem allgemeinen Gebot der Verhältnismäßigkeit ergibt, ist eine entsprechende Beurteilung zwingend erforderlich. Anders könnte der Dritte zu einem unzumutbar hohen Aufwand zur Beibringung der nach Absatz 3 genannten Informationen verpflichtet werden.

Welcher Aufwand dem Dritten zumutbar ist, um die gewünschte Auskunft zu erteilen, ist anhand einer Interessenabwägung zwischen dem Informationsinteresse des Rechteinhabers und den Interessen des Dritten zu beurteilen. Der Dritte wird regelmäßig ein geringes Interesse an der Geheimhaltung der begehrten Auskunft haben, da er anders als der Verletzer häufig kein direkter Mitbewerber des Anspruchsinhabers sein wird. Das Interesse des Dritten besteht insbesondere darin, durch die Erfül-

---

295 Fezer § 19, Rn. 19.
296 Baumbach/Lauterbach/Albers/Hartmann § 172, Rn. 5.
297 Fezer § 19, Rn. 19.

lung des Auskunftsanspruchs nicht in seinen sonstigen Arbeitsabläufen gestört zu werden. Eine solche Störung würde es aber bedeuten, wenn der Dritte zum Beispiel die Lieferanten und Abnehmer der verletzenden Erzeugnisse benennen müsste. Auch wenn dies unter anderem bei Internetprovidern durch die in dem Geschäftsbereich des Dritten befindlichen Informationen möglich wäre, ist der damit verbundene Arbeitsaufwand als unverhältnismäßig einzustufen. Es besteht zwar ein Interesse des Berechtigten an der Benennung der Lieferanten und Abnehmer, diese Informationen kann er in der Regel aber auch vom Verletzer erhalten, sobald er diesen ermittelt hat. Das Interesse des Berechtigten, die Auskunft gerade von dem in Anspruch genommenen Dritten zu erhalten, dem kein Fehlverhalten vorzuwerfen ist und der daher schützenswerter ist als der Verletzer, ist nicht so stark, dass dem Dritten ein zusätzlicher Arbeitsaufwand und daher eine zusätzliche Belastung aufgebürdet werden dürfte. Kann der Berechtigte die begehrten Informationen durch einen Auskunftsanspruch gegen einen Verletzer erlangen, ist dem Dritten eine Auskunftserteilung daher nur zuzumuten, wenn ihm die Beschaffung der Informationen ohne nennenswerten Aufwand möglich ist. Es kann nicht Aufgabe des Dritten sein dem Rechteinhaber den Ermittlungsaufwand abzunehmen. Handelt es sich bei den begehrten Informationen um solche, die nur der Dritte beschaffen kann, ist ihm ein höherer Aufwand zuzumuten. Eine Nachforschungspflicht über den Geschäftsbereich des Dritten hinaus besteht jedoch nicht.

4. Form der Auskunftserteilung

Von ganz einfachen Sachverhalten abgesehen, hat die Auskunftserteilung schriftlich zu erfolgen.[298] Umstritten war, ob zudem die Vorlage von Belegen gefordert werden kann. Während die herrschende Ansicht dies zunächst ablehnte,[299] hat sich der BGH für den Regelfall der Gegenmeinung[300] angeschlossen und eine Pflicht zur Belegvorlage beim selbständigen Auskunftsanspruch als Regelfall angesehen.[301] Beim unselbständigen Auskunftsanspruch kann hingegen nur ausnahmsweise die Vorlage von Belegen gefordert werden.[302]

II. Folgen fehlerhafter Auskünfte

1. Eidesstattliche Versicherung

Um den Auskunftspflichtigen zur Erteilung einer richtigen und vollständigen Auskunft zu bewegen, kann der Auskunftsberechtigte von ihm unter bestimmten Voraussetzungen

298 Oppermann S. 150 f.; Fezer § 19, Rn. 10; Schulze/Dreier-Dreier § 101a, Rn. 12; Palandt-Heinrichs § 261, Rn. 20; Pastor in Reimer S. 324; Eichmann GRUR 1990, 575, 576 m.w.N.

299 OLG Köln GRUR 1995, 676, 677; OLG Karlsruhe GRUR 1995, 772, 773; Wiume S. 215 ff. insbes. S. 218 f.; Benkard-Rogge (9. Aufl.) § 140 b, Rn. 7; Busse-Keukenschrijver (5. Aufl.) § 140 b, Rn. 7; Ingerl/Rohnke § 19, Rn. 20; Dreier/Schulze-Dreier § 101 a, Rn. 12 m.w.N.; Eichmann GRUR 1990, 575, 576 m.w.N.

300 Oppermann S. 155; Teplitzky Kap. 38, Rn. 27 m.w.N.

301 BGH GRUR 2002, 709, 712-Entfernung der Herstellernummer III; BGH GRUR 2003, 433, 434-Cartier-Ring; BGH GRUR 2006, 504, 507-Parfümtestkäufe. Dieser Ansicht folgt nunmehr auch die Literatur: Benkard-Rogge/Grabinski § 140 b, Rn. 8; Hefermehl/Köhler/Bornkamm-Köhler § 9, Rn. 4.14; Teplitzky Kap. 38, Rn. 35b; einschränkend: Fezer § 19, Rn. 9.

302 BGH GRUR 2001, 841, 845-Entfernung der Herstellungsnummer II.; Hefermehl/Köhler/Bornkamm-Köhler § 9, Rn. 4.14; Teplitzky Kap. 38, Rn. 27 m.w.N.; ders. in FS Tilmann S. 916.

zungen die Abgabe einer eidesstattlichen Erklärung verlangen.[303] Die Versicherung an Eides statt ist deshalb von hoher praktischer Bedeutung, weil der Auskunftspflichtige abgesehen von einem Schadensersatz auch mit strafrechtlichen Sanktionen rechnen muss.
Voraussetzung für den Anspruch auf Abgabe einer eidesstattlichen Erklärung ist, dass der Anspruchsteller nachweist, dass ein begründeter Verdacht besteht, dass die Auskunft nicht richtig und vollständig, unter Beachtung der erforderlichen Sorgfalt, erteilt wurde. Die Anforderungen an die Darlegung der fehlenden Sorgfalt dürfen nicht zu hoch angesetzt werden,[304] denn sonst müsste der Auskunftsberechtigte bereits über die benötigten Auskünfte verfügen.
Die Kosten der eidesstattlichen Versicherung trägt zunächst der Auskunftsberechtigte. Verlangt er eine eidesstattliche Versicherung von einem Dritten im Sinne des Absatzes 2 der einschlägigen Auskunftsvorschriften, kann er die Kosten, wie sogleich unter H.II. zu zeigen sein wird, vom Verletzer ersetzt verlangen.

2. Schadensersatz nach Absatz 5

a) Notwendigkeit einer spezialgesetzlichen Schadensersatznorm

Die Folgen einer unrichtigen oder unvollständigen Auskunft wurden nach alter Rechtslage nicht spezialgesetzlich geregelt. Es war jedoch anerkannt, dass der Auskunftsschuldner bei falschen oder unvollständigen Auskünften unter dem Gesichtspunkt der Verletzung einer Pflicht aus einem gesetzlichen Schuldverhältnis, Schadensersatz verlangen, wenn der Auskunftspflichtige den Fehler oder die Unvollständigkeit der Auskunft zu vertreten hatte.[305] Dieser Anspruch kann indes nur dann bestehen, wenn es durch die unrichtige oder unvollständige Auskunft zur Erfüllung des Auskunftsanspruchs gekommen ist. Die Gesetzesbegründung geht insofern unzutreffend davon aus, dass mit einer unrichtigen oder unvollständigen Auskunft erfüllt werden kann. Dies ist jedoch nicht der Fall. Besteht aufgrund einer unvollständigen oder unrichtigen Auskunft ein Ergänzungs- oder Berichtigungsanspruch ist neben den obigen Schadensersatzansprüchen ein Anspruch auf Ersatz des Verzugsschadens nach § 286 BGB gegeben.
Des Weiteren kommt jedoch ein Anspruch nach § 826 BGB in Betracht, wenn der Auskunftspflichtige vorsätzlich eine falsche oder unvollständige Auskunft erteilt hat. Denn die absichtlich irreführende Auskunftserteilung erfüllt in der Regel das Merkmal der Sittenwidrigkeit.[306] Allerdings wird es dem Auskunftsberechtigten nur in Ausnahmefällen gelingen eine absichtliche Irreführung durch den Auskunftspflichtigen nachzuweisen.
Ein Anspruch aus § 823 Absatz 2 BGB iVm. § 263 Absatz 1 StGB wird regelmäßig mangels Bereicherungsabsicht des Auskunftspflichtigen entfallen.[307] Allerdings ist ein Schadensersatzanspruch nach § 823 Absatz 2 BGB iVm. §§ 163, 156 StGB gege-

---

303 Wiume S. 360 ff.; Fezer § 19, Rn. 16; Dreier/Schulze-Dreier § 101 a, Rn. 16; Schricker-Wild § 101 a, Rn. 2; Benkard-Rogge/Grabinski § 140b, Rn. 9; Eichmann, GRUR 1990, 575, 582 ff.; Bodewig GRUR 2005, 632, 639; a.A. Busse-Keukenschrijver § 140 b, Rn. 26.

304 Eichmann GRUR 1990, 575, 583.

305 LG Düsseldorf GRUR-RR 2002, 185; Wiume S. 286; Banzhaf S. 207; *Schmidhuber* (WRP 2008, 296, 300) geht davon aus, dass der Auskunftsanspruch schon nicht als gesetzliches Schuldverhältnis verstanden werden kann.

306 Wiume S. 287.

307 Schmidhuber WRP 2008, 296, 298.

ben, wenn der Auskunftspflichtige eine falsche eidesstattliche Versicherung abgegeben hat.
Die in der Gesetzesbegründung aufgestellte Behauptung fehlerhafte Auskünfte seien bislang weitestgehend folgenlos geblieben,[308] ist daher nicht beizutreten. Einer Schadensersatznorm für diesen Fall hätte es daher grundsätzlich nicht bedurft. Im Vergleich zu den bestehenden Schadensersatznormen stellt Absatz 5 der einschlägigen Auskunftsvorschriften insofern auch keine Erweiterung der Schadensersatzmöglichkeiten dar, sondern beschränkt vielmehr die Haftung des Auskunftserteilenden. Dieser haftet anders als bei den obigen Ansprüchen bei der Auskunftserteilung nunmehr nicht mehr für leicht fahrlässiges Handeln.

b) Verschuldensmaßstab

Die Haftung des Auskunftspflichtigen wird in Absatz 5 nur für vorsätzlich und grob fahrlässig falsch oder unvollständig erteilte Auskünfte statuiert. Für einfache Fahrlässigkeit soll er hingegen nicht haften. Diese Regelung wurde zu Recht verschiedentlich kritisiert.[309]
Für die getroffene Regelung spricht, dass der in Anspruch genommene unbeteiligte Dritte durch die Pflicht zur Auskunftserteilung nicht unerheblich belastet wird. Er muss unter Umständen viel Zeit und Arbeit in die Auskunftserteilung investieren. Mit Hinblick auf die Verhältnismäßigkeit der Inanspruchnahme des Dritten insgesamt, ist die Entscheidung des Gesetzgebers, den Dritten von der Haftung für einfache Fahrlässigkeit freizustellen, daher zwar durchaus nachvollziehbar, sie ist aber dennoch abzulehnen.[310] Der Umfang der mit der Auskunftserteilung verbundenen Mühen wird bereits im Rahmen der Zumutbarkeit der Auskunftserteilung, insbesondere bei der Frage der zumutbaren Nachforschungspflichten, berücksichtigt. Besteht der Anspruch, kann auch vom Dritten eine objektiv richtige und vollständige Auskunftserteilung verlangt werden. Verhältnismäßigkeitserwägungen können allenfalls hinsichtlich des Bestehens des Anspruchs als solchem, also auf Tatbestandsseite, berücksichtigt werden. Ein Grund für die Einschränkung der allgemeinen Haftung aus § 276 BGB ist nicht ersichtlich. Ziel des Schadensersatzanspruchs ist es, den Verpflichteten zu einer richtigen und vollständigen Auskunft zu veranlassen.[311] Eine Haftung auch für leichte Fahrlässigkeit würde diesem Zweck in stärkerem Maße Vorschub leisten als eine Haftung nur für Vorsatz und grobe Fahrlässigkeit. Dies ist dem Auskunftspflichtigen unabhängig davon, ob es sich um einen Verletzer oder einen Dritten handelt, auch durchaus zuzumuten. Er kann bestehende Zweifel an seinem Kenntnisstand deutlich machen und Wissenslücken als solche offenbaren, indem er erklärt, keine weiteren Kenntnisse zu besitzen. Den bei der Erklärung erforderlichen Sorgfaltsmaßstab abzusenken, würde zu einer Benachteiligung des Auskunftsberechtigten führen. Dieser ist aber für eine weitere Rechtsverfolgung auf richtige und vollständige Infor-

---

308 Reg-E Begr., BT-Drs. 16/5048, S. 39.

309 Stellungnahme der *Deutschen Vereinigung für gewerblichen Rechtsschutz und Urheberrechte* GRUR 2006, 393, 394; Stellungnahme DAV v. März 2007, S. 5, zuletzt abgerufen am 31.05.2008 unter: http://www.bundestag.de/ausschuesse/a06/anhoerungen/22_Geistiges_Eigentum/04_Stellungnahmen/Tilmann.pdf; Stellungnahme DFN v. 28.02.2006, S. 4, zuletzt abgerufen am 31.05.2008 unter: http://www.dfn.de/fileadmin/3Beratung /Recht/StellnFoReUrhG280206.pdf; zwischen Verletzern und Dritten differenzierend: Schmidhuber WRP 2008, 296, 300 f.

310 A.A. Schmidhuber WRP 2008, 296, 300 f.

311 RegE Begr., BT-Dr. 16/5048, S. 39.

mationen angewiesen. Die Beschränkung des allgemeinen Haftungsmaßstabs in Absatz 5 der einschlägigen Auskunftsvorschriften ist damit einem effektiven Auskunftsanspruch abträglich.

F. Auskunftserteilung unter Verwendung von Verkehrsdaten

I. Notwendigkeit einer entsprechenden Regelung

1. Ausgangssituation

Das Internet bietet eine ständig wachsende Plattform für den gegenseitigen Austausch und Vertrieb von Waren und Dienstleistungen. Auch die Rechtsverletzer haben diesen Marktplatz für sich entdeckt. In zunehmender Zahl finden Urheberrechtsverletzungen in Internettauschbörsen statt und werden Produkte, welche gewerbliche Schutzrechte verletzen, über Internetauktionshäuser vertrieben.
Gemeinsam ist den über das Internet begangenen Verletzungen, dass der Verletzte regelmäßig nur in der Lage ist die IP (Internet Protocol)-Adresse des Verletzers zu ermitteln und die Identität der Verletzer unbekannt bleibt. Zur Verfolgung seiner Rechte benötigt der Rechteinhaber jedoch die Identität des Verletzers. Diese kann in der Regel über den Access- oder Hostprovider ermittelt werden. Neben den bei Auskunftsansprüchen, welche die Benennung Dritter zum Ziel haben, stets zu beachtenden Interessenswidersprüchen zwischen Verletztem, Verletzer und Auskunftspflichtigen, ergeben sich dabei vor allem datenschutzrechtliche Probleme.

Um dem Verletzten rechtliche Möglichkeiten zur Ermittlung der Identität der Verletzer zu geben, wurde bereits verschiedentlich von unterinstanzlichen Gerichten ein Auskunftsanspruch gegen Internet Access Provider aus § 101 UrhG a.F. (analog) hergeleitet.[312] Diese Urteile hielten jedoch einer Überprüfung in höherer Instanz nicht stand.[313] Auch die Literatur lehnte mehrheitlich einen Anspruch auf Grundlage des § 101 UrhG a.F. (analog) ab.[314] Begründet wurde die Ablehnung eines Auskunftsanspruchs gegen Internetprovider insbesondere damit, dass sich § 101 UrhG a.F. lediglich auf körperliche nicht aber auch auf unkörperliche Vervielfältigungsstücke anwenden ließe und der Provider aus unterschiedlichen Gründen nicht als Verletzer in Betracht käme.[315]
Insbesondere der Urheber, aber auch Inhaber sonstiger Rechte standen Rechtsverletzungen im Internet damit weitestgehend schutzlos gegenüber. Die Identität der Verletzer konnte mangels Auskunftsanspruchs gegen Internetprovider nicht ermittelt werden. Um dieser Lage abzuhelfen, war die Schaffung eines neuen Auskunftsanspruchs gegen Internetprovider erforderlich.

---

312 LG Köln Urt. v. 26.7.2004; LG München MMR 2004, 192; LG Hamburg MMR 2005, 55; LG München MMR 2006, 332; grundsätzlich dafür dennoch nicht bei Auskunftsansprüchen, weil nur Störerhaftung: LG Flensburg GRUR-RR 2006, 174 f.; Ausnahme aus der oberlandesgerichtlichen Rspr. OLG München GRUR 2007, 419.

313 OLG FFM 11 U 51/04- v. 25.01.2005; OLG Hamburg GRUR-RR 2005, 209; KG Berlin 10 U 262/05 v. 25.9.2006.

314 Spindler/Dorschel CR 2006, 341 f. m.w.N. in Fn.10; dieselben CR 2005, 38, 40; Kaufmann/Köcher MMR 2005, 61 in Anm. zu LG Hamburg MMR 2005, 55; Kitz GRUR 2003, 1014, 1017; Sieber/Höfinger MMR 2004, 575, 576 ff.

315 Zur Frage der Störerhaftung sogleich unter II.1.

2. Richtlinienvorgaben

Die Richtlinie geht nicht ausdrücklich von der Notwendigkeit der Schaffung eines entsprechenden Anspruchs aus. Sie nimmt zwar in zwei Erwägungsgründen Bezug auf im Internet begangene Rechtsverletzungen. Beide setzen jedoch nicht voraus, dass die in der Richtlinie vorgesehenen Ansprüche grundsätzlich auf Internetprovider anwendbar sind. Vielmehr betont Erwägungsgrund 2, dass der Schutz geistigen Eigentums den Schutz personenbezogener Daten nicht einschränken soll, was insbesondere auch für das Internet gelte.[316]

In Erwägungsgrund 9 wird die Nutzung des Internets im Zusammenhang mit organisierter Kriminalität genannt.[317] Die Generalanwältin am EuGH *Kokott* folgert daraus, dass die Durchsetzung von Rechten des geistigen Eigentums gegenüber Verletzungen im Internet allenfalls auf schwerwiegende Beeinträchtigungen ausgerichtet sein soll. Selbst wenn man die Nennung des Internets als Verbreitungsmedium für urheberrechtsverletzende Waren von der Erwähnung der organisierten Kriminalität losgelöst betrachtet, kann daraus keine Verpflichtung zur Normierung eines Anspruchs gegen Internetprovider hergeleitet werden. Zwar sind die nationalen Gesetzgeber gemäß Artikel 3 RL verpflichtet, angemessene, wirksame, verhältnismäßige und abschreckende Maßnahmen zur Durchsetzung der Rechte des geistigen Eigentums zu schaffen, bei der Bestimmung der entsprechenden Maßnahmen steht den nationalen Gesetzgebern jedoch ein weit reichender Ermessensspielraum zur Verfügung.[318] Erwägungsgrund 9 verdeutlicht insofern nur, dass über das Internet eine schnellere und ausgedehntere Verbreitung rechtsverletzender Erzeugnisse möglich ist.

Die Grundrechte auf Eigentum und auf einen effektiven Rechtsschutz führen ebenfalls nicht dazu, dass eine gesetzgeberische Entscheidung dahingehend, keinen Anspruch gegen Internetprovider zu schaffen, als unangemessen zu beurteilen wäre.[319] Denn wie *Kokott* richtig ausführt, ist der Rechtsweg grundsätzlich eröffnet.[320] Ein Anspruch gegen Internetprovider wäre lediglich ein zusätzliches Mittel, welches dem Nachweis der Rechtsverletzung dienlich wäre. Die Grundrechte können den Ermessensspielraum des Gesetzgebers aber nicht derart einschränken, dass er verpflichtet wäre, den Rechteinhabern unbegrenzte Mittel zur Aufklärung von Rechtsverletzungen zur Verfügung zu stellen. Vielmehr muss er die Richtlinienvorgaben dergestalt auslegen, dass es ihm möglich ist, ein angemessenes Gleichgewicht zwischen dem Eigentumsrecht und dem Recht auf einen wirksamen Rechtsbehelf auf Seiten des Rechteinhabers und das Recht auf Schutz personenbezogener Daten auf Seiten des Verletzers sicherzustellen.[321] Eine Pflicht zur Statuierung eines Auskunftsanspruchs gegen Internetprovider enthält die Enforcement-Richtlinie folglich nicht.

316 Im Rahmen des Verfahrens zur Schaffung der Enforcement-Richtlinie wurde vom Europäischen Wirtschafts- und Sozialausschuss in seiner Stellungnahme vielmehr gefordert, keinerlei Ansprüche gegen Internetprovider zu schaffen (ABl C 32 vom 05.02.2004, S. 15).

317 Kokott (Schlussanträge in der Rechtssache EuGH C-275/06-Promusicae) Rn. 119.

318 EuGH GRUR 2008, 241, 244-Promusicae, Kokott (Schlussanträge in der Rechtssache EuGH C-275/06-Promusicae) Rn. 118.

319 EuGH GRUR 2008, 241, 244-Promusicae.

320 Kokott (Schlussanträge in der Rechtssache EuGH C-275/06-Promusicae) Rn. 120 f.

321 EuGH GRUR 2008, 241, 244-Promusicae.

II. Verantwortlichkeit und Haftungsprivilegierung

Obwohl eine Verpflichtung für die Schaffung eines Anspruchs gegen Internetprovider nicht besteht, hat es der deutsche Gesetzgeber für notwendig erachtet einen entsprechenden Anspruch zu schaffen.[322]

Die Menge der in jüngerer Vergangenheit zu Fragen des Auskunftsanspruchs gegen Internetprovider erschienenen Urteile und rechtswissenschaftlicher Abhandlungen sowie die sehr kontroverse Diskussion verdeutlichen, dass, unabhängig von der Umsetzung der Enforcement-Richtlinie, ein großes Interesse an einer gesetzgeberischen Klärung dieser Frage bestand. Aufgrund der zahlreichen neueren Gesetzesänderungen im Bereich des Datenschutzrechtes[323] haben sich inzwischen verschiedene Änderungen in der rechtlichen Beurteilung der Zulässigkeit der Auskunftserteilung ergeben. Daher soll im Folgenden zwar auf eine ausführliche Auseinandersetzung mit den nach wie vor kontrovers diskutierten Punkten verzichtet werden und eine Konzentration auf die neu geschaffenen gesetzlichen Regelungen erfolgen.

1. Verantwortlichkeit der Provider

Weder der Zugangs- noch der Hostprovider verletzen selbst Immaterialgüterrechte.[324] Auch eine Haftung als Teilnehmer scheitert nach herrschender Ansicht mangels Vorsatzes.[325] In Betracht kommt daher lediglich eine Haftung als Störer. Damit der Provider als Störer in Anspruch genommen werden kann, müsste er an der Rechtsverletzung willentlich und adäquat kausal beteiligt sein und eine ihm obliegende Prüfpflicht verletzt haben. Ein willentlich und adäquat kausaler Beitrag wird von Zugangsprovidern durch die Bereitstellung des Internetzugangs und die Durchleitung von Daten und von Hostprovidern durch die Bereitstellung eines Forums, in welchem der Verletzer seine Angebote einer großen Personenzahl zugänglich machen kann, geleistet.[326]

Inwiefern Hostprovider, wie zum Beispiel Internetauktionshäuser, eine Prüfpflicht trifft, ist umstritten. Nach der Rechtsprechung des BGH ist der Provider, sobald er auf eine Rechtsverletzung hingewiesen wurde, verpflichtet das konkrete Angebot zu sperren und Vorsorge dafür zu tragen, dass entsprechende Verletzungen künftig nicht mehr vorkommen. Zumindest dann, wenn er dieser Pflicht nicht nachkommt, verletzt der Provider seine Prüfpflicht und haftet damit als Störer.[327]

Problematischer ist das Bestehen einer Prüfpflicht bei Zugangsprovidern. Eine Kontrolle aller Verbindungen, hinsichtlich derer ihnen eine Verletzung von Immaterialgüterrechten angezeigt wird, kann ihnen angesichts der Vielzahl der Verletzungen im

---

322 Die Vorgaben der Enforcement-Richtlinie sowie des europäischen Datenschutzrechts stehen dem nicht entgegen. Siehe EuGH GRUR 2008, 241, 243-Promusicae; a.A. Spindler/Dorschel CR 2006, 341, 346; Kokott (Schlussanträge in der Rechtssache EuGH C-275/06-Promusicae) Rn. 64 ff. und Rn. 126.

323 Reform des TKG vom 18.02.2007 und vom 01.01.2008; Schaffung des TMG vom 01.03.2007.

324 BGH GRUR 2004, 860, 863 f.-Internet-Versteigerung I; OLG München GRUR 2007, 419, 420-Lateinlehrbuch; Kramer S. 39 ff.; Gräfin von Merveldt S. 120.

325 A.A. für Host-Provider: Lehment WRP 2003, 1058, 1061.

326 Für den Zugangsprovider: Kramer S. 43 ff.; Spindler/Dorschel CR 2005, 38, 42 f.; für den Hostprovider: Gräfin von Merveldt S. 120; Spindler/Dorschel CR 2005, 38, 42.

327 BGH GRUR 2004, 860, 864-Internet-Versteigerung I m.w.N.; BGH GRUR Int. 2007, 933, 936-Internet-Versteigerung II; OLG München GRUR 2007, 419, 421-Lateinlehrbuch; Für eine weitergehende Prüfpflicht: Gräfin von Merveldt S. 122 ff.; Lehment WRP 2003, 1058, 1060.

Internet und der Anzahl der damit verbundenen IP-Adressen nicht zugemutet werden.[328] Eine Pflicht zur Sperrung eines Nutzers kommt allenfalls dann in Betracht, wenn der Provider wiederholt feststellen konnte, dass der Nutzer den Dienst zur Begehung von Rechtsverletzungen benutzt.[329] Eine derartige Feststellung ist jedoch aufgrund der regelmäßig erfolgenden Verwendung dynamischer IP-Adressen schwierig zu treffen. Eine Pflicht zur Sperrung des Nutzers kommt daher nur ausnahmsweise und in besonders schwerwiegenden Fällen in Betracht. Zugangsprovider können folglich regelmäßig nur als Dritte im Sinne des Auskunftsanspruchs in Anspruch genommen werden.[330]

2. Haftungsprivilegierung

Mit Wirkung zum 1.3.2007 wurden die Regelungen des TDG, der MDStV und des TDDSG in ein einheitliches Regelwerk, das TMG, überführt. Die bis dahin in den §§ 8-11 TDG beziehungsweise den §§ 6-9 MDStV befindlichen Regelungen zur Haftungsprivilegierung von Providern wurden unverändert in den §§ 7-10 TMG übernommen. Aus haftungsrechtlicher Sicht haben sich daher keine Änderungen ergeben.

Insbesondere ist nach wie vor umstritten, ob Auskunftsansprüche über § 8 Absatz 2 Satz 2 TDG, der nunmehr in § 7 Absatz 2 Satz 2 TMG geregelt ist, von der Haftungsprivilegierung nach den §§ 8-10 TMG ausgenommen sind. Während nach einer Ansicht alle Anspruchsarten von der Haftungsprivilegierung erfasst sein sollen,[331] wollen die Vertreter einer weiteren Ansicht zumindest Unterlassungs- und Beseitigungsansprüche zulassen.[332] Demnach erfasst die Haftungsprivilegierung nur die straf- und zivilrechtlich deliktische Verantwortlichkeit. Die Störerhaftung wäre folglich insgesamt von der Privilegierung der §§ 8-10 TMG ausgenommen.[333] Konsequenterweise nimmt die wohl herrschende Meinung daher auch Auskunftsansprüche von der Haftungsprivilegierung aus.[334] Jede der Ansichten macht für sich das Wortlautargument geltend. Die besseren Argumente sprechen jedoch für die herrschende Ansicht, die sich neben dem Wortlaut auch auf die Gesetzesbegründung und die Entstehungsgeschichte der Haftungsregelungen stützen kann.[335] Die Haftungsprivilegie-

328 So auch Kramer S. 52.

329 Kramer S. 53 f.

330 RegE Begr., BT-Drs. 16/5048, S. 49, Kramer S. 55.

331 OLG Düsseldorf MMR 2004, 315, 316; OLG Brandenburg MMR 2004, 330, 332; LG Düsseldorf MMR 2003, 120, 123; Kramer S. 112 ff.; Sieber/Höfinger MMR 2004, 575, 579 ff.; Bohne GRUR-RR 2005, 145, 146.

332 BGH GRUR 2004, 860, -Internet-Versteigerung I; BGH GRUR Int. 2007, 933, 935–Internet-Versteigerung II; OLG Hamburg GRUR-RR 2005, 209, 212-Rammstein; OLG München GRUR 2007, 419, 421-Lateinlehrbuch; LG Hamburg CR 2005, 136, 138; LG Hamburg MMR 2005, 55; LG München MMR 2006, 332, 334-Auktionsplattform; Gräfin von Merveldt S. 117 f. siehe auch Fn. 600 und 616 f.; von Olenhusen/Crone WRP 2002, 164, 169; Lehment WRP 2003, 1058, 1063f.; Czychowski MMR 2004, 514, 56; Spindler/Dorschel CR 2005, 38, 41.

333 Gräfin von Merveldt S. 117; a.A. Kramer S. 112 ff.

334 LG Hamburg MMR 2005, 55; LG Hamburg CR 2005, 136, 138; Gräfin von Merveldt S. 117 f. siehe auch Fn. 600 und 616f.; von Olenhusen/Crone WRP 2002, 164, 169; Czychowski MMR 2004, 514, 516; Spindler/Dorschel CR 2005, 38, 41; Seichter in FS Ullmann S. 992; dennoch gegen die Erfassung von Drittauskunftsansprüchen: OLG Hamburg GRUR-RR 2005, 209, 212 f.-Rammstein.

335 Gräfin von Merveldt S. 115 f.

rung der §§ 8-10 TMG steht einem Auskunftsanspruch gegen Internetprovider folglich nicht entgegen.

III. Datenschutz

Auch wenn Absatz 9 der einschlägigen Auskunftsvorschriften eine Auskunftserteilung unter Verwendung von Verkehrsdaten nach einer richterlichen Entscheidung für zulässig erklärt, stehen einem Auskunftsanspruch gegen Internetprovider verschiedene datenschutzrechtliche Bedenken entgegen. Eine Auskunftserteilung ist nur dann möglich, wenn der Internetprovider überhaupt über die entsprechenden Daten verfügt und deren Weitergabe ihm auch rechtlich möglich ist.

1. Relevante Daten und anwendbares Datenschutzrecht

Durch den Auskunftsanspruch möchte der Rechteinhaber primär den Namen des Verletzers ermitteln.[336] Geht er gegen Zugangsprovider vor, geschieht dies indem der Rechteinhaber dem Provider eine IP-Adresse nennt und der Provider den Inhaber des Anschlusses, dem diese Adresse zugeordnet wurde, ermittelt. Während statische IP-Adressen Bestandsdaten sind, handelt es sich bei den im Regelfall vergebenen dynamischen IP-Adressen um Verkehrsdaten.[337]
Bei Hostprovidern, wie es zum Beispiel Internetauktionshäuser sind, kennt der Rechteinhaber in der Regel einen vom Nutzer bei der Anmeldung zur Online-Auktion gewählten Nutzernamen. Da dieser regelmäßig nicht dem vollen Namen des Nutzers entspricht, wird der Rechteinhaber die Registrierungsdaten beim Hostprovider abfragen. Diese Daten sind Bestandsdaten.[338]
Bei den Daten, welche im Rahmen eines Auskunftsanspruchs relevant sind, wie der Name des Verletzers, dessen Anschrift und IP-Adresse, handelt es sich durchweg um personenbezogene Daten im Sinne des § 3 Absatz 1 BDSG.[339] Gemäß den §§ 4 Absatz 1 BDSG, 12 Absätze 1 und 2 TMG dürfen diese nur erhoben und verwendet werden soweit diese Gesetze oder eine andere Rechtsvorschrift, die sich ausdrücklich auf Telemedien bezieht, es erlaubt oder der Nutzer eingewilligt hat. Eine Einwilligung des Nutzers wird regelmäßig nicht vorliegen.[340] Daher bedarf es einer gesetzlichen Regelung, welche die Speicherung und Übermittlung der Daten erlaubt.

Welches Datenschutzrecht anwendbar ist, bestimmt sich nach einer funktionsspezifischen Betrachtungsweise und nicht allein nach der Einordnung in einen Anbietertyp.[341] Regelmäßig werden Anbieter, gleich welchen Typs, Daten unterschiedlicher

---

336 Gegen Hostprovider kommt auch ein Anspruch auf Auskunft über die Menge der verkauften rechtsverletzenden Waren in Betracht. Bei diesen Informationen handelt es sich dann um Nutzungsdaten im Sinne des § 15 TMG.

337 BT-Drs. 16/5846, S. 86; Kramer S. 129 f. m.w.N.

338 BT-Drs. 16/5846, S. 86; Sieber/Höfinger MMR 2004, 575, 581; Kitz Stellungnahme MPI v. 17.06.2007, S. 6, zuletzt abgerufen am 31.05.2008 unter: http://www.bundestag.de/ausschuesse/a06/anhoerungen/22_Geistiges_Eigentum/04_Stellungnahmen/Kitz.pdf; differenzierend: Gräfin von Merveldt S. 131 f.

339 Gräfin von Merveldt S. 130 ff.; Kramer S. 124 ff; von Olenhusen/Crone WRP 2002, 164, 170; Spindler/Dorschel CR 2005, 38, 44 m.w.N.

340 Zu den Voraussetzungen einer wirksamen Einwilligung § 12 Absatz 3 TMG.

341 Gräfin von Merveldt S. 127 m.w.N.

Funktionszusammenhänge erheben und verarbeiten. Andere datenschutzrechtliche Normen sind in diesem Fall ergänzend anzuwenden.
Das TMG findet mit Hinblick auf die Ebene der Interaktion zwischen dem Nutzer und dem Anbieter eines Telekommunikationsdienstes Anwendung.[342] Bei der Beurteilung der Aktivitäten von Hostprovidern ist daher in der Regel das TMG heranzuziehen. Zugangsprovider sind hingegen hauptsächlich auf der Ebene des Datentransports aktiv. Die Zulässigkeit der Erhebung und Verwendung personenbezogener Daten ist auf dieser Ebene nach den §§ 91 ff. TKG zu beurteilen.[343]

2. Datenspeicherung

Am 01.01.2008 ist das Gesetz zur Neuregelung der Telekommunikationsüberwachung und anderer verdeckter Ermittlungsmaßnahmen sowie zur Umsetzung der Richtlinie 2006/24/EG in Kraft getreten.[344] Dieses Gesetz beinhaltete unter anderem die Änderung des TKG. Während Bestandsdaten gemäß § 95 TKG gespeichert werden dürfen, war die Speicherung von Verkehrsdaten nach den §§ 96, 97 TKG a.F. nur dann für sechs Monate zulässig, wenn diese Daten für die Abrechnung der erbrachten Dienste erforderlich waren.[345] Die Speicherung von IP-Adressen ist jedoch für die Rechnungsstellung regelmäßig nicht notwendig, da vermehrt im Voraus bezahlte Telekommunikationsleistungen oder Pauschaltarife genutzt werden.[346] § 113a TKG normiert nunmehr eine wesentlich weiter reichende Speicherpflicht für Telekommunikationsdienste. Internetzugangsdienste sind gemäß § 113a Absatz 4 TKG verpflichtet die IP-Adresse, eine eindeutige Kennung des Anschlusses, über den die Internetnutzung erfolgt, sowie Beginn und Ende der Internetnutzung für sechs Monate zu speichern. Damit sind die Zugangsprovider seit dem 01.01.2008 zur Speicherung aller für die Erfüllung eines Auskunftsanspruchs erforderlichen Daten verpflichtet.
Hostprovider können gemäß § 14 TMG Bestandsdaten und gemäß § 15 TMG Nutzungsdaten speichern. Letztere dürfen sie jedoch nur insoweit speichern, wie diese zur Abrechnung oder Erbringung der Telemediendienste erforderlich sind.

---

342 Ausführlich zu den Rechtsquellen und der Systematik des Datenschutzrechts Gräfin von Merveldt S. 125 ff. m.w.N.

343 BT-Drs. 16/5846, S. 87. Das BDSG ist aufgrund des abschließenden Charakters der §§ 91 ff TKG nach h.M. nicht anwendbar. OLG München GRUR 2007, 419, 424-Lateinlehrbuch; Kramer S. 138 ff., Gräfin von Merveldt S. 134 ff. m.w.N.; Seichter in FS Ullmann, S. 993; Spindler/Dorschel CR 2005, 38, 45; Sieber/Höfinger MMR 2004, 575, 582 m.w.N.; Kitz Stellungnahme MPI v. 17.06.2007, S. 7, zuletzt abgerufen am 31.05.2008 unter: http://www.bundestag.de/ausschuesse/a06/anhoerungen/22 _Geistiges_Eigentum/04_Stellungnahmen/Kitz.pdf; a.A.: Gegenäußerung der BReg. BT-Drs. 16/5048 Anlage 3, S. 61; LG Hamburg CR 2005, 136, 140 ff.; von Olenhusen/Crone WRP 2002, 164, 170; Czychowski MMR 2004, 514, 518.

344 BGBl. I. 2007, S. 3198 ff.

345 Zur Frage welche Daten für die Abrechnung erforderlich sind: Kramer S. 130 ff. m.w.N.; zu der Frage einer Speicherung zur Missbrauchsbekämpfung: Kramer S. 133 f. Zur Frage einer anlassbezogenen Speicherpflicht: Kramer S. 134 ff.

346 Eine Speicherung darf nur erfolgen, wenn der Nutzer einen Einzelverbindungsnachweis wünscht; Kramer S. 132; Kühling S. 13 m.w.N.; Kitz GRUR 2003, 1014, 1018.

3. Datenverwendung

a) Zugangsprovider

Die für die Erfüllung des Auskunftsverlangens relevanten Bestanddaten, welche bei dem Provider gespeichert sind, können nur dann ermittelt werden, wenn der Provider die IP-Adresse, bei der es sich regelmäßig um eine dynamische IP-Adresse und damit um Verkehrsdaten handeln wird, verwenden darf. Gemäß § 96 Absatz 2 TKG dürfen Verkehrsdaten nur dann erhoben und verwendet werden, wenn sie zum Aufbau weiterer Verbindungen oder für die in den §§ 97, 99, 100 und 101 genannten oder für die durch andere gesetzliche Vorschriften begründeten Zwecke erforderlich sind. Es würde zwar nicht gegen europarechtliche Datenschutzvorgaben verstoßen, unter den durch andere gesetzliche Vorschriften begründeten Zwecken, auch den Zweck privater Rechtsverfolgung zu verstehen.[347] Die Formulierung des § 96 Absatz 2 TKG ist aber derart weit gefasst, dass verschiedentlich die Verfassungsmäßigkeit der Regelung in Frage gestellt wurde.[348]

Abgesehen vom genauen Umfang des § 96 Absatz 2 TKG kommt nur eine Verwendung und Weitergabe solcher Daten in Betracht, die nach § 97 TKG gespeichert werden dürfen. Wie bereits dargestellt wurde, gehören IP-Adressen nicht zu diesen Daten. Sie können nur nach § 113a TKG gespeichert werden. Daten, welche nach § 113a TKG gespeichert werden, dürfen aber, nach vorheriger Anordnung im Einzelfall, lediglich an die für die Strafverfolgung, Gefahrenabwehr oder den Verfassungsschutz zuständigen Stellen weitergeleitet werden. § 113b TKG verbietet ausdrücklich die Verwendung der nach § 113a TKG gespeicherte Daten für andere als die genannten Zwecke, welche die private Rechtsverfolgung nicht erfassen.[349]

Es fehlt für eine Verwendung der nach § 113 a Absatz 4 TKG gespeicherten Verkehrsdaten folglich an einer Regelung, welche die Weitergabe von Bestandsdaten unter interner Verwendung der gespeicherten Daten, soweit diese zur zivilrechtlichen Durchsetzung der Rechte am geistigen Eigentum erforderlich sind, erlaubt.[350]

b) Hostprovider

Gemäß § 15 Absatz 5 Satz 4 TMG dürfen Anbieter auf Anordnung der zuständigen Stellen Auskunft über Nutzungsdaten erteilen, soweit dies für Zwecke der Strafverfolgung, Gefahrenabwehr oder zur Erfüllung der gesetzlichen Aufgaben der Verfassungsschutzbehörden des Bundes und der Länder, des Bundesnachrichtendienstes oder des Militärischen Abschirmdienstes oder zur Durchsetzung der Rechte am geistigen Eigentum erforderlich ist. Die Inhaber von Rechten des geistigen Eigentums werden durch diese Regelung gegenüber den Inhabern sonstiger zivilrechtlicher Ansprüche bevorzugt. Dies zeigt, dass der Gesetzgeber bei der Verfolgung von Verletzern geistiger Eigentumsrechte von der Existenz eines stärkeren Allgemeininteresses ausgeht als bei der Verfolgung sonstiger zivilrechtlicher Ansprüche.

---

347 EuGH GRUR 2008, 241, 243-Promusicae; a.A.: Spindler/Dorschel CR 2006, 341, 346; Kokott (Schlussanträge in der Rechtssache EuGH C-275/06-Promusicae) Rn. 64 ff. und Rn. 126.

348 Stellungnahme DFN v. 28.02.2006, S. 6 zuletzt abgerufen am 31.05.2008 unter: http://www.dfn.de/ fileadmin/3Beratung/Recht/StellnFoReUrhG280206.pdf; kritisch auch Dietrich GRUR-RR 2006, 145, 146.

349 Siehe dazu BVerfG 1 BvR 256/08 vom 11.3.2008.

350 BT-Drs. 16/5846, S. 86.

Die Erlaubnis zur Übermittlung kann sich an dieser Stelle allerdings nur auf solche Daten beziehen, die nach § 15 I TMG gespeichert werden dürfen. Die IP-Adresse gehört regelmäßig nicht dazu. Bei Auskunftsverlangen gegen Hostprovider spielt diese, anders als bei solchen gegen Zugangsprovider, aber lediglich eine untergeordnete Rolle, da in der Regel ein vom Nutzer gewähltes Pseudonym angegeben werden kann, welchem die gespeicherten Daten zugeordnet werden können. Für die Ermittlung der Identität des Verletzers kommt es bei Hostprovidern daher regelmäßig nur auf die Verwendbarkeit der Bestandsdaten an. Über diese kann nach § 14 Absatz 2 TMG unter denselben Voraussetzungen wie über Nutzungsdaten Auskunft erteilt werden. Eine Auskunftserteilung ist bei Hostprovidern daher grundsätzlich möglich. Zu Recht wurde hinsichtlich der Regelungen der §§ 14, 15 TMG jedoch die fehlende Differenzierung zwischen Bestandsdaten und den weitaus sensibleren Nutzungsdaten kritisiert.[351] Zudem steht diese Regelung im Widerspruch zu Absatz 9 der einschlägigen Auskunftsvorschriften, der nur für die Weitergabe von Verkehrsdaten einen Richtervorbehalt vorsieht.

4. Zwischenergebnis

Obwohl die Enforcement-Richtlinie die Einführung eines Auskunftsanspruchs gegen Internetprovider nicht verlangt, geht der deutsche Gesetzgeber davon aus, dass ein solcher durch Absatz 2 der einschlägigen Auskunftsvorschriften ermöglicht wird.[352] Dies ist jedoch nicht der Fall. Das Datenschutzrecht lässt in seiner derzeitigen Ausgestaltung lediglich einen Anspruch gegen Hostprovider, nicht aber gegen Zugangsprovider zu. Im TKG fehlt insofern eine Regelung, die die Verwendung der gemäß § 113a Absatz 4 TKG gespeicherten Daten für eine zivilrechtliche Auskunftserteilung zulassen würde. Andere Normen, die sowohl eine längerfristige Speicherung von Verkehrsdaten als auch deren Verwendung für eine zivilrechtliche Auskunftserteilung gestatten würden, gibt es nicht. Die Regelung des Absatzes 9 der einschlägigen Auskunftsvorschriften läuft damit ins Leere. Ob das datenschutzrechtliche und das verfassungsrechtliche Fernmeldegeheimnis verletzt werden und ob daher ein Richtervorbehalt, wie ihn Absatz 9 der einschlägigen Auskunftsvorschriften vorsieht, tatsächlich notwendig ist, kann derzeit folglich dahinstehen.[353]

---

351 DFN Stellungnahme v. 28.02.2006, S. 8, zuletzt abgerufen am 31.05.2008 unter: http://www.dfn.de/fileadmin/3Beratung/Recht/StellnFoReUrhG280206.pdf.

352 RegE Begr., BT-Drs. 16/5048, S. 49.

353 Ausführlich untersucht wurde diese Frage von Kühling S. 16 ff.; Siehe zudem für einen Eingriff in das Fernmeldegeheimnis durch die Auskunftserteilung: Kramer S. 143 ff.; Kaufmann/Köcher MMR 2005, 61 f. in Anm. zu LG Hamburg MMR 2005, 55; Dietrich GRUR-RR 2006, 145, 147; Spindler/Dorschel CR 2006, 341 f.; Stellungnahme BITKOM v. 02.04.2007, S. 3 zuletzt abgerufen am 31.05.2008 unter: http://www.bitkom.org/files/documents/BITKOM_Stellungnahme_RegE_Umsetzung_Enforcement_RL_2007_04_02.pdf; Stellungnahme eco v. 14.02.2006, S. 10 zuletzt abgerufen am 31.05.2008 unter: http://www.eco.de /dokumente/ 20060214-DurchsetzungsG-Stellungnahme.pdf a.A.: BR-Drs. 64/07(B) S. 8 f.; OLG München GRUR 2007, 419, 423-Lateinlehrbuch; LG Hamburg MMR 2005, 55; LG Stuttgart NJW 2005, 614; Stellungnahme Filmwirtschaft v. Februar 2007, S. 6 zuletzt abgerufen am 31.05.2008 unter: http://www.spio.de/media_con-tent/707.pdf sowie v. 23.02.2006, S. 2 f., zuletzt abgerufen am 31.05.2008 unter: http://www.spio.de/media_content/635.pdf; Stellungnahme Börsenverein v. 09.02.2007, S. 6, zuletzt abgerufen am 31.05.2008 unter: http://www.bundestag.de/ausschuesse/a06/anhoerungen/22_Geistiges_Eigentum/0 4_Stellungnahmen/Leenen.pdf; zu Alternativen zum Richtervorbehalt: Kramer S. 180 ff.; Kühling S. 11 ff. und 36 ff.; Stellungnahme Börsenverein v. 09.02.2007, S. 6 f.,

G. Durchsetzung des Anspruchs

I. Außergerichtliche Durchsetzung

Nicht nur um sein Recht möglichst schnell geltend zu machen, sondern auch um nachteilige Kostenfolgen aus § 93 ZPO zu vermeiden, sollte der Berechtigte den Auskunftsanspruch zunächst außergerichtlich geltend machen. Das gilt auch, wenn er aufgrund der Eilbedürftigkeit des Auskunftsverlangens den Anspruch im einstweiligen Verfügungsverfahren durchsetzen könnte, denn § 93 ZPO gilt auch dann.[354]

Da die Auskunftserteilung unverzüglich zu erfolgen hat, kann der Berechtigte die Aufforderung zur Auskunftserteilung mit einer sehr kurzen Frist verbinden. Besteht eine besondere Dringlichkeit, ist sogar eine Frist gerechtfertigt, deren Länge es dem Schuldner lediglich erlaubt, sich dahingehend zu äußern, ob er die Auskunft erteilen möchte oder nicht.[355]

Bei Zweifeln an der Richtigkeit und Vollständigkeit der Auskunft kann der Berechtigte eine eidesstattliche Versicherung vom Auskunftspflichtigen verlangen. Auch die Abgabe der eidesstattlichen Versicherung sollte der Berechtigte aus Kostengründen zunächst außergerichtlich einfordern. Ist der Auskunftspflichtige freiwillig zur Abgabe der Erklärung bereit, erfolgt diese nach dem Verfahren der freiwilligen Gerichtsbarkeit, ansonsten ist das Vollstreckungsgericht zuständig.[356]

II. Hauptverfahren

1. Streitwert und Zuständigkeit

a) Streitwert

Der Streitwert orientiert sich beim akzessorischen Auskunftsanspruch an dem durchzusetzenden Hauptanspruch unter Berücksichtigung des Interesses des Klägers an der Auskunftserteilung.[357] Aufgrund des lediglich vorbereitenden Charakters des Auskunftsanspruchs ist jedoch ein deutlicher Abschlag gerechtfertigt. Der Wert des Auskunftsanspruchs wird daher regelmäßig auf ein Zehntel bis zur Hälfte der Höhe des Leistungsanspruchs geschätzt.[358]

Weil auch der selbständige Auskunftsanspruch zumindest mittelbar der Durchsetzung weiterer Ansprüche dienen soll, ist deren geschätzter Gesamtwert als Bemessungsgrundlage heranzuziehen. Der Streitwert beim selbständigen Auskunftsanspruch ist, da es sich um einen eigenständigen Anspruch handelt, der nicht nur die Bemessungsgrundlage für einen Schadensersatzanspruch schaffen soll, sondern darüber hinaus ein Vorgehen gegen Dritte ermöglichen soll, tendenziell höher zu bewerten als beim akzessorischen Auskunftsanspruch.[359] Um Unbilligkeiten im Einzelfall zu vermeiden, sollten jedoch nicht alle denkbaren Ansprüche gegen Dritte bei der Schätzung berücksichtigt werden, sondern nur solche, die gegen Dritte gerichtet

---

zuletzt abgerufen am 31.05.2008 unter: http://www.bundestag.de/ausschuesse/a06/anhoerungen/22_Geistiges_Eigentum/04_Stellung-nahmen/Leenen.pdf.

354 Baumbach/Lauterbach/Albers/Hartmann § 93, Rn. 9; Thomas/Putzo-Hüßtege § 93, Rn. 2 jeweils m.w.N.

355 Wiume S. 234 ff. und S. 297; Eichmann GRUR 1990, 575, 589.

356 Wiume S. 298 m.w.N.

357 Wiume S. 307 f.; Schneider/Herget Rn. 650 ff., 679 m.w.N.; Eichmann GRUR 1990, 575, 590.

358 Wiume S. 308; Teplitzky Kap. 49, Rn. 37; Schneider/Herget Rn. 652.

359 Wiume S. 309; Schneider/Herget Rn. 680 m.w.N.

sind, welche vom Auskunftspflichtigen auch tatsächlich benannt werden.[360] Zudem rechtfertigt der vorbereitende Charakter des Auskunftsanspruchs auch hier einen deutlichen Abschlag.
In der Rechtsmittelinstanz ist der Beschwerdewert nach herrschender Meinung, je nachdem welche Partei das Rechtsmittel einlegt, unterschiedlich zu bestimmen. Legt der Auskunftsgläubiger das Rechtsmittel ein, bleibt es bei der hinsichtlich der ersten Instanz erläuterten Schätzung. Andernfalls bemisst sich der Streitwert nach dem Aufwand, den die Auskunft erfordert, und den Interessen des Verpflichteten an der Geheimhaltung der Information.[361] Dabei sind sowohl beim akzessorischen als auch beim selbständigen Auskunftsanspruch beide Aspekte zu berücksichtigen, wenn auch das Geheimhaltungsinteresse gerade beim selbständigen Auskunftsanspruch eine überragende Rolle einnimmt.[362]

b) Zuständigkeit

Gemäß § 140 Absatz 1 MarkenG, § 143 Absatz 1 PatG, § 27 Absatz 1 GebrMG, § 11 Absatz 2 HalbleiterschutzG iVm. § 27 Absatz 1 GebrMG, § 15 Absatz 1 GeschmMG und § 38 Absatz 1 SortenschG sind die Landgerichte unabhängig vom Streitwert sachlich zuständig. Lediglich im Urheberrecht ergibt sich die sachliche Zuständigkeit der Landgerichte nicht zwingend; wohl aber regelmäßig aufgrund des Streitwertes. Zudem wurde die Zuständigkeit von den meisten Landesregierungen gemäß den §§ 140 Absatz 2 MarkenG, § 143 Absatz 2 PatG, § 27 Absatz 2 GebrMG, § 11 Absatz 2 HalbleiterschutzG iVm. § 27 Absatz 2 GebrMG, § 15 Absatz 2 GeschmMG, § 38 Absatz 2 SortenschG und 105 Absatz 1 UrhG konzentriert.[363]
Die örtliche Zuständigkeit bestimmt sich mangels spezialgesetzlicher Vorschriften nach der ZPO. Grundlage des Auskunftsanspruchs ist eine unerlaubte Handlung. Als Gerichtsstand kommt daher neben dem Sitz nach § 17 ZPO beziehungsweise dem Wohnsitz nach § 13 ZPO auch der Gerichtsstand der unerlaubten Handlung gemäß § 32 ZPO in Betracht. Zwischen diesen Gerichtsständen kann der Kläger gemäß § 35 ZPO wählen.

2. Auskunftsanspruch gegen den Verletzer

Der Auskunftsanspruch gegen den Verletzer wird regelmäßig in objektiver Klagehäufung zusammen mit Unterlassungs-, Schadensersatz-, Feststellungs- oder Vernichtungsansprüchen geltend gemacht.
Die Durchsetzung des akzessorischen Auskunftsanspruchs wird häufig im Wege der Stufenklage nach § 254 ZPO mit der Geltendmachung des Anspruchs verbunden, dessen Durchsetzung er dient.

---

360 Wiume S. 310 f.

361 OLG Hamburg MMR 2005, 453; kritisch Wiume S. 313 f.

362 Siehe hierzu Wiume S. 314 ff.

363 Eine Übersicht über die verschiedenen Landesregelungen findet sich bei Engels WRP 1997, 77, 78 Fn. 4.

3. Auskunftsanspruch gegen Dritte

a) Verfahren gegen den Verletzer rechtshängig

Ein Auskunftsanspruch gegen Dritte kann bestehen, wenn bereits eine Klage gegen den Verletzer erhoben wurde. Nach dem Wortlaut der einschlägigen Auskunftsvorschriften muss die Klage gegen den Verletzer bereits rechtshängig sein. Damit wurde die Vorgabe des Artikels 8 RL umgesetzt, der vorsieht, dass Gerichte im Zusammenhang mit einem Verfahren wegen Verletzung eines Rechts des geistigen Eigentums anordnen können, dass der Verletzer oder Dritte Auskunft zu erteilen haben. Durch die Anknüpfung des Anspruchs gegen Dritte an ein gegen den Verletzer eingeleitetes Verfahren, wird das Bestehen des Anspruchs an eine verfahrensrechtliche Voraussetzung gebunden. Der Gesetzgeber hatte als erklärtes Ziel die Ansprüche aus der Enforcement-Richtlinie im Wege der Schaffung rein materiell-rechtlicher Ansprüche und nicht im Wege prozessualer Normen umzusetzen. Die Anknüpfung an das Verfahren gegen den Verletzer führt zu einer Mischregelung, die sowohl prozessuale Voraussetzungen, als auch materielle Kriterien beinhaltet. Dies widerspricht der deutschen Systematik.[364] Zudem wird im Folgenden gezeigt, dass der Fall des Auskunftsanspruchs gegen Dritte bei bereits rechtshängiger Klage gegen den Verletzer unnötig beziehungsweise unmöglich ist und damit die prozessuale Anknüpfung im deutschen Recht weitestgehend inhaltsleer bleibt.

aa) John-Doe-Klagen

Die Richtlinie erfordert, dass es möglich sein muss gegen einen Dritten einen Auskunftsanspruch durchzusetzen, wenn ein Verfahren gegen den Verletzer eingeleitet wurde. Sie schreibt jedoch nicht vor, unter welchen Umständen die Klageerhebung gegen den Verletzer möglich sein muss. Die Einführung einer Klagemöglichkeit gegen Unbekannt wird durch die Enforcement-Richtlinie jedenfalls nicht ausdrücklich vorausgesetzt. Allerdings ist der wichtigste Fall des Auskunftsanspruchs gegen Dritte die Geltendmachung des Anspruchs zur Ermittlung der Identität des Verletzers. Gerade dieser Fall würde nicht erfasst, wenn der Auskunftsanspruch nur dann bestünde, wenn eine Klage gegen den Verletzer bereits erhoben wurde und für die Erhebung der Klage die Kenntnis von der Identität des Verletzers notwendig wäre. Daher soll nunmehr erörtert werden, ob und inwiefern eine Klagemöglichkeit gegen Unbekannt in Deutschland für die Rechtsdurchsetzung von Vorteil wäre.

Das US-amerikanische Recht kennt die Möglichkeit der Klage gegen Unbekannt. Die so genannten John-Doe-Klagen finden insbesondere bei Auskunftsverlangen gegen Internetprovider Anwendung.[365] Es wird zunächst ein Verfahren gegen „John Doe" eingeleitet. Die Identität des Prozessgegners wird erst durch die Inanspruchnahme eines Dritten im Rahmen eines Zwischenverfahrens ermittelt. Die Hürden für die Zu-

---

364 Siehe auch Stellungnahme des DAV v. März 2007, S. 5 f., zuletzt abgerufen am 31.05.2008 unter: http://www.bundestag.de/ausschuesse/a06/anhoerungen/22_Geistiges_Eigentum/04_Stellungnahmen/Tilmann.pdf.

365 Dendrite Int'l, Inc. V. John Doe No. 1 et al. (zuletzt abgerufen am 31.05.2008 unter: http://www.citizen.org/documents/dendrite.pdf); Weigel/Dunst „Suing „John Doe": Guidelines for Piercing the Veil of Online Anonymity", zuletzt abgerufen am 31.05.2008 unter: http://media.gibsondunn.com/fstore/pubs /DunstWeigel-SuingJohnDoe1101.pdf.

lässigkeit einer John-Doe Klage sind allerdings nicht zu unterschätzen.[366] So ist der Kläger verpflichtet Anstrengungen zu unternehmen, um den Beklagten, von dem gegen ihn laufenden Verfahren in Kenntnis zu setzen, damit dieser sich verteidigen kann. Zu den notwendigen Anstrengungen gehört auch, dass bei einem Auskunftsanspruch gegen Internetprovider das Verfahren über dessen Nachrichtensystem (Schwarzes Brett, etc.) bekannt gemacht wird.[367] Nach 21 Tagen wird dann die Identität des Verletzers preisgegeben. Zudem muss der Kläger die behauptete Rechtsverletzung glaubhaft machen und das Gericht muss zwischen den beteiligten Interessen unter Berücksichtigung der Erfolgsaussichten der Klage abwägen, ob die Klage zugelassen wird.

Einer entsprechenden Regelung steht im deutschen Recht § 253 Absatz 2 Nr. 1 ZPO entgegen, der bestimmt, dass in der Klageschrift auch die Parteien zu bezeichnen sind. Ein Vorteil ist in der Schaffung einer der John-Doe-Klage entsprechenden Regelung nur bedingt zu sehen. Die durch eine Vernehmung als Zeuge zu erreichende Zeitersparnis ist nur gering, denn in unproblematischen Fällen wird der Dritte auch außergerichtlich Auskunft erteilen. Wehrt sich der Dritte gegen den Auskunftsanspruch, weil er zu dessen Erfüllung Geschäftsgeheimnisse preisgeben müsste, so steht ihm als Zeuge ein Zeugnisverweigerungsrecht nach § 384 Nr. 2 und 3 ZPO zu. Internet-Provider könnten sich zudem auf ihr Zeugnisverweigerungsrecht aus § 383 Absatz 1 Nr. 6 ZPO berufen. Über das Bestehen des Zeugnisverweigerungsrechts wird ebenfalls im Rahmen eines Verfahrens, nämlich eines Zwischenstreits nach § 387 ZPO geurteilt. Gemäß § 387 Absatz 3 ZPO ist gegen die Entscheidung die sofortige Beschwerde statthaft. Zudem müsste dem ermittelten Verletzer später die Möglichkeit zur erneuten Befragung des Zeugen gegeben werden. Die gegenüber einem Verfahren gegen den Dritten zu erreichende Zeitersparnis ist folglich allenfalls geringfügig. Zudem würde durch die Pflicht zur Information des Verletzers über das gegen ihn durchgeführte Verfahren, insbesondere bei organisierten Verletzergruppen, die Chance, jemals gegen diese vorgehen zu können, erheblich gemindert. Ein Bedürfnis für die Einführung einer John-Doe-Klage besteht somit nicht. Der Gesetzgeber hat zu Recht von der Einführung einer den amerikanischen John-Doe-Klagen entsprechenden Verfahrensmöglichkeit abgesehen.[368]

bb) Zeugenvernehmung oder eigenständiges Verfahren

Soll durch den Auskunftsanspruch gegen einen Dritten erst die Identität des Verletzers ermittelt werden, kommt eine einstweilige Zeugenvernehmung, anders als zum Beispiel in den Niederlanden,[369] mangels laufenden Verfahrens nicht in Betracht, da das deutsche Recht kein Verfahren gegen Unbekannt kennt und nur im Rahmen ei-

366 Dendrite Int'l, Inc. V. John Doe No. 1 et al. (zuletzt abgerufen am 13.03.2008 unter: http://www.citizen.org/documents/dendrite.pdf); Weigel/Dunst „Suing „John Doe“: Guidelines for Piercing the Veil of Online Anonymity“, zuletzt abgerufen am 31.05.2008 unter: http://media.gibsondunn .com/fstore/pubs/DunstWeigel-SuingJohnDoe1101.pdf.

367 Es ist bei den führenden Providern in den USA wie Yahoo, AOL und MSN wohl auch üblich die betroffenen Nutzer besonders zu informieren. So zumindest Brian Livingston in „Policy change at Yahoo causes identity crisis“ zuletzt abgerufen am 31.05.2008 unter: http://www.news.com/2010-1071-281318.html.

368 A.A. Frey/Rudolph ZUM 2004, 522, 525.

369 Dazu Brinkhof GRUR Int. 1993, 387, 392 f.

nes Verfahrens eine Zeugenvernehmung zulässt. Ist bereits ein Verfahren gegen den Verletzer rechtshängig, bestimmt Absatz 2 Satz 2 der einschlägigen Auskunftsvorschriften, dass das Verfahren gegen den Verletzer bis zur Klärung des Rechtsstreits über den Auskunftsanspruch gegen Dritte ausgesetzt werden kann. Der Dritte soll also nicht als Zeuge vernommen werden, sondern es soll ein Auskunftsanspruch gegen den Dritten bestehen, der neben und nicht im Verfahren gegen den Verletzer geltend gemacht wird.

Der Dritte darf sowohl als Partei als auch als Zeuge in den Fällen der §§ 383 bis 385 ZPO die Aussage verweigern. Über das Bestehen eines Zeugnisverweigerungsrechts wird bei Zeugen im Rahmen eines Zwischenstreits nach § 387 ZPO geurteilt. Wird gegen den Dritten hingegen in einem zusätzlichen Verfahren ein Auskunftsanspruch geltend gemacht, muss darüber hinaus auch über die weiteren Voraussetzungen des Anspruchs nach Absatz 2 der einschlägigen Auskunftsvorschriften entschieden werden, was zu einer längeren Verfahrensdauer beiträgt. Zudem könnte eine Zeugenvernehmung des Dritten im Laufe des Verfahrens gegen den Verletzer ohnehin notwendig werden, damit auch dieser Fragen an den Dritten richten kann. Die Vernehmung des Dritten als Zeuge erscheint effizienter als eine Vernehmung innerhalb eines gesonderten Verfahrens. Ist ein Verfahren gegen den Verletzer bereits rechtshängig, kennt der Rechteinhaber bereits die für die Anspruchsbegründung erforderlichen Tatsachen. Denn andernfalls wäre es ihm nicht möglich eine ausreichend substantiierte Klage zu formulieren. Es kann daher bei der vom Dritten benötigten Auskunft nur noch um den Umfang der Rechtsverletzung oder deren Beweisbarkeit gehen. Diese Fragen können ohne weiteres durch die Vernehmung des Dritten als Zeuge im laufenden Verfahren beantwortet werden. Eines zusätzlichen Verfahrens gegen den Dritten und einer Aussetzung des Verfahrens gegen den Verletzer bedarf es nicht.

b) Offensichtlichkeit

Der wichtigste Fall des Auskunftsanspruchs gegen Dritte ist die Geltendmachung des Anspruchs zur Ermittlung der Identität des Verletzers. Gerade dieser Fall würde nicht erfasst, wenn der Auskunftsanspruch nur dann bestünde, wenn eine Klage gegen den Verletzer bereits erhoben wurde. Daher war es bei der Umsetzung der Richtlinie für die Schaffung eines effektiven Auskunftsanspruchs notwendig, den Anspruch über die Vorgaben des Artikels 8 der Richtlinie hinaus auch in anderen Fällen zu eröffnen. Nach dem neugeschaffenen Auskunftsanspruch im deutschen Recht soll der Berechtigte gegen Dritte auch dann vorgehen können, wenn eine offensichtliche Rechtsverletzung vorliegt. Angesicht des Fehlens einer Klage gegen Unbekannt, ist diese Erweiterung durchaus begrüßenswert. Fraglich ist lediglich, ob mit dem Kriterium der Offensichtlichkeit eine glückliche Wahl getroffen wurde.[370]

aa) Bisherige Verwendung des Merkmals

Das Kriterium der Offensichtlichkeit wurde bereits im Rahmen des Produktpirateriegesetzes im Zusammenhang mit dem Auskunftsanspruch eingeführt. Dort wurde der Begriff für die Fälle des einstweiligen Verfügungsverfahrens verwendet. Nach der

370 Die *BITKOM* sieht darin ein materielles Kriterium, welches zu Lasten des Dritten einen erheblichen Interpretationsspielraum lässt (Stellungnahme BITKOM v. 02.04.2007, S. 4, zuletzt abgerufen am 31.05.2008 unter: http://www.bitkom.org/files/documents/BITKOM_Stellungnahme_RegE_Umsetzung_ Enforcement_RL_2007_04_02.pdf.

Gesetzesbegründung zum Produktpirateriegesetz soll das Vorliegen einer Rechtsverletzung dann offensichtlich sein, wenn diese so eindeutig ist, dass eine Fehlentscheidung oder eine andere Beurteilung im Rahmen des richterlichen Ermessens und damit eine ungerechtfertigte Belastung des Antragsgegners kaum möglich ist.[371] Da der Gesetzgeber die Terminologie im neuen Auskunftsanspruch auch beim einstweiligen Verfügungsverfahren beibehalten hat, ist dem Begriff beim Anspruch gegen Dritte dieselbe inhaltliche Bedeutung wie beim einstweiligen Verfügungsverfahren beizumessen. Beim Auskunftsanspruch gegen Dritte muss folglich davon ausgegangen werden, dass eine Rechtsverletzung offensichtlich ist, wenn diese so eindeutig ist, dass eine ungerechtfertigte Belastung des Dritten ausgeschlossen erscheint. Zweifel in tatsächlicher oder in rechtlicher Hinsicht sollen die Offensichtlichkeit der Rechtsverletzung ausschließen.[372]

Wann Offensichtlichkeit anzunehmen ist wird unterschiedlich bestimmt. Während nach strenger Auslegung der im Rahmen der Gesetzesbegründung gegebenen Definition, Offensichtlichkeit nur dann vorliegt, wenn die Rechtsverletzung nicht nur sehr wahrscheinlich, sondern annähernd sicher ist und die spätere Aufhebung einer einstweiligen Verfügung faktisch auszuschließen ist,[373] lassen die Vertreter der gemäßigten, herrschenden Ansicht es ausreichen, dass ein so hoher Grad an Wahrscheinlichkeit gegeben ist, wie es in der jeweils konkreten Situation vertretbar ist und die Wahrscheinlichkeit der Aufhebung daher weitestgehend minimiert wird.[374]
Die Unterschiede zwischen den Ansichten sind nur gradueller Natur. Beide gehen davon aus, dass der Zweck des Merkmals darin liegt, Fehlentscheidungen möglichst auszuschließen. Auch wenn die erstgenannte Ansicht die differenziertere Definition bereithält, kommen beide Ansätze letztlich zu demselben Ergebnis. Denn sie gehen jeweils davon aus, dass eine offensichtliche Rechtsverletzung im Sinne des Auskunftsanspruchs nur dann vorliegt, wenn die angegriffene Gestaltung identisch oder nahezu identisch vom Gegenstand eines Immaterialgüterrechts Gebrauch macht.[375] Denn nur in diesem Fall ist die Wahrscheinlichkeit einer Rechtsverletzung so hoch, dass eine Fehlentscheidung und damit eine spätere Aufhebung der einstweiligen Verfügung faktisch ausgeschlossen ist.

bb) Maßgebliche Beurteilungsperspektive

Diese Feststellungen reichen indes noch nicht aus, um endgültig feststellen zu können, wann von der Offensichtlichkeit der Rechtsverletzung auszugehen ist. Denn entscheidend ist letztlich, aus wessen Sicht die Offensichtlichkeit zu beurteilen ist. Die Ansicht des Rechteinhabers, ob eine offensichtliche Rechtsverletzung vorliegt, kann nur zu leicht von der Ansicht des Dritten abweichen und beide Ansichten müssen nicht unbedingt mit einer objektiven Betrachtung übereinstimmen.

Die Perspektive des mutmaßlich Verletzten für maßgeblich zu halten, würde dazu führen, dass stets von einer offensichtlichen Rechtsverletzung auszugehen wäre,

371 Amtl. Begr. PrPG Blatt für PMZ 1990, 161, 184.
372 RegE Begr., BT-Drs. 16/5048, S. 39.
373 OLG Hamburg NJW-RR 1997, 1335, 1336; OLG Hamburg WRP 1997, 106, 113; Wiume S. 338 ff.
374 OLG Düsseldorf GRUR 1993, 818, 821; Fezer § 19, Rn. 19; Oppermann S. 173 m.w.N.; Eichmann GRUR 1990, 575, 585.
375 Wiume S. 343; Eichmann GRUR 1990, 575, 586.

denn dieser wird, wenn er einen Auskunftsanspruch gegen den Dritten geltend macht, stets davon überzeugt sein, verletzt worden zu sein.
Im Zusammenhang mit einem einstweiligen Verfügungsverfahren war und ist die Beurteilung der Offensichtlichkeit der Rechtsverletzung unstreitig stets durch das Gericht aus einer objektiven Beurteilungsperspektive zu treffen. In diesen Fällen wurde das Kriterium der Offensichtlichkeit eingeführt, um eine Aufhebung der Verfügung möglichst auszuschließen. Denn eine Aufhebung wäre angesichts der Tatsache, dass bei einem Auskunftsverlangen nur eine Leistungsverfügung dem Bedürfnis nach einstweiligem Rechtsschutz entsprechen kann, überaus problematisch. Die Offensichtlichkeit dient in diesen Fällen also dazu die ungerechtfertigte Schaffung vollendeter Tatsachen zu vermeiden.
In den Fällen des Auskunftsanspruchs gegen Dritte soll vermieden werden, dass der Dritte ungerechtfertigt in Anspruch genommen wird. Über die Offensichtlichkeit muss dabei, anders als bei der Beurteilung der Offensichtlichkeit im Rahmen der einstweiligen Verfügung, jedoch bereits außergerichtlich entschieden werden. Soll dies auf objektiver Grundlage erfolgen, so würde der Dritte verpflichtet das Vorliegen einer offensichtlichen Rechtsverletzung selber zu überprüfen. Dazu ist er jedoch regelmäßig weder in der Lage,[376] noch soll er nach Vorstellung des Gesetzgebers dazu verpflichtet sein.[377] Der Gesetzgeber geht davon aus, dass eine solche Prüfpflicht entfalle, da sowohl rechtliche als auch tatsächliche Zweifel an dem Vorliegen einer Rechtsverletzung die Offensichtlichkeit ausschlössen. Das Merkmal der Offensichtlichkeit ist jedoch nicht in der Lage die Ablehnung einer Prüfpflicht zu begründen. Denn Zweifel, welche der Dritte hegt, müssen nicht unbedingt vom Gericht, also aus einer objektiven Sichtweise, bestehen. Dies ergibt sich schon daraus, dass sich die dem Dritten zur Verfügung stehende Beurteilungsgrundlage im Einzelfall erheblich von der dem Gericht unterbreiteten Beurteilungsgrundlage unterscheiden kann. Das Gericht wird daher bisweilen der Ansicht sein, dass die Zweifel des Dritten unberechtigt sind. Zweifel auf Seiten des Dritten können den Auskunftsanspruch folglich nur dann ausschließen, wenn die Sicht des Dritten für das Vorliegen einer offensichtlichen Rechtsverletzung maßgeblich ist. Andernfalls bestünde für ihn eine, wenn auch geringe, Prüfpflicht.

Dafür die Beurteilungsperspektive des Dritten als maßgeblich zu betrachten spricht, dass seine subjektive Sicht gemäß Absatz 6 der einschlägigen Auskunftsvorschriften auch hinsichtlich seiner Haftung gegenüber weiteren Personen entscheidend ist. Würde man die Perspektive des Dritten zugrunde legen und hegte dieser Zweifel an dem Vorliegen einer Rechtsverletzung, dann wüsste er positiv, dass kein Auskunftsanspruch gegen ihn besteht und müsste, wenn er dennoch Auskunft erteilt, gemäß den allgemeinen Regeln haften, da ihn Absatz 6 der einschlägigen Auskunftsvorschriften insofern nicht von der Haftung befreit.
Gegen die Zugrundelegung der Beurteilungsperspektive des Dritten spricht jedoch dasselbe Argument, welches bereits hinsichtlich der Haftungsbefreiung für alle Fälle bis auf den der positiven Kenntnis von der Nichtschuld angebracht wurde: Die Kenntnisse und Ansichten des Dritten sind kaum nachprüfbar. Nur in wenigen Fällen wird sich der Sachverhalt derart eindeutig darstellen, dass der Dritte keinerlei Grund ha-

376 RegE Begr., BT-Drs. 16/5048, S. 39; Peukert/Kur GRUR Int. 2006, 292, 297.
377 RegE Begr., BT-Drs. 16/5048, S. 39.

ben konnte keine Zweifel aufkommen zu lassen. Auch wenn er tatsächlich keine Zweifel hegt, so kann er dies doch immer noch behaupten und regelmäßig an Kleinigkeiten festmachen. Ein Auskunftsanspruch gegen Dritte wegen einer offensichtlichen Rechtsverletzung müsste demnach regelmäßig ausscheiden.

Praktizierbar ist daher lediglich eine objektive Betrachtungsweise. Damit wird dem Dritten eine Prüfobliegenheit auferlegt. Prüft er das Vorliegen der Offensichtlichkeit und kommt zu dem Ergebnis, dass keine offensichtliche Rechtsverletzung vorliegt, so kennt er, wenn seine Zweifel berechtigt sind, die Nichtschuld und dürfte daher, um eine Haftung gegenüber Dritten zu vermeiden, keine Auskunft erteilen. In diesen Fällen sieht er sich folglich gezwungen das Auskunftsbegehren abzulehnen und sich verklagen zu lassen. Wird dann durch das Gericht festgestellt, dass seine Zweifel nicht berechtigt waren, muss er als unterliegende Partei gemäß § 91 ZPO die Kosten des Rechtsstreits tragen.
Dies veranschaulicht, dass es für den Dritten nur dann sinnvoll ist, die Auskunftserteilung zu verweigern, wenn er den mit der Auskunftserteilung verbundenen Aufwand oder die Offenbarung von Geschäftsgeheimnissen vermeiden möchte. Denn nur dann ergeben sich für ihn nachteilige Konsequenzen, indem er dem Begehren nachkommt. Prüft er indes gewissenhaft das Vorliegen einer offensichtlichen Rechtsverletzung, muss er im Zweifel mit teils hohen Verfahrenskosten rechnen. Das Kriterium der Offensichtlichkeit soll der Einschränkung des Anspruchs gegen Dritte dienen und eine Ausforschung verhindern. Dieses Ziel kann es aber nur dann erreichen, wenn eine offensichtliche Rechtsverletzung tatsächlich gegeben ist. Ob dies der Fall ist, wird meistens jedoch nicht festgestellt werden, da es für den Inanspruchgenommenen regelmäßig vorteilhafter sein wird den Anspruch widerstandslos zu erfüllen. Das Kriterium der Offensichtlichkeit ist daher weder geeignet den Anspruch sinnvoll einzuschränken noch einer Ausforschung entgegenzuwirken.[378] Um einem Missbrauch des Anspruchs entgegenzuwirken, wäre, wie oben geschildert, eine wirksame Alternative die Auferlegung der Verfahrenskosten in das Ermessen des Gerichts zu stellen und zugleich die Haftung des Auskunftserteilenden dahingehend zu verschärfen, dass dieser auch dann auf Schadensersatzleistung in Anspruch genommen werden kann, wenn er grob fahrlässig nicht wusste, dass der Auskunftsanspruch gegen ihn nicht bestand.

III. Einstweiliger Rechtsschutz

1. Vergleich mit der bisherigen Rechtslage

Gemäß Absatz 7 der einschlägigen Auskunftsvorschriften kann der Auskunftsanspruch in Fällen offensichtlicher Rechtsverletzung auch im Wege der einstweiligen Verfügung nach den §§ 935 bis 945 ZPO geltend gemacht werden. Das deutsche Umsetzungsgesetz geht damit in mehrerlei Hinsicht über die Richtlinienvorgaben hinaus. Die Enforcement-Richtlinie verlangt nur hinsichtlich der in Artikel 7 und 9 gere-

378 Die Ausschüsse für Patent- und Gebrauchsmusterrecht, Geschmacksmusterrecht und Urheberrecht der Deutschen Vereinigung für gewerblichen Rechtsschutz und Urheberrecht (GRUR) fordern daher in ihrer gemeinsamen Stellungnahme zum Umsetzungsgesetz, dass der Auskunftsanspruch gegen den Dritten nur im Zusammenhang mit einem Verfahren gegen den Verletzer möglich sein soll (GRUR 2006, 393).

gelten Ansprüche die Durchsetzbarkeit im Rahmen der einstweiligen Verfügung. Beim Auskunftsanspruch ist dies hingegen nicht vorgesehen.
Dass ein einstweiliges Verfügungsverfahren zum Schutz des Rechteinhabers notwendig ist, hat der deutsche Gesetzgeber bereits im Rahmen des Produktpirateriegesetzes befunden und eine entsprechende Regelung in Absatz 3 der alten Auskunftsansprüche eingefügt.[379] Das deutsche Umsetzungsgesetz zur Enforcement-Richtlinie übernimmt nahezu wortgleich die bisherige Regelung. Die einzige Änderung besteht darin, dass der Gesetzestext nunmehr statt allgemein von „den Vorschriften der Zivilprozessordnung" explizit von den §§ 935 bis 945 ZPO spricht. Eine inhaltliche Änderung soll dies nach der Gesetzesbegründung aber nicht beinhalten.[380] Insbesondere wird dadurch nicht die Möglichkeit der Anordnung der Klageerhebung auf Antrag des Verfügungsgegners nach § 926 ZPO ausgeschlossen.

Gemäß §§ 935, 940 darf im einstweiligen Verfügungsverfahren nur eine vorläufige Regelung erfolgen. Eine erteilte Auskunft lässt sich aber nicht wieder rückgängig machen. Mit der Übernahme der bisherigen Regelung bleibt somit auch der Verstoß gegen das Verbot der Erfüllungsverfügung bestehen. Von diesem Verbot werden allerdings auch in anderen Fällen Ausnahmen gemacht und Leistungs- oder Befriedigungsverfügungen zugelassen.[381] Beim Auskunftsanspruch greifen diese Ausnahmen nicht. Da aber insbesondere in Fällen der Produktpiraterie nur eine Leistungsverfügung zu einer effektiven Rechtsverfolgung führen kann, musste der Gesetzgeber mit Absatz 7 der einschlägigen Auskunftsvorschriften eine eindeutige Regelung treffen, die bestimmt, dass beim Auskunftsanspruch eine Leistungsverfügung ausnahmsweise hingenommen wird.[382] Ausgleichend fordert Absatz 7, um das Risiko ungerechtfertigter Auskunftserteilungen auszuschließen beziehungsweise weitestgehend zu minimieren, das Vorliegen einer offensichtlichen Rechtsverletzung (G.II.3.b).

2. Verfügungsgrund

Dringlichkeit besteht insbesondere in Fällen drohender weiterer Verletzungen des Schutzrechts durch Dritte, deren Identität durch die Auskunftserteilung ermittelt werden soll sowie bei Gefährdung des Auskunftsanspruchs selbst. In Fällen von Produktpiraterie ist der Anordnungsanspruch grundsätzlich gegeben.[383] Umstritten ist jedoch, welche Darlegungsanforderungen an das Vorliegen eines Verfügungsgrundes zu stellen sind. Während Eichmann die Offensichtlichkeitsprüfung auch auf das Bestehen eines Verfügungsgrundes ausweiten möchte,[384] sieht die Gegenmeinung hierzu keinen Grund.[385] Richtigerweise erfordern weder der Wortlaut noch der Zweck des Offensichtlichkeitserfordernisses eine solche Ausweitung. Verhindert werden soll lediglich, dass eine Auskunftserteilung angeordnet wird und sich die Verfügung nach-

---

379 Grundlegend hierzu: Oppermann S. 168 ff.; Wiume S. 332 ff.; Eichmann GRUR 1990, 575, 585 ff.

380 RegE Begr., BT-Drs. 16/5048, S. 39.

381 Grundlegend zu den Voraussetzungen einer zulässigen Leistungsverfügung: Zöller-Vollkommer § 940, Rn. 6; Thomas/Putzo-Reichold § 940, Rn. 6; Stein/Jonas-Grunsky Vor § 935, Rn. 31 ff.; Baumbach/Lauterbach/Albers/Hartmann Grundz § 916, Rn. 6 ff. m.w.N.

382 Amtl. Begr. PrPG Blatt für PMZ 1990, 161, 184; Oppermann S. 169 ff.; Wiume S. 331 jeweils m.w.N.; Ulrich WRP 1997, 135, 138.

383 Banzhaf S. 220;Wiume S. 345 ff.

384 Oppermann S. 172; Eichmann GRUR 1990, 575, 587.

385 Wiume S. 348; Ingerl/Rohnke § 19, Rn. 46 und 48.

träglich als nicht gerechtfertigt erweist. Im Hauptverfahren wird der Verfügungsgrund aber regelmäßig nicht mehr geprüft. Lediglich die materiell-rechtliche Beurteilung ist dann noch von Interesse. Nur auf diese muss sich daher auch das Offensichtlichkeitskriterium erstrecken.

H. Kosten

Eine effektive Rechtsverfolgung muss für den Rechteinhaber auch bezahlbar sein. Hohe Verfahrenskosten halten insbesondere wirtschaftlich schwächere Rechteinhaber von der Geltendmachung ihrer Rechte ab. Auf der anderen Seite dürfen schuldlos handelnde Dritte, welche im Rahmen eines Auskunftsanspruchs in Anspruch genommen werden können, nicht zusätzlich zu ihrer Inanspruchnahme mit Kosten belastet werden.
Zunächst soll daher die Aufwendungsersatzregelung des Absatzes 2 Satz 3 der einschlägigen Auskunftsvorschriften untersucht werden. Im Anschluss werden die Kostenverteilung im Fall eines missbräuchlich geltend gemachten Auskunftsanspruchs sowie die Tragung der Rechtsverfolgungskosten des Rechteinhabers erörtert.

I. Aufwendungsersatz des Dritten

1. Geltendmachung des Aufwendungsersatzes

a) Die Stellung des Dritten

Der Auskunftspflichtige musste die mit der Auskunftserteilung verbundenen Kosten bislang selber tragen. Dies war die notwendige Konsequenz aus dem Umstand, dass nur Verletzer oder Störer auskunftspflichtig waren und diese ohnehin zur Tragung der mit der Auskunftserteilung verbundenen Kosten unter dem Aspekt des Schadensersatzes oder der Beseitigung verpflichtet waren.
Der Dritte im Sinne des Absatzes 2 der einschlägigen Auskunftsvorschriften ist hingegen unbeteiligt. Wie ein Zeuge soll er lediglich sein Wissen über einen bestimmten Umstand preisgeben, mit dem er selber nur indirekt im Zusammenhang steht. Der Auskunftsanspruch gegen ihn wird nur deshalb gewährt, weil dem Rechteinhaber die Einleitung eines Verletzungsverfahrens andernfalls überhaupt nicht möglich wäre. Letztlich wird durch den materiellrechtlichen Auskunftsanspruch, die Aussage, welche der Dritte bei vorhandener Kenntnis des Rechteinhabers von der Identität des Verletzers im Rahmen des Verfahrens gegen den Verletzer als Zeuge gemacht hätte, zugunsten der Rechtsschutzmöglichkeiten des Rechteinhabers vorverlagert. Diese Vorverlagerung erfolgt, um dem Rechteinhaber die Verfolgung seiner Rechte zu ermöglichen. Für den Dritten dürfen damit jedoch keine Nachteile verbunden sein. Er ist zwar Schuldner des Auskunftsanspruchs und damit, im Rahmen einer gerichtlichen Geltendmachung dieses Anspruchs, Partei, seine Bedeutung entspricht jedoch nach wie vor der eines Zeugen. Es ist ihm daher auch nicht zuzumuten die mit der Auskunftserteilung verbundenen finanziellen Aufwendungen selber zu tragen.[386] Daher wurde in Absatz 2 Satz 3 der einschlägigen Auskunftsvorschriften bestimmt, dass

386 A.A. Stellungnahme der Deutschen Vereinigung für gewerblichen Rechtsschutz und Urheberrechte GRUR 2006, 393, 394.

der auskunftspflichtige Dritte von dem Verletzten Ersatz der für die Auskunftserteilung erforderlichen Aufwendungen verlangen kann.

b) Aufwendungsersatz Zug um Zug

Der Umstand, dass die Kosten, welche dem Auskunftspflichtigen entstehen, ersetzt werden, ist grundsätzlich zu begrüßen. Allerdings enthält Absatz 2 Satz 3 der einschlägigen Auskunftsvorschriften keine Aussage darüber, wie der Aufwendungsersatzanspruch geltend gemacht werden kann. Von *Peukert* und *Kur* wurde vorgeschlagen vorzusehen, dass der Aufwendungsersatzanspruch des Dritten Zug um Zug mit der Erteilung der Auskunft zu erfüllen ist, da es unbeteiligten Dritten nicht zumutbar sei, ihre Aufwendungen in einem gesonderten Folgeprozess gegen den Auskunftsberechtigten einzuklagen.[387] Zunächst ist dazu festzustellen, dass bei Auskunftsansprüchen gerade kein Richtervorbehalt besteht und Auskunftsbegehren daher nach Möglichkeit ohne eine gerichtliche Auseinandersetzung entsprochen werden soll. Eine direkte Entscheidung über die Höhe der zu ersetzenden Aufwendungen ist daher im Regelfall nicht innerhalb eines Auskunftsprozesses möglich.
Gegen den gemachten Vorschlag spricht zudem, dass den Interessen des Berechtigten nur eine schnelle Auskunftserteilung vollständig gerecht werden kann. Würde die Auskunftserteilung davon abhängig gemacht, dass sie nur Zug um Zug mit dem Ersatz der erforderlichen Aufwendungen zu erfolgen hat, so sähe sich der Auskunftsberechtigte im Interesse einer effektiven Rechtsdurchsetzung entweder dazu gezwungen auch ungerechtfertigt hohe Aufwendungsersatzforderungen zu erfüllen oder durch das Bestreiten der Höhe der Ersatzforderung das Verfahren in die Länge zu ziehen und damit das Risiko einzugehen den Verletzer nicht mehr in Anspruch nehmen zu können. Der Auskunftsanspruch würde folglich durch eine Zug um Zug Regelung erheblich an Effizienz verlieren.

c) Pauschalierter Ersatz

Die Bedenken, den Dritten mit einem Folgeprozess zu belasten, bleiben indes bestehen. Eine interessengerechte Lösung muss beim zwischen den Parteien bestehenden Streitpunkt, dem Umfang des zu leistenden Aufwendungsersatzes, ansetzen. Durchaus erwägenswert erscheint diesbezüglich der Vorschlag der Interessensvertretung der Internetwirtschaft „eco“. Diese forderte in ihrer Stellungnahme zum Referentenentwurf des Umsetzungsgesetzes die Festlegung bestimmter Entschädigungssätze.[388] Solche feststehenden Entschädigungssätze hätten den Vorteil, dass im Rahmen eines gerichtlichen Verfahrens zugleich mit der Verurteilung des Beklagten zur Erteilung der Auskunft auch der Kläger zur Zahlung der entsprechenden Pauschale verurteilt werden könnte.
Die Berechnung des Aufwandes anhand gewisser, feststehender Pauschalen kennt das Gesetz im Rahmen der Entschädigung von Zeugen. Wie bereits dargelegt wurde, ist der Dritte zwar Schuldner des Auskunftsanspruchs und daher, im Rahmen der gerichtlichen Geltendmachung des Anspruchs, Partei. Seine Bedeutung ähnelt allerdings mehr der eines Zeugen. Eine entsprechende Wertung des Gesetzgebers findet sich in § 23 Absatz 1 Satz 1 JVEG. Der Dritte, gegen welchen eine Anordnung nach

387 Peukert/Kur GRUR Int. 2006, 292, 298.
388 Stellungnahme eco v. 14.02.2006, S. 5 f. zuletzt abgerufen am 31.05.2008 unter: http://www.eco.de/dokumente/20060214-DurchsetzungsG-Stellungnahme.pdf.

§ 142 Absatz 1 Satz 1 oder § 144 Absatz 1 ZPO auf Vorlage oder Duldung der Inaugenscheinnahme von Urkunden, sonstigen Urkunden oder anderen Gegenständen ergeht, sowie Dritte, die aufgrund eines Beweiszwecken dienenden Ersuchens der Strafverfolgungsbehörden Auskunft erteilen, werden wie Zeugen, also nach den in den Vorschriften des JVEG vorgesehenen, Pauschalen, entschädigt. Allerdings ist für den Auskunftspflichtigen insbesondere ein Ersatz für Zeitversäumnis und Verdienstausfall von Bedeutung. Das JVEG sieht hierfür zwar ebenfalls gewisse Pauschalen vor, zum Zeitpunkt der Entscheidung über die Auskunftspflicht steht jedoch noch nicht fest, wie viel Zeit der Auskunftspflichtige tatsächlich für die Bearbeitung des Auskunftsverlangens benötigen wird. Eine Anlehnung an die Vorschriften des JVEG hilft daher jedenfalls nicht weiter, insofern man dem Dritten nicht zumuten möchte, seine ihm entstandenen Kosten in einem gesonderten Verfahren geltend zu machen. Denkbar wäre allenfalls, die in den Vorschriften des JVEG genannten Pauschalen mit einer zeitlichen Pauschale zu verknüpfen. Das heißt, es wäre eine pauschale Bearbeitungszeit für Auskunftsverlangen zugrunde zu legen. Die für die Erteilung einer Auskunft erforderliche Bearbeitungszeit kann jedoch von Fall zu Fall sehr unterschiedlich sein. Eine Pauschalisierung erscheint daher grundsätzlich nicht möglich.
Anderes könnte lediglich mit Hinblick auf Auskunftsansprüche gegen Internetprovider gelten. Sollten entgegen der hier vertretenen Ansicht, Auskunftsansprüchen gegen Internetprovider zugelassen werden,[389] ist mit einer häufigen Inanspruchnahme und damit einhergehend mit einer Formalisierung der Abläufe zu rechnen. Eine ungefähre Bezifferung der dabei entstehenden Kosten sollte daher möglich sein. Insofern wäre es zu begrüßen, wenn der Gesetzgeber Entschädigungspauschalen für Auskunftsansprüche gegen Internetprovider vorsehen würde. Da in diesen Fällen gemäß Absatz 9 der einschlägigen Auskunftsvorschriften wohl stets ein Richtervorbehalt greifen wird, kann dem Auskunftsverlangenden im Urteil auferlegt werden die entsprechende Entschädigung an den Auskunftspflichtigen zu zahlen.

Hinsichtlich weiterer Dritter ist die Festsetzung bestimmter Entschädigungssätze indes nahezu unmöglich. Wie hoch der erforderliche Aufwand für die Beschaffung der begehrten Informationen ist, kann von Fall zu Fall sehr unterschiedlich sein. Anders als bei der Entschädigung von Zeugen oder Dritten nach dem JVEG steht bei der Entscheidung über das Bestehen der Auskunftspflicht noch nicht fest, welchen zeitlichen Aufwand die Auskunftserteilung erfordern wird. Die Schaffung entsprechender zeitlicher Pauschalen würde der Situation der auskunftspflichtigen Dritten indes nicht gerecht. Zwar kann auch die Höhe des Verdienstausfalls im Sinne des § 22 JVEG von Zeuge zu Zeuge stark differieren. Zusätzlich aber eine weitere Schwankung mit Hinblick auf den zugrunde zu legenden zeitlichen Aufwand hinzunehmen, erscheint nicht gerechtfertigt. Das Verhältnis der Entschädigung zu den tatsächlich gemachten Aufwendungen kann im Einzelfall zu stark variieren, als dass eine einheitliche Pauschale in der Lage wäre, die Interessen des Inanspruchgenommenen Dritten in ausreichendem Maße zu schützen. Entsprechend der in Absatz 2 Satz 3 der einschlägigen Auskunftsvorschriften getroffenen Regelung, sind daher die tatsächlich angefallenen und erforderlichen Aufwendungen zu ersetzen. Es verbleibt folglich keine an-

389 Im Folgenden wird zur Beurteilung der weiteren Bestimmungen, welche mit Hinblick auf einen Auskunftsanspruch gegen Internetprovider geschaffen wurden, davon ausgegangen werden, dass ein solcher Anspruch möglich ist.

dere Möglichkeit, als den Dritten mit der Aufgabe zu belasten, seinen Anspruch auf Aufwendungsersatz selbständig durchzusetzen.

2. Aufwendungen

Da der Gesetzgeber keine Entschädigungspauschalen vorgesehen hat, soll im Folgenden erläutert werden, welche Aufwendungen des Auskunftspflichtigen zu ersetzen sind.

a) Vergleich mit § 670 BGB

Der Begriff der erforderlichen Aufwendungen findet sich unter anderem in § 670 BGB. Der Sinn des Aufwendungsersatzes nach § 670 BGB liegt darin, den altruistisch Handelnden von finanziellen Nachteilen freizustellen.[390] Der Regelung des Absatzes 2 Satz 3 der einschlägigen Auskunftsvorschriften liegt die Wertung zugrunde, dass der Dritte als Unbeteiligter ebenso schützenswert ist wie ein altruistisch handelnder Beauftragter.

Aufwendungen im Sinne des § 670 BGB sind alle Vermögensopfer, die der Beauftragte zum Zwecke der Erfüllung des Auftrages freiwillig oder auf Weisung des Auftraggebers macht oder die sich als notwendige Folge des Auftrags ergeben.[391] Anders als beim Auftrag kann sich der einem Auskunftsanspruch ausgesetzte Dritte nicht entscheiden, ob er ein Schuldverhältnis begründen möchte. Besteht ein Auskunftsanspruch gegen ihn, muss er diesen erfüllen und die dafür notwendigen Vermögensopfer bringen. Es fehlt daher an der Freiwilligkeit der Vermögensopfer auf Seiten des Dritten. Allerdings sind die Aufwendungen auf Weisung des Auskunftsberechtigten gemacht worden.

Für die Bestimmung, welche Aufwendungen nach Absatz 2 Satz 3 der einschlägigen Auskunftsvorschriften zu ersetzen sind, kann daher zunächst auf die zu § 670 BGB entwickelten Grundsätze zurückgegriffen werden.[392]

b) Arbeitszeit, -kraft und -material

Aufgewendete Zeit und Arbeitskraft wird aufgrund der Unentgeltlichkeit des Auftrags grundsätzlich nicht ersetzt. Anders verhält es sich aber, wenn der Beauftragte eine Leistung erbringt, die zu seinem Beruf oder Gewerbe gehört und nicht bereits bei Auftragserteilung ersichtlich war, dass eine solche Tätigkeit zur Erfüllung des Auftrages erforderlich sein würde. Die Unentgeltlichkeit der Arbeitsleistung ist dann nicht Vertragsinhalt geworden.[393]

Im Rahmen eines Auskunftsbegehrens in Anspruch genommene Dritte, handeln stets gewerblich. Die Auskunftserteilung ist zwar keine Leistung, die sie sonst gegen Entgelt erbringen würden. Teil des Gewerbes oder Berufes ist es aber, Ansprüche, die aufgrund der gewerbe- beziehungsweise berufsbezogenen Tätigkeit bestehen, zu erfüllen. Daher stellt auch die Auskunftserteilung Teil des Gewerbes beziehungsweise Berufes des Dritten dar.

390 Staudinger–Martinek § 670, Rn. 1.

391 Palandt-Sprau § 670, Rn. 3; Müko-Seiler § 670, Rn. 6; Staudinger–Martinek § 670, Rn. 7.

392 Siehe hierzu allgemein Palandt-Sprau § 670, Rn. 2 ff.; Müko-Seiler § 670, Rn. 6; Staudinger–Martinek § 670, Rn. 7 ff.

393 Staudinger–Martinek § 670, Rn. 10, Müko-Seiler § 670, Rn. 21 m.w.N.

Bei Stellung des Auskunftsverlangens steht bereits fest, dass der Dritte seine, beziehungsweise die Arbeitskraft seiner Angestellten einsetzen muss. Nach den Grundsätzen des § 670 BGB handelt es sich daher nicht um erstattungsfähige Aufwendungen. Ebenso wie bei der Geschäftsführung ohne Auftrag, bei der die Aufwendungen gemäß §§ 683 Satz 1, 670 BGB zu erstatten sind,[394] fehlt es aber bei der Erfüllung eines Auskunftsbegehrens, anders als bei der Übernahme eines Auftrags, an der Vereinbarung der Unentgeltlichkeit. Die zur Auskunftserteilung aufgewendete Arbeitskraft des Dritten ist daher grundsätzlich als Aufwendung im Sinne des Absatzes 2 Satz 3 der einschlägigen Auskunftsvorschriften zu ersetzen. Selbiges gilt für das zur Erfüllung des konkreten Auskunftsbegehrens erforderliche Material. Werden zur Bearbeitung des Auskunftsverlangens neue Materialien angeschafft, welche nicht ausschließlich für die Bearbeitung eines konkreten Auskunftsverlangens benötigt werden, sondern darüber hinaus für weitere Tätigkeiten zur Verfügung stehen, wie zum Beispiel eine neue Software, so gehören diese zu den nicht erstattungsfähigen allgemeinen Geschäftsunkosten des Dritten.

3. Erforderlichkeit

Ersetzt werden nur solche Aufwendungen, die zur Auskunftserteilung erforderlich waren. Der Aufwendungsersatzanspruch knüpft an die Erteilung der Auskunft an. Für das Entstehen des Ersatzanspruchs kommt es daher zunächst nur darauf an, dass der Auskunftsanspruch erfüllt wurde. Dies ist dann nicht der Fall, wenn noch ein Ergänzungs- oder Berichtigungsanspruch besteht.
Die Gefahr übermäßiger Ersatzansprüche, wie sie die *Deutsche Vereinigung für gewerblichen Rechtsschutz und Urheberrechte* in Absatz 2 Satz 3 angelegt sieht, wird durch das Kriterium der Erforderlichkeit eingedämmt.[395] Eine Aufwendung ist dann erforderlich gewesen, wenn der Beauftragte sie den Umständen im Zeitpunkt der Tätigung der Aufwendung nach für erforderlich halten durfte.[396] Wann dies der Fall ist, hat der Beauftragte nach seinem verständigen Ermessen auf Grundlage sorgfältiger Prüfung bei Berücksichtigung aller Umstände zu entscheiden.[397] Zudem muss er die Erforderlichkeit der Aufwendungen beweisen.[398] Da die Beurteilung der Erforderlichkeit a priori erfolgt, entfällt sie auch nicht rückwirkend, wenn sich herausstellt, dass das Auskunftsbegehren doch nicht berechtigt war.

Für erforderlich wird der Auskunftspflichtige grundsätzlich den Einsatz vorhandenen Personals und Materials halten dürfen. Auch die Einstellung neuen Personals kann erforderlich sein. Dabei ist aber zu berücksichtigen, dass die Einstellung regelmäßig nicht aufgrund der Bearbeitung des einzelnen Auskunftsbegehrens, sondern für eine Vielzahl von Fällen erfolgt. Wie bei vorhandenen Kräften ist daher auch bei einer neuen Arbeitskraft lediglich ein bestimmter Stundenlohn zugrunde zu legen und nicht alle sich aus dem Vertragsverhältnis ergebenden Kosten.

---

394 Bei der Geschäftsführung ohne Auftrag erfolgt nach h.M. eine Vergütung des beruflich handelnden Geschäftsführers. Siehe dazu Müko-Seiler § 683, Rn. 24 f.; Staudinger-Bergmann § 683, Rn. 54 ff.; Palandt-Sprau § 683, Rn. 8.

395 Stellungnahme der Deutschen Vereinigung für gewerblichen Rechtsschutz und Urheberrechte GRUR 2006, 393, 394.

396 Palandt-Sprau § 683, Rn. 8; Staudinger-Martinek § 670, Rn. 16.

397 Palandt-Sprau § 670, Rn. 4.

398 Staudinger-Martinek § 670, Rn. 37.

4. Zwischenergebnis

Da für die Ermittlung des Verletzers beziehungsweise weiterer Verletzer unter Umständen mehrere hintereinander geschaltete Auskunftsverfahren erforderlich sind, beinhaltet die Regelung zum Aufwendungsersatz für die Auskunftsberechtigten eine nicht unerhebliche Belastung. Dies gilt insbesondere dann, wenn der Auskunftsanspruch gegen Internetprovider gerichtet ist und pro Auskunftsbegehren bereits 200 Euro für das gerichtliche Verfahren aufgebracht werden müssen. Dass die gesamten Kosten, also sowohl Aufwendungen des Dritten, als auch die Kosten für den Richtervorbehalt, letztlich vom Verletzer im Rahmen des Schadensersatzes erstattet werden müssen, vermag die Belastung nur bedingt zu mildern. Denn der Berechtigte kann sich nicht sicher sein, den Verletzer tatsächlich ausfindig machen und diesen auch in Anspruch nehmen zu können. Selbst wenn er den Verletzer ausfindig machen konnte, trägt er noch immer das Insolvenzrisiko des Verletzers.

II. Unberechtigte Geltendmachung

Wird der Verletzer im Rahmen eines Auskunftsverlangens in Anspruch genommen, muss er die für die Erteilung der Auskunft erforderlichen Aufwendungen grundsätzlich selber tragen. Etwas anderes muss dann gelten, wenn der Auskunftsanspruch tatsächlich nicht besteht, er aber dennoch geltend gemacht wird, weil der Auskunftsverlangende davon ausgeht, dass der Inanspruchgenommene den Anspruch erfüllen wird. Da kein Richtervorbehalt besteht, ist insofern ein Missbrauch der Möglichkeit des Auskunftsanspruchs zu befürchten. Ein solcher kann sich für den Auskunftsverlangenden als lohnend erweisen, da es sich bei ihm häufig um Mitbewerber des vermeintlichen Verletzers handelt. Die Informationen, wie die Namen der Abnehmer und Zulieferer des Auskunftspflichtigen, welche der angebliche Rechteinhaber durch die Erfüllung des Auskunftsanspruchs erhält, können für diesen von großem Interesse sein. Er kann sie für die Förderung seiner eigenen Geschäfte und zum Nachteil des Mitbewerbers nutzen.

Die Aufforderung Auskunft zu erteilen weist deutliche Parallelen zur Schutzrechtsverwarnung auf. In beiden Fällen wird der Angeschriebene aufgefordert aufgrund einer Verletzung, welche er begangen hat, eine Handlung zur Störungsbeseitigung vorzunehmen. Es liegt daher nahe, die zur unberechtigten Schutzrechtsverwarnung entwickelten Grundsätze auch auf die unberechtigte außergerichtliche Aufforderung zur Auskunftserteilung anzuwenden. Fügt sich der Verwarnte einer unberechtigten Schutzrechtsverwarnung, handelt es sich um einen Eingriff in den eingerichteten und ausgeübten Gewerbebetrieb. Der Verwarnte hat daher einen Unterlassungsanspruch aus § 1004 BGB analog und bei vorsätzlicher oder fahrlässiger Unkenntnis der fehlenden Berechtigung einen Schadensersatzanspruch aus § 823 Absatz 1 BGB.[399]
Auch wenn ein Anspruch gerichtlich unberechtigt geltend gemacht wird und der Klagegegner so zum Unterlassen bewegt wird, liegt ein Eingriff in das Recht des Mitbe-

---

399 BGH (GSZ) GRUR 2005, 882 ff. m.w.N. (Vorlagebeschluss des 1. Senats: GRUR 2004, 985 ff.)-Unberechtigte Schutzrechtsverwarnung; BGH GRUR 2006, 432, 433-Verwarnung aus Kennzeichenrechten II; BGH GRUR 2006, 433, 434 f.-Unbegründete Abnehmerverwarnung; BGH GRUR 2006, 219, 221 f.-Detektionseinrichtung II; Palandt-Sprau § 823, Rn. 132; für einen Anspruch auf lauterkeitsrechtlicher Grundlage: Piper/Ohly-Ohly § 4.10, Rn. 10/38 f.; Müko(UWG)-Jänich § 4 Nr. 10, Rn. 127; Wagner/Thole NJW 2005, 3470, 3471.

werbers am eingerichteten und ausgeübten Gewerbebetrieb vor.[400] Die prozessuale Privilegierung der Anspruchgeltendmachung schließt zwar die Geltendmachung von Unterlassungsansprüchen gegen den Kläger aus, sie steht jedoch nicht einem Schadensersatz des Mitbewerbers entgegen.[401] Wird der Anspruch auf Auskunftserteilung also unberechtigterweise geltend gemacht und hat der Auskunftsverlangende vorsätzlich oder fahrlässig das Nichtbestehen des Anspruchs ignoriert, hat der I-nanspruchgenommene, der dem unberechtigten Auskunftsverlangen nachgekommen ist, einen Schadensersatzanspruch aus § 823 Absatz 1 BGB.
Überträgt man die Grundsätze zur unberechtigten Abmahnung auf die unberechtigte außergerichtliche Aufforderung zur Auskunftserteilung, ist dem Inanspruchgenommenen, der einer unberechtigten gerichtlichen oder außergerichtlichen Aufforderung zur Auskunftserteilung nachkommt, welche in vorsätzlicher oder fahrlässiger Unkenntnis der fehlenden Berechtigung ergeht, ebenfalls ein Schadensersatzanspruch gegen den Auskunftsverlangenden einzuräumen.

III. Rechtsverfolgungskosten des Auskunftsberechtigten

1. Kosten eines außergerichtlichen Auskunftsverlangens

Der Verletzer hat gemäß § 91 ZPO auch die Prozessvorbereitungskosten zu tragen, soweit diese zur zweckentsprechenden Rechtsverfolgung notwendig waren. Diese Regelung greift jedoch nur dann, wenn es zu einer gerichtlichen Entscheidung über das Bestehen des Auskunftsanspruchs kommt. Dem Auskunftsberechtigten können aber auch, wenn die Auskunft außerhalb eines gerichtlichen Verfahrens erteilt wird, beträchtliche Kosten entstanden sein. So ist es denkbar, dass der Rechteinhaber bereits mehrere Drittauskunftsansprüche gerichtlich oder außergerichtlich geltend gemacht hat und daher Verfahrenskosten, Ersatz für Aufwendungen des Dritten oder Gebühren für eine eidesstattliche Versicherung zahlen musste.

a) Schadensersatz

Kann dem Verletzer ein Verschulden hinsichtlich der Rechtsverletzung nachgewiesen werden, besteht gegen ihn ein Schadensersatzanspruch. Selbst wenn man Kosten aus einer vorangehenden prozessualen oder außerprozessualen zivilrechtlichen Verfolgung der Ansprüche nicht als unmittelbaren Schaden von § 249 BGB erfasst sehen möchte,[402] so wurden sie doch durch die Verletzungshandlung herausgefordert und stellen damit einen zu ersetzenden Vermögensfolgeschaden dar. Dies gilt aber nur dann, wenn die entstandenen Kosten in einem klaren Zusammenhang mit dem Vorgehen gegen den Verletzer stehen.[403] Kosten, welche dem Rechteinhaber durch die ständige Überwachung des Marktes entstehen, sei es durch eigene Arbeit, sei es durch die Beauftragung eines unabhängigen Unternehmens, können anders als zum Beispiel die Kosten eines Testkaufs, mangels kausalem Zusammenhangs mit der konkreten Verletzung, nicht als Schaden geltend gemacht werden.

---

400 BGH (GSZ) GRUR 2005, 882, 885-Unerechtigte Schutzrechtsverwarnung.
401 BGH (GSZ) GRUR 2005, 882, 885-Unerechtigte Schutzrechtsverwarnung.
402 Wiume S. 301; Staudinger-Schiemann § 251, Rn. 114.
403 Baumbach/Lauterbach/Albers/Hartmann § 91, Rn. 91 und Rn. 270, m.w.N.

b) Verschuldensunabhängiger Ersatz

Hat der Verletzer nicht schuldhaft gehandelt, scheitert ein Schadensersatzanspruch. Als verschuldensunabhängiger Anspruch wird zum Teil der von der h.M. anerkannte Anspruch auf Erstattung der Abmahnkosten herangezogen. Soweit dieser nicht wie in § 97 a UrhG spezialgesetzlich geregelt ist, kommen für die dogmatische Begründung dieses Anspruchs verschiedene Ansätze in Betracht. Die Abmahnobliegenheit wurde von der Rechtsprechung im Wege der Rechtsfortbildung aus § 93 ZPO entwickelt. Gäbe es sie nicht, würde der Kläger die Kosten einer direkten gerichtlichen Inanspruchnahme der gegnerischen Partei erstattet bekommen. Nichts anders kann gelten, wenn im öffentlichen Interesse und im Interesse des Gegners zunächst eine Abmahnung erfolgt. Ein Anspruch auf Erstattung der Abmahnkosten, welche zudem regelmäßig niedriger liegen werden als die Kosten einer gerichtlichen Geltendmachung, könnte daher neben der Entwicklung der Abmahnobliegenheit ebenfalls rechtsfortbildend gewährt werden.[404]

Die h.M. leitet einen verschuldensunabhängigen Anspruch auf Erstattung der Abmahnkosten hingegen aus den Vorschriften der Geschäftsführung ohne Auftrag ab.[405] Da die Abmahnung eine Störungsbeseitigungsmaßnahme sei und die Störungsbeseitigung eine Pflicht des Verletzers ist, führe der Abmahnende ein zumindest auch-fremdes Geschäft.[406] Darüber hinaus entspreche dieses Geschäft auch dem mutmaßlichen Willen des Abgemahnten, da diesem durch die Abmahnung die Gelegenheit eingeräumt werde, durch die Abgabe einer Unterlassungserklärung ein kostspieliges Gerichtsverfahren zu vermeiden.[407] Folgt man der h.M., kommt ein Erstattungsanspruch nur in Betracht, wenn kein für den Abmahnenden erkennbarer, tatsächlicher Wille des Abgemahnten dahingehend vorliegt, dass dieser ein Verfahren zu führen wünscht. Vielmehr geht die h.M. stets von einem mutmaßlichen Willen des Abgemahnten für die Vermeidung eines Verfahrens aus. Diese Schwierigkeiten bestehen nicht, wenn man mit der erstgenannten Ansicht von einem durch Rechtsfortbildung entwickelten Anspruch auf Ersatz der Abmahnkosten ausginge.

Unabhängig davon, welcher dogmatischen Begründung man folgt, kann der zu Recht außergerichtlich Auskunft Verlangende gegen den Schuldner einen verschuldensunabhängigen Kostenersatzanspruch geltend machen. Denn wie unter A.III. festgestellt wurde, hat die Auskunftserteilung einen der Störungsbeseitigung ähnlichen Charakter. Die Aufforderung zu ihrer Vornahme muss daher ebenso wie die Abmahnung als Störungsbeseitigungsmaßnahme verstanden werden und damit als Pflicht des Verletzers. Die außergerichtliche Geltendmachung des Drittauskunftsanspruchs gegen den Verletzer dient der Vermeidung kostspieliger Gerichtsverfahren und entspricht folglich dem mutmaßlichen Willen des Verletzers.[408] Sie stellt somit ein zu-

---

404 Wolf/Horn/Lindacher-Lindacher § 13, Rn. 108.

405 BGHGRUR 1970, 189, 190-Fotowettbewerb; BGH GRUR 1992, 176, 177-Abmahnkostenverjährung; BGH GRUR 2002, 357, 358-Mißbräuchliche Mehrfachverfolgung; OLG Karlsruhe GRUR-RR 2006, 302, 303.

406 Wiume S. 301; *Eichmann* (GRUR 1990, 575, 589) geht hingegen von einem Geschäft im eigenen Interesse aus; so auch Emmerich S. 511 m.w.N.

407 BGH GRUR 1973, 384, 385- goldene Armbänder; BGH GRUR 1984, 129, 131-"Shop in the Shop" I; BGH GRUR 1991, 550, 552-Zaunlasur.

408 Siehe hierzu Wiume S. 302 f.

mindest auch-fremdes Geschäft dar. Angefallene Kosten sind daher grundsätzlich nach den §§ 683, 670 BGB zu erstatten. Die Berücksichtigung der Interessen des Abgemahnten beziehungsweise Auskunftspflichtigen führt dazu, dass der Umfang der erforderlichen und damit nach den §§ 683, 670 BGB erstattungsfähigen Kosten weniger weit reicht als beim Schadensersatzanspruch, bei dem die Interessen des Verletzers nicht zu berücksichtigen sind. Bei der Abmahnung und bei der außergerichtlichen Geltendmachung des Auskunftsanspruchs besteht das mutmaßliche Interesse des Verletzers in der Vermeidung kostspieliger Gerichtsverfahren. Um diesem Interesse zu entsprechen, sind die Kosten einer Abmahnung oder eines gegen ihn gerichteten außergerichtlichen Auskunftsverlangens erforderlich.

Fraglich ist aber, ob Kosten, welche durch ein Verfahren zur Ermittlung der Identität des Schuldners entstehen, ebenfalls zu den erforderlichen und damit erstattungsfähigen Aufwendungen zählen. Dafür spricht auf den ersten Blick, dass ohne die Ermittlung der Identität des Verletzers eine Abmahnung nicht möglich ist und letztere dem Interesse des Verletzers dient. Allerdings wird durch das Auskunftsverlangen gegen Dritte ein Gerichtsverfahren überhaupt erst ermöglicht, da die Identität des Verletzers zuvor nicht bekannt war. Erstattungsfähig sind aber nur solche Kosten, die erforderlich waren, um einen kostspieligen Prozess zu vermeiden. Die Verfahrenskosten eines Auskunftsverfahrens gegen Dritte, inklusive der Gebühren, welche bei einem Auskunftsverlangen gegen Internet-Provider anfallen sowie der an den Dritten geleistete Aufwendungsersatz nach den §§ 683, 670 BGB, sind daher nicht zu ersetzen.

Etwas anderes könnte nunmehr aber aufgrund der neugeschaffenen Regelung des § 97a UrhG gelten. Ebenso wie § 12 UWG normiert § 97a UrhG einen eigenständigen Anspruch auf Ersatz der Abmahnkosten. § 12 UWG ersetzt lediglich den aus den §§ 683, 670 BGB hergeleiteten Anspruch.[409] Um auch angefallene Ermittlungskosten zu erfassen, dürfte § 97a Absatz 1 Satz 2 UrhG aber nicht nur die Regelung der §§ 683, 670 BGB ersetzen, sondern müsste wesentlich über die bisherigen Grundsätze zum Ersatz der Abmahnungskosten hinausgehen. Hierfür sind aber keine Anhaltspunkte ersichtlich. Der Gesetzgeber sieht in der Begründung zum neu geschaffenen Anspruch auf Ersatz der Abmahnungskosten in § 97a UrhG vor, dass Auslagen, welche bei der Ermittlung der Identität des Verletzers anfallen, kein Bestandteil des Pauschalbetrags des § 97a Absatz 2 UrhG sein sollen.[410] Ein gleichzeitiges Eingreifen des § 97a Absatz 1 Satz 2 und des Absatzes 2 der Norm kommt indes nicht in Betracht. Denn entweder es handelt sich um einen einfach gelagerten Fall, dann ist Absatz 2 einschlägig, oder eben nicht, dann wäre Absatz 1 Satz 2 anzuwenden. Die Kosten eines Auskunftsanspruchs gegen Dritte können folglich nicht nach Absatz 1 Satz 2 neben dem Aufwendungsersatz aus Absatz 2 ersetzt werden. Sie können allenfalls über einen Schadensersatzanspruch verlangt werden.
Aufgrund der Normierung eines Pauschalbetrags in § 97a Absatz 2 UrhG,[411] muss eine Geltendmachung der Abmahnkosten im Wege des Schadensersatzes nunmehr abgelehnt werden, da sonst eine Umgehung der in § 97a Absatz 2 festgelegten Be-

409 Hefermehl/Köhler/Bornkamm-Bornkamm § 12, Rn. 1.90; Piper/Ohly-Piper § 12, Rn. 1.
410 RegE Begr., BT-Drs. 16/5048, S. 49.
411 Im Regierungsentwurf wurde noch eine Beschränkung auf 50 Euro vorgesehen. Der Rechtsausschuss sah eine Anhebung auf 100 Euro vor.

schränkung erfolgen könnte.[412] *Neben* dem Anspruch auf Ersatz der Abmahngebühren muss lediglich ein Schadensersatzanspruch, der sich auf sonstige Auslagen bezieht, zulässig sein. Etwaige anfallende Kosten müssen von demjenigen getragen werden, der das Recht verletzt hat.[413]
Die Kosten der Geltendmachung eines Auskunftsanspruchs gegen Dritte können somit nur dann geltend gemacht werden, wenn dem Verletzer ein Verschulden nachzuweisen ist.

2. Geltendmachung der Kosten im Verletzungsverfahren

Der unterlegene Verletzer hat gemäß § 91 Absatz 1 Satz 1 ZPO die Kosten des Verfahrens zu tragen sowie die Kosten des Rechteinhabers zu erstatten, soweit diese zur zweckentsprechenden Rechtsverfolgung oder Rechtsverteidigung notwenig waren. Zu den erstattungsfähigen Kosten des Prozessgegners gehören grundsätzlich auch die Prozessvorbereitungskosten. Diese sind in demjenigen Umfang erstattungsfähig, der gerade der Vorbereitung des betreffenden Prozesses dient.[414] Ein entsprechender Zusammenhang fehlt hinsichtlich der Kosten, welche durch die ständige Überwachung des Marktes entstehen. Diese sind daher nach derzeitiger Rechtslage weder nach § 91 ZPO noch im Rahmen eines Schadensersatzanspruchs zu ersetzen.
Wird mit einem Auskunftsanspruch gegen einen Dritten die Identität des Verletzers, gegen den sich das Verfahren richtet, ermittelt, so sind die daraus erwachsenen Kosten für die Einleitung des Prozesses erforderlich. Allerdings müssen die Vorbereitungskosten in einem vernünftigen Verhältnis zur Sache stehen.[415] Ein unbilliges Verhältnis ist nur in Ausnahmefällen anzunehmen. Grundsätzlich hat jede Prozesspartei Anspruch darauf, ohne Rücksicht auf die Bedeutung der Sache alle zur Wahrheitsermittlung notwendigen Schritte unternehmen zu können und die dabei entstehenden Kosten im Fall des Obsiegens auch ersetzt zu bekommen.[416]

Problematisch erscheint das Verhältnis der Verfolgungskosten zum Schaden, wenn ein nach § 97a Absatz 2 UrhG als einfach gelagert einzustufender Fall vorliegt und ein Auskunftsanspruch gegen Internetprovider geltend gemacht wird. Aufgrund des bestehenden Richtervorbehaltes sind mit jedem Auskunftsverlangen gemäß § 128c Absatz 1 KostO Gebühren in Höhe von 200 Euro verbunden. Der durch den Verletzer verursachte Schaden kann aber deutlich darunter liegen. Die Geltendmachung des Auskunftsanspruchs gegen den Internetprovider ist zur Identifizierung des Verletzers zwingend erforderlich. Eine vernünftige Durchschnittspartei wird sich folglich bei sorgfältiger Abwägung aller Umstände gezwungen sehen die Kosten des Auskunftsverlangens zu tragen. Aus der Gesetzesbegründung ergibt sich, dass der Gesetzgeber die Gebühren für ein Verfahren nach Absatz 9 der einschlägigen Auskunftsvorschriften neben den Gebühren des § 97a Absatz 2 UrhG ersetzt sehen

412 Zuvor für den Ersatz der Abmahnkosten als Schaden zumindest bei Dauerdelikten: Hefermehl/Köhler/Bornkamm-Bornkamm § 12, Rn. 1.88; Köhler in FS Erdmann 2002, S. 846; für einen Ersatz auch bei abgeschlossenen Verletzungen: Teplitzky GRUR 2004, 900, 905.

413 RegE Begr., BT-Drs. 16/5048, S. 48.

414 Zöller-Herget § 91, Rn. 13; Baumbach/Lauterbach/Albers/Hartmann § 91, Rn. 91 und Rn. 270; Stein/Jonas-Bork § 91, Rn. 39, m.w.N.

415 Baumbach/Lauterbach/Albers/Hartmann § 91, Rn. 270.

416 BPatG GRUR 1980, 986, 987.

möchte. Demnach wäre der Wortlaut des § 97a Absatz 2 UrhG sehr eng zu verstehen. Die Begrenzung der Abmahngebühren gilt nur für solche Aufwendungen, die für die Inanspruchnahme anwaltlicher Dienstleistungen getätigt wurden.
Allerdings soll § 97a Absatz 2 UrhG die Abmahngebühren lediglich begrenzen. Eine Erweiterung der erstattungsfähigen Aufwendungen geht mit der Vorschrift nicht einher. Damit die Gebühren nach § 128c Absatz 1 KostO als Vorbereitungskosten erstattungsfähig sind, müssten sie daher dennoch in einem vernünftigen Verhältnis zur Sache stehen. Dient der Auskunftsanspruch gegen den Internetprovider zur Ermittlung eines Verletzers, dem lediglich vereinzelte Verletzungen zur Last gelegt werden können und die damit nur einen sehr geringen Schaden verursacht haben, so stehen die durch das Auskunftsverlangen entstehenden Kosten außer Verhältnis zum Schaden. Musikstücke können im Internet legal für eine Lizenzgebühr von circa 0,50 Euro heruntergeladen werden. Legt man diesen Betrag als Schaden zugrunde, beliefen sich die Kosten zur Ermittlung der Identität bei Verletzern, die 20 Musikstücke aus dem Internet heruntergeladen haben, auf das zwanzigfache des Schadens. Bei einer solchen Differenz stehen Schaden und Verfolgungskosten nicht mehr in einem angemessenen Verhältnis zueinander. Die Gebühren nach § 128c Absatz 1 KostO wären daher nicht zu erstatten.
Dieses Beispiel verdeutlicht, dass die Rechteinhaber aus Kostengründen nach wie vor nicht gegen solche Verletzer vorgehen werden, die lediglich einige wenige Rechtsverletzungen im Internet begangen haben. Andernfalls bleiben sie auf den Gebühren nach § 128c Absatz 1 KostO „sitzen".

3. Pauschalierte Geltendmachung des Schadens

Damit der Rechteinhaber überhaupt Verletzungen seines Schutzrechtes feststellen kann, ist er auf eine effektive Überwachung des Marktes angewiesen. Dafür ist regelmäßig ein erheblicher personeller und technischer Aufwand erforderlich, der häufig nicht vom Rechteinhaber selber geleistet werden kann und daher an Dritte weitergeleitet wird. Die dadurch entstehenden Kosten sind, wie bereits dargestellt, nicht erstattungsfähig. Sie können jedoch eine nicht unerhebliche Höhe erreichen. Die Rechteinhaber haben daher ihrem Interesse an der Erstattung solcher Kosten auch im Rahmen der Umsetzung der Enforcement-Richtlinie erneut Nachdruck verliehen, indem sie forderten, grundsätzlich eine Verdoppelung der Lizenzgebühren als Schadensersatz zuzubilligen.[417]

a) GEMA-Rechtsprechung

Macht der Verletzte eine Schadensersatzforderung geltend, stehen ihm drei verschiedene Arten der Schadensberechnung zur Verfügung, von denen er eine wählen kann. Eine Vermischung der Berechnungsarten ist nicht möglich. Er kann (1.) Ersatz

---

417 Stellungnahme der Filmwirtschaft v. 23.02.2006, S. 7 f., zuletzt abgerufen am 31.05.2008 unter: http://www.spio.de/media_content/635.pdf und v. Februar 2007, S. 12 f., zuletzt abgerufen am 31.05. 2008 unter: http://www.spio.de/media_content/707.pdf; Stellungnahme der BITKOM v. 13.12.2004, S. 6, zuletzt abgerufen am 31.05.2008 unter: http://bitkom.org/files/documents/Stellungnahme_Umsetzung_Nachahmungsrichtlinie_13.12.2004.pdf; dieselbe Forderung wiederholt die BITKOM beschränkt auf Fälle vorsätzlicher und gewerblicher Schutzrechtsverletzungen und nur mit Hinblick auf die abschreckende Wirkung in ihrer Stellungnahme v. 14.02.2006, S. 4 zuletzt abgerufen am 31.05.2008 unter: http://bitkom.org/files/documents/Stellungnahme_RefE_zur_NachahmungsR_Endversion_14_0 2_06.pdf.

der ihm entstandenen Vermögenseinbuße einschließlich des entgangenen Gewinns oder (2.) den vom Verletzer erzielten Gewinn oder (3.) die Zahlung einer angemessenen Lizenzgebühr verlangen.[418]

Die Rechtsprechung hat es bislang abgelehnt, über die genannten Berechnungsarten hinaus einen pauschalen Schadensersatzbetrag zu gewähren.[419] Eine Ausnahme hat der BGH lediglich bei Verwertungsgesellschaften anerkannt. Machen diese Verletzungen für ihre Mitglieder geltend, wird ein Schadenszuschlag von 100 % gewährt.[420]

Grund für den Zuschlag soll der zur Verfolgung von Urheberrechtsverletzungen erforderliche, besonders hohe Kontroll- und Rechtsverfolgungsaufwand sein. Die Gründung der GEMA sei erst aufgrund der Vielzahl der Urheberrechtsverletzungen notwendig geworden und die unkörperliche Wiedergabe der Werke führe zudem dazu, dass eine effektive Kontrolle nur durch eine Überwachungsorganisation gewährleistet werden könne.[421] Es soll bei Urheberrechten folglich bereits in Anzahl und Art der Rechtsverletzungen begründet liegen, dass für die Urheber eine effektive Rechtsverfolgung nur durch die Beauftragung einer externen Überwachungsorganisation möglich ist.

Indes wird eine solche externe Beauftragung auch in vielen Fällen anderer Rechtsverletzungen benötigt, da der Kontrollaufwand nicht allein durch den Rechteinhaber bewältigt werden kann.[422] Dass ein gewisser Kontrollaufwand zu erbringen ist, erkennt auch der BGH an. Er hält den Aufwand bei anderen Schutzrechten jedoch für wesentlich geringer als bei Urheberrechten, was er zum einen damit begründet, dass die rechtsverletzenden Gegenstände in den geschäftlichen Verkehr gelangen, während bei der Verletzung von Urheberrechten lediglich eine unkörperliche Wiedergabe erfolgt.[423] Ferner werde der Rechteinhaber durch Werbung für die rechtsverletzenden Erzeugnisse sowie im Zuge der ohnehin erforderlichen Konkurrenz- und Marktbeobachtung auf die Rechtsverletzungen aufmerksam und der Kreis der in Frage kommenden Rechtverletzer sei auf einige Mitbewerber aus der betreffenden Geschäftsbranche beschränkt.[424] Zusätzlich werde eine Kontrolle dadurch erleichtert, dass die Rechtsverletzung anders als bei Urheberrechtsverletzungen über einen größeren Zeitraum hinaus stattfinden, damit sie gewinnträchtig sind.

b) Gründe für den Zuschlag bei gewerblichen Schutzrechten

Die Argumente des BGH sind zum Entscheidungszeitpunkt wohl richtig und nachvollziehbar gewesen. Zum jetzigen Zeitpunkt erfordert die Lage jedoch eine Neubewertung. Nach wie vor richtig ist, dass die Rechtsverletzungen, damit sie gewinnträchtig sind, über einen längeren Zeitraum begangen werden. Dieser Umstand verhilft den Rechteinhabern dazu, die Rechtsverletzungen besser feststellen zu können.

---

418 Zu den Berechnungsarten: BGH GRUR 1980, 227, 232–Monumenta Germaniae Historica.

419 BGH GRUR 1986, 376, 380-Filmmusik; BGH GRUR 1988, 296, 299-GEMA-Vermutung IV; OLG Frankfurt GRUR 1989, 419, 420.

420 BGH GRUR 1973, 379 – Doppelte Tarifgebühr.

421 BGH GRUR 1973, 379-Doppelte Tarifgebühr; BGH GRUR 1986, 376, 380-Filmmusik.

422 So auch Peukert/Kur GRUR Int. 2006, 292, 294 sowie die Filmwirtschaft in ihrer Stellungnahme v. Februar 2007, S. 13, zuletzt abgerufen am 31.05.2008 unter: http://www.spio.de/media_content/707. pdf.

423 BGH GRUR 1973, 379-Doppelte Tarifgebühr; BGH GRUR 1986, 376, 380-Filmmusik.

424 BGH aaO.

Er führt jedoch nicht zu einer Verringerung des *Kontrollaufwandes*, da dieser sich zumindest nicht nur anhand der Schwierigkeit bei der Feststellung von Rechtsverletzungen bestimmen lässt, sondern auch nach der Anzahl der Verletzungen richtet. Die Anzahl der Rechtsverletzungen hat rapide zugenommen. Dies gilt nicht nur für Urheberrechtsverletzungen, sondern erstreckt sich insbesondere auch auf die Verletzung von Markenrechten. Zumindest in den Fällen vorsätzlicher und gewerblicher Rechtsverletzungen sind die Verletzer nicht mehr nur direkte Konkurrenten, die öffentlich agieren und deren Produktportfolio der Rechteinhaber im Rahmen seiner Konkurrenz- und Marktbeobachtung ohnehin registriert. Vielmehr handelt es sich in zunehmendem Maße um Fälle von Produktpiraterie, bei der es nicht darauf ankommt, in öffentliche Konkurrenz mit dem Rechteinhaber zu treten, sondern es darum geht, die Erzeugnisse möglichst identisch nachzubilden und in Kenntnis der Illegalität ihres Handelns die Erzeugnisse ohne Kenntnisnahme durch den Schutzrechteinhaber an den Endkunden abzugeben. Eine über die übliche Marktbeobachtung hinausgehende Kontrolle ist daher auch bei anderen Schutzrechten notwendig. Dies gilt insbesondere auch deshalb, weil es sich bei den Verletzern außerhalb des Uheberechts wesentlich häufiger um organisierte Verletzerbanden handeln wird, die ihr Handeln besser verschleiern, als Verletzer von Urheberrechten. Dass aufgrund der gesteigerten Zahl von Urheberrechtsverletzungen auch in diesem Bereich ein höherer Kontrollbedarf besteht, kann nicht bestritten werden, jedoch reicht der Kontrollbedarf hinsichtlich der Verletzung anderer Schutzrechte nunmehr wohl an den Kontrollbedarf heran, aufgrund dessen Bestehen der GEMA-Zuschlag ursprünglich gewährt wurde.
Als weiteren Grund für die Zubilligung des 100% Schadenszuschlags nennt der BGH die abschreckende Wirkung des Zuschlags.[425] Eine solche fehlt aber auch bei anderen Schutzrechtsverletzungen.[426] Zusammenfassend lässt sich damit feststellen, dass die für die Gewährung des hundertprozentigen Verletzerzuschlags in „GEMA-Fällen" ausschlaggebenden Merkmale regelmäßig auch bei andern Schutzrechtsverletzungen gegeben sein können.

c) Einführung eines pauschalen Verletzerzuschlags?

Der BGH lehnt die Einführung eines allgemeinen Verletzerzuschlags grundsätzlich ab.[427] Die GEMA-Rechtsprechung soll demnach ein Ausnahmefall bleiben. Wie aufgezeigt wurde, sind die Merkmale, wie der hohe Kontroll- und Rechtsverfolgungsaufwand, welche nach Ansicht des BGH die Sonderstellung der GEMA-Fälle begründen sollen, aber auch in anderen Fällen festzustellen. Es ist nicht erklärbar, warum eine konkrete Berechnung des Schadens bei gewerblichen Schutzrechten stets, bei Geltendmachung von Urheberrechtsverletzungen durch die GEMA hingegen nicht angebracht sein soll. Angezeigt erscheint vielmehr eine Betrachtung des Einzelfalls.

---

425 BGH GRUR 1973, 379, 381-Doppelte Tarifgebühr; BGH GRUR 1986, 376, 380-Filmmusik

426 Kommission in ihrem Richtlinienvorschlag vom 30.1.03, KOM (2003) 46 endg., S. 15 f., 57 f.; Stellungnahme BITKOM v. 13.12.2004, S. 6, zuletzt abgerufen am 31.05.2008 unter: http://bitkom.org /files/documents/Stellungnahme_Umsetzung_Nachahmungsrichtlinie_13.12.2004.pdf; v. 12.02. 2006, S. 4, zuletzt abgerufen am 31.05.2008 unter: http://bitkom.org/files/documents/Stellungnahme_RefE_ zur_NachahmungsR_Endversion_14_02_06.pdf; v. 02.04.2007, S. 6, zuletzt abgerufen am 31.05. 2008 unter: http://www.bitkom.org/files/documents/BITKOM_Stellungnahme _RegE_Umsetzung_Enforcement_RL_2007_04_02.pdf.

427 BGH GRUR 1980, 841, 844-Tolbutamid; BGH GRUR 1986, 376, 380-Filmmusik.

Ist der Kontroll- und Rechtsverfolgungsaufwand besonders hoch sollte ein pauschaler Zuschlag in Erwägung gezogen werden. Die Zusprechung einer doppelten Lizenzgebühr wäre nicht zwangsläufig als Strafschadensersatz, welcher dem deutschen Recht fremd ist und auch abzulehnen wäre,[428] anzusehen, sondern ein entsprechender Schadensersatz würde durchaus vom Zweck des Schadensersatzes gedeckt. Dem Schadensersatz kann eine Ausgleichs-, Genugtuungs- und eine Präventionsfunktion zukommen.[429] Die doppelte Lizenzgebühr würde all diesen Zwecken Rechnung tragen.[430] Insbesondere der Präventionsfunktion würde eine doppelte Lizenzgebühr wesentlich besser entsprechen als die einfache Lizenzgebühr. Da der Gesetzgeber keine Regelung hinsichtlich der Gewährung einer doppelten Lizenzgebühr als Schadensersatz getroffen hat, bleibt es der Rechtsprechung überlassen, in den der GEMA-Rechtsprechung vergleichbaren Fällen, in denen ein Bedürfnis für die Zusprechung einer doppelten Lizenzgebühr besteht, diese auch zu gewähren.

428 Wie sich aus Erwägungsgrund 26 RL ergibt, hat der europäische Gesetzgeber bewusst von der Normierung eines Strafschadensersatzes Abstand genommen.

429 Wandtke GRUR 2000, 942, 946; bei PersönlichkeitsRechtsverletzungen: BGH GRUR 2005, 179, 180-Tochter von Caroline von Hannover; Wandtke/Bullinger-Wandtke Einl. Rn. 68.

430 So auch Wandtke/Bullinger-Wandtke Einl. Rn. 68; ders. GRUR 2000, 942, 946.

J. Ergebnisse des Ersten Teils

Die Entwicklung der Rechtsprechung im Vorfeld der Umsetzung der Enforcement-Richtlinie zeigt, dass das Produktpirateriegesetz im Jahre 1990 mit der Erweiterung des Auskunftsanspruchs zu einem Drittauskunftsanspruch, eine häufig genutzte Regelung eingeführt hat. Über die Erweiterungen durch das Produktpirateriegesetz hinaus, bestand aber auch ein Bedürfnis für einen Anspruch auf Auskunft gegen solche Personen, die selber keine Verletzung begangen haben (A.I.1.). Die bestehenden strafprozessualen Vorgehensmöglichkeiten können insofern keinen Ersatz darstellen (A.I.2.). Einen solchen Anspruch sieht der nunmehr in das deutsche Recht umgesetzte Artikel 8 der Enforcement-Richtlinie vor.
Für die Position der Aktivlegitimierten ergeben sich durch die Umsetzung des Artikels nur geringfügige Änderungen. Die Urhebervermutung des § 10 UrhG a.F. wurde zugunsten der Lizenznehmer und der Inhaber der im Urheberrecht genannten verwandten Schutzrechte erweitert (B.I.2. und B.II.3.b). Darüber hinaus wurde zwar zu Recht von Einräumung einer Aktivlegitimation der einfachen Lizenznehmer abgesehen. Eine Klarstellung wäre allerdings bezüglich der Aktivlegitimation des ausschließlichen Lizenznehmers im Marken- und Geschmacksmusterrecht wünschenswert gewesen. Zudem hätte der Gesetzgeber mit Hinblick auf die Einführung einer Klagebefugnis von Verbänden den bestehenden Spielraum des Artikels 4 lit. c RL weiter ausschöpfen können und sollen (B.II.4).

Der Auskunftsanspruch gegen Dritte war dem deutschen Rechts bislang fremd. Wie weit diese Neuerung reicht, hängt insbesondere auch von der Reichweite des Verletzerbegriffs ab. Nach hier vertretener Auslegung handelt es sich bei dem spezialgesetzlich geregelten selbständigen Auskunftsanspruch um einen Abwehranspruch sui generis (A.III.). Daher ist auch der Störer Verletzer und nicht Dritter (C.I.). Der Unterschied zwischen dem Störer und dem Dritten liegt in der Verletzung von Prüfpflichten (C.II.).
Die Regelung des Auskunftsanspruchs gegen Dritte weist verschiedene konzeptionelle Schwächen auf. Die zweite Alternative der Inanspruchnahme Dritter, das Vorliegen einer offensichtlichen Rechtsverletzung, erfüllt ihre einschränkende Funktion allenfalls unzureichend (G.II.3.b). Die Missachtung der für den Dritten bestehenden Prüfobliegenheit zeitigt aufgrund der restriktiven Regelung des Absatzes 6 der einschlägigen Auskunftsvorschriften keine Folgen. Es besteht daher die Gefahr vorschneller Auskunftserteilung, die letztlich zu Lasten der vermeintlichen Verletzer geht. Um einem Missbrauch des Anspruchs zu begegnen und das Recht auf informationelle Selbstbestimmung des Verletzers besser zu schützen, wäre die Einführung eines Richtervorbehalts bei Auskunftsansprüchen gegen Dritte zwar kein geeignetes Mittel. Wohl aber die Verschärfung der Haftung des Auskunftserteilenden dahingehend, dass dieser auch dann auf Schadensersatzleistung in Anspruch genommen werden kann, wenn er grob fahrlässig nicht wusste, dass der Auskunftsanspruch gegen ihn nicht bestand. Des Weiteren wäre die Auferlegung der Kosten eines zur Durchsetzung des Anspruchs gegen den Dritten geführten Verfahrens in das Ermessen des Gerichts zu stellen (C.II.3. und 4. sowie G.II.3.b).

Bei der Umsetzung des Merkmals „in gewerblichem Ausmaß" hat der Gesetzgeber unsauber gearbeitet. Bis zur endgültigen Verabschiedung des Umsetzungsgesetzes war umstritten, ob der Anspruch gegen einen Dritten auch ein Handeln in gewerblichem Ausmaß des Verletzers voraussetzt. Trotz der anders lautenden Begründung des Umsetzungsgesetzes ist ein solches doppeltes Gewerblichkeitskriterium abzulehnen. Es würde nicht nur gegen den Wortlaut des neugeregelten § 101 UrhG, sondern auch gegen die Richtlinienvorgaben verstoßen (D.I.2.).
Der Gesetzgeber führte mit der Übernahme des Richtlinienbegriffs „gewerbliches Ausmaß" ein neues Merkmal in das deutsche Recht ein, dessen Bedeutungsgehalt nicht geklärt ist. Seine Auslegung wird zukünftig wohl noch viele Fragen aufwerfen und Anlass zur Diskussion geben. Nach hier vertretener Auslegung ist eine Gewinnerzielungsabsicht zu fordern. Da das „gewerbliche Ausmaß" damit dem Tatbestandsmerkmal des „gewerblichen Handelns" entspricht, hätte letzteres anstelle des neuen Begriffs verwendet werden sollen (D.II.).

Problemtisch ist auch die Verhältnismäßigkeit des Anspruchs gegen Dritte. Da der Dritte eigentlich unbeteiligt ist, kann ein Auskunftsanspruch gegen ihn nur in engen Grenzen bestehen. Eine Auskunftspflicht des Dritten sollte daher nur insoweit angenommen werden, wie der Berechtigte nicht in der Lage ist, sich die erforderlichen Informationen anderweitig insbesondere auch durch einen Auskunftsanspruch gegen einen Verletzer zu beschaffen (E.I.3.).
Der Auskunftspflichtige ist zur Erteilung objektiv richtiger und vollständiger Auskünfte verpflichtet. Ist die erteilte Auskunft unrichtig oder unvollständig, können entgegen verbreiteter Ansicht sowohl ein Ergänzungs- als auch ein Berichtigungsanspruch bestehen (E.I.1.c). Sind dem Auskunftsberechtigten durch die falsche oder unvollständige Auskunftserteilung Schäden entstanden, konnte er diese nach alter Rechtslage bereits bei fahrlässigem Handeln des Auskunftspflichtigen ersetzt verlangen. Der neu geschaffene Absatz 5 der einschlägigen Auskunftsvorschriften begrenzt die Haftung des Auskunftspflichtigen nunmehr auf grob fahrlässiges Handeln. Durch eine Haftung auch für leicht fahrlässig objektiv unrichtig oder unvollständig erteilte Auskünfte hätte der Auskunftsanspruch effektiver ausgestaltet werden können. Die erfolgte Haftungsbeschränkung ist insofern nicht nachzuvollziehen (E.II.2.).

Obwohl der Gesetzgeber durch die Normierung des Auskunftsanspruchs gegen Dritte insbesondere auch einen Anspruch gegen Internetprovider schaffen wollte, ist ihm dies nicht vollständig gelungen (F.). Zwar standen einer Inanspruchnahme sowohl von Host- als auch von Zugangsprovidern die Haftungsprivilegierung der §§ 8-10 TMG nicht entgegen. Während einem Auskunftsanspruch gegen Hostprovider, die als Störer haften, keine datenschutzrechtlichen Bedenken entgegenstehen, fehlt es für einen Auskunftsanspruch gegen Zugangsprovider, welche als Dritte zu behandeln sind, an einer datenschutzrechtlichen Grundlage für die Speicherung und Weitergabe von IP-Adressen (F.III.). Angesichts der großen Anzahl von Rechtsverletzungen, die über das Internet begangen werden, wäre ein Auskunftsanspruch gegen Internetprovider ein wichtiges Instrument zum Schutz des geistigen Eigentums. Es ist daher zu erwarten, dass die datenschutzrechtlichen Voraussetzungen für einen entsprechenden Anspruch alsbald geschaffen werden.

Der Rechteinhaber wird durch die Pflicht die erforderlichen Aufwendungen des auskunftspflichtigen Dritten ersetzen zu müssen, belastet (H.I.). Diese Kosten kann er gegen den Verletzer nur im Wege des verschuldensabhängigen Schadensersatzanspruchs geltend machen. Zwar kommt auch ein verschuldensunabhängiger Anspruch entsprechend den Grundsätzen über die Erstattung der Abmahnkosten gegen den Verletzer in Betracht, dieser erfasst aber nicht solche Kosten, welche entstehen, um den Verletzer überhaupt erst ausfindig zu machen (H.III.1.). Um einen umfassenden Ersatz des Schadens zu erreichen ist in den der GEMA-Rechtsprechung vergleichbaren Fällen in denen ein Bedürfnis für die Zusprechung einer doppelten Lizenzgebühr besteht, ein solcher durch die Rechtsprechung auch zu gewähren (H.III.3.). Angesichts der Vergleichbarkeit der Rolle des Dritte mit einem Zeugen wäre die Einführung bestimmter Entschädigungssätze, zumindest für Auskunftsverlangen, welche beim Dritten durch standardtisierte Verfahren bearbeitet werden, wie es beim Internetprovider der Fall sein wird, zur Vereinfachung der Geltendmachung des Aufwendungsersatzanspruchs überaus hilfreich (H.I.1.).

Auch im ergänzenden wettbewerbsrechtlichen Leistungsschutz wäre ein Anspruch gegen Dritte ein wirksames Mittel zur Verfolgung von Verletzern. Zwar wird in diesem Bereich eine analoge Anwendung des spezialgesetzlich geregelten Drittauskunftsanspruchs zu Unrecht von der Rechtsprechung abgelehnt und stattdessen über § 3 UWG iVm § 242 BGB hergeleitet. Für einen Anspruch gegen Dritte würde es jedoch an der im Rahmen eines Anspruchs nach § 3 UWG iVm § 242 BGB erforderlichen Sonderbeziehung fehlen, so dass eine Herleitung auf dieser Rechtsgrundlage ausscheidet. Da aber eine planwidrige Regelungslücke besteht und die Rechtslage vergleichbar ist, erscheint, wie unter C.III. festgestellt, eine analoge Anwendung der neu geregelten spezialgesetzlichen Auskunftsansprüche gegen Dritte auf den ergänzenden wettbewerbsrechtlichen Leistungsschutz angezeigt.

Zweiter Teil - Beweisermittlung und Beweissicherung

Der Auskunftsanspruch eröffnet dem Rechteinhaber die Möglichkeit, Verletzer ausfindig zu machen. Er greift jedoch nur dann ein, wenn der Rechteinhaber nachweisen kann, dass eine Rechtsverletzung vorliegt. Kann er dies nicht, hilft ihm der Auskunftsanspruch nicht weiter. Zunächst muss der erste Stein gefallen sein, nämlich eine Schutzrechtsverletzung nachgewiesen sein; erst dann folgen die anderen Steine (Schutzrechtsverletzungen) nach.[431]

Damit der Rechteinhaber die „erste" Schutzrechtsverletzung beweisen kann, benötigt er in vielen Fällen zusätzliche Informationen. Diese befinden sich regelmäßig in der Hand des vermeintlichen Verletzers. Um sich die Informationen zu beschaffen, muss der Rechteinhaber folglich einen Einblick in die Sphäre des potentiellen Klagegegners erhalten. Die §§ 140c PatG, 24c GebrMG, 19a MarkenG, 101a UrhG, 46a GeschmMG, 37c SortenschutzG, 9 Absatz 2 HalbleiterschutzG iVm. § 24c GebrMG gewähren dafür einen Vorlage- und Besichtigungsanspruch, der auch im Wege der einstweiligen Verfügung durchgesetzt werden kann. Diese Vorschriften dienten der Umsetzung des Artikels 6 RL, der einen prozessualen Beweisvorlageanspruch vorsieht und des Artikels 7 RL, der einen vorprozessualen Beweissicherungsanspruch beinhaltet.

Die deutschen Umsetzungsnormen entsprechen der Richtlinienunterteilung in vorprozessuale Beweissicherungsmaßnahmen und prozessuale Beweisermittlung nicht. Artikel 6 und 7 wurden vielmehr in einem einzigen Paragraphen zusammengefasst, der weitestgehend identisch in die verschiedenen Gesetze zum Schutz des geistigen Eigentums integriert wurde.[432] Der deutsche Gesetzgeber ging davon aus, dass Artikel 7 RL der *Sicherung* des Vorlageanspruchs aus Artikel 6 RL dienen sollte.[433] Er setzte den Beweissicherungsanspruch aber dergestalt um, dass nicht die bloße Sicherung der Beweismittel, sondern darüber hinaus bereits der Erfüllung des Vorlageanspruchs im einstweiligen Verfahren auf Grundlage dieses Anspruchs bewirkt werden kann.

Im Folgenden sollen die §§ 140c PatG, 24c GebrMG, 19a MarkenG, 101a UrhG, 46a GeschmMG, 37c SortenschutzG, 9 Absatz 2 HalbleiterschutzG iVm. § 24c GebrMG einer kritischen Würdigung unterzogen werden und auf ihre Richtlinienkonformität überprüft werden. Besonderes Augenmerk wird dabei auf die bestehenden Unterschiede zwischen Artikel 6 und 7 RL gerichtet.

A. Die Rechtslage vor Umsetzung der Richtlinie

Zunächst ist festzustellen, inwiefern die vor der Enforcement-Richtlinie bestehende Rechtslage bereits den Vorgaben der Richtlinie entsprach und ob ein Bedarf für die nunmehr erfolgte Umsetzung bestand. Hinsichtlich der strafprozessualen Informati-

431 Mes GRUR 2000, 934.

432 Einzig § 140c PatG weicht von den übrigen Vorlage- und Besichtigungsansprüchen in den §§ 24c GebrMG, 19a MarkenG, 101a UrhG, 46a GeschmMG, 37c SortenschutzG, 9 Abs. 2 HalbleiterschutzG iVm. § 24c GebrMG ab. Er nennt Verfahren als Besichtigungsgegenstand. Siehe dazu unter C.I.1.

433 RegE BT-Drs. 16/5048, S. 27 f.

onsbeschaffungsmöglichkeiten des Rechteinhabers, sei auf die im Ersten Teil unter A.I.2. gemachten Ausführungen verwiesen.

I. §§ 142, 144 ZPO

Das Gericht kann gemäß den §§ 142, 144 ZPO einer Partei oder einem Dritten, unabhängig von der Beweislast, die Vorlage von in ihrem Besitz befindlichen Urkunden[434] oder anderen Gegenständen oder die Duldung der Besichtigung aufgeben. Ein materiell-rechtlicher Herausgabe- oder Vorlegungsanspruch ist nicht erforderlich.[435] Der Verletzte muss darlegen, dass er die Urkunde benötigt, um seine Ansprüche geltend zu machen und dass die Urkunde auch geeignet ist, diesen Zweck zu erfüllen.[436] Unterlagen, die selber nicht beweisgeeignet und beweiserheblich sind aber es dem Verletzten ermöglichen, die Existenz beweisgeeigneter und -erheblicher Unterlagen erst herauszufinden, werden folglich nicht vom Vorlageanspruch erfasst. Die Richtlinie birgt in dieser Beziehung keine Neuerungen in sich. Auch nach Artikel 6 RL ist die Vorlage lediglich für „Beweismittel" vorgesehen. In Artikel 7 RL ist sogar von „rechtserheblichen Beweismitteln" die Rede.

Es besteht kein Anspruch auf Anordnung der Vorlage nach den §§ 142, 144 ZPO. Das heißt, auch wenn der Kläger die Beweiseignung und Beweisbedürftigkeit glaubhaft gemacht hat, steht die Anordnung der Vorlage noch immer im pflichtgemäßen Ermessen des Gerichts. Eine Vorlage ist dann anzuordnen, wenn diese zur Aufklärung des Sachverhalts geeignet, erforderlich, verhältnismäßig und angemessen ist.[437] Im Rahmen dieses Ermessens hat das Gericht die Zumutbarkeit der Vorlage zu prüfen. Dabei muss es die Nützlichkeit der Vorlage für eine sachgerechte Entscheidung und das Beweisinteresse des Verletzten gegen die seitens des Vorlageverpflichteten entgegenstehenden Interessen, wie dessen Persönlichkeitsschutz oder Geheimhaltungsinteressen, abwägen.[438]
Die entscheidende Schwäche der Vorlage nach den §§ 142, 144 ZPO liegt jedoch darin, dass keine Möglichkeit besteht diese prozessuale Anordnung auch durchzusetzen, denn eine prozessrechtliche Durchsetzung kann nur bei materiellrechtlichen Ansprüchen erfolgen. Eine Sanktion für die Nichtbefolgung der Anordnung ist nicht vorgesehen. Das Gericht kann die Weigerung allenfalls gemäß §§ 286, 427 S. 2 ZPO frei würdigen und die Behauptungen des Verletzten über die Beschaffenheit und den Inhalt der Urkunde als bewiesen annehmen. Fehlen jegliche Anhaltspunkte, kann jedoch keine Würdigung zugunsten des Klägers erfolgen. Vielmehr geht der Mangel an Beweisen in diesem Fall zu Lasten des Verletzten. Diese Rechtsfolgen genügen den Vorgaben des Artikels 6 RL nicht. Zwar sieht auch Artikel 6 RL keine Sanktion für den Fall der Nichtbefolgung der Vorlageanordnung vor. Erwägungsgrund 20 der Richtlinie verlangt aber, dass wirksame Mittel bereit zu stellen sind. Die Richtlinie

---

434 Zum Begriff: Baumbach/Lauterbach/Albers/Hartmann § 142, Rn. 7.

435 RegE Begr., BT-Drs. 14/4722, S. 92.

436 Battenstein S. 60; Thomas/Putzo-Reichold § 142, Rn. 1; Tilmann/Schreibauer GRUR 2006, 968, in Anm. zu BGH GRUR 2006, 962-Restschadstoffe; a.A. Zöller-Greger § 142, Rn. 1; Schneider MDR 2004, 1; wohl auch Uhlenbruck NZI 2002, 589, 590.

437 BGH GRUR 2006, 962, 966-Restschadstoffentfernung.

438 BT-Drs 14/6036 S. 120; BGH GRUR 2006, 962, 966-Restschadstoffentfernung; Zöller-Greger § 142, Rn. 2; Baumbach/Lauterbach/Albers/ Hartmann § 142, Rn. 5; Zekoll/Bolt NJW 2002, 3130 f.

setzt folglich auch die Durchsetzbarkeit der Vorlageanordnung aus Artikel 6 RL voraus.[439] Da im deutschen Recht nur materiell-rechtliche Ansprüche mit prozessualen Mitteln durchgesetzt werden können, war ein materiell-rechtlicher Anspruch zu schaffen.

II. §§ 422, 423 ZPO

Eine weitere Möglichkeit die Vorlage von Urkunden[440] anzuordnen, die sich in Besitz des Prozessgegners befinden, bieten die §§ 422, 423 ZPO. Hat sich der Gegner zum Zweck der Beweisführung[441] auf eine Urkunde bezogen und sei es auch nur in einem vorbereitenden Schriftsatz, so ist er gemäß § 423 ZPO zu deren Vorlage verpflichtet. Der Verletzte muss die vorzulegenden Dokumente aufgrund der Antragspflicht der §§ 421, 424 ZPO genau bezeichnen. Dies wird ihm häufig nicht möglich sein. Zudem handelt es sich bei § 423 ZPO genau wie bei den §§ 142, 144 ZPO um einen prozessualen Vorlageanspruch, der daher nicht durchgesetzt werden kann. Folge der Nichtvorlage ist gemäß § 427 ZPO lediglich, dass der Vortrag der anderen Partei hinsichtlich der Urkunde als zugestanden gilt.

Für eine Vorlegungspflicht des Gegners nach § 422 ZPO benötigt der Verletzte einen materiell-rechtlichen Anspruch. Als solcher kommt zunächst ein Anspruch auf Belegvorlage im Rahmen eines Auskunftsanspruchs in Betracht. Dieser besteht in der Regel bei einem selbständigen Auskunftsanspruch; nicht hingegen beim unselbständigen Auskunftsanspruch.[442] Aber auch beim selbständigen Auskunftsanspruch erstreckt sich der Anspruch auf Belegvorlage nur auf die von der Verpflichtung zur Auskunftserteilung betroffenen Inhalte. Der Vorlageanspruch nach Artikel 6 RL erfasst darüber hinaus auch solche Dokumente, über deren Inhalt nicht im Rahmen eines Auskunftsanspruchs zu informieren wäre. Der Belegvorlageanspruch im Rahmen eines Auskunftsanspruchs iVm § 422 ZPO genügt daher nicht, um den Vorgaben des Artikels 6 RL gerecht zu werden.

Als materiell-rechtlicher Anspruch kommen des Weiteren die in den §§ 809, 810 BGB normierten Vorlage- und Besichtigungsansprüche in Betracht. Diese können grundsätzlich der Vorbereitung von Ansprüchen aus gewerblichen Schutzrechten dienen.[443] Hinsichtlich eines Anspruchs aus § 810 BGB wird es jedoch regelmäßig an der Gemeinschaftlichkeit der Urkunde mangeln. Die an den Vorlage- und Besichtigungsanspruch aus § 809 BGB zu knüpfenden Voraussetzungen sind, ebenso wie der Umfang des Anspruchs, in den grundlegenden Entscheidungen des BGH sehr unterschiedlich gehandhabt worden.[444] Während der X. Senat für die Gewährung eines Vorlage- und Besichtigungsanspruchs die Darlegung einer „erheblichen Wahrscheinlichkeit“ forderte und befand, dass Substanzeingriffe stets unzulässig seien, ließ der I. Senat eine „hinreichende Wahrscheinlichkeit“ genügen und urteilte, dass Substanzeingriffe unter bestimmten Voraussetzungen zulässig sein können (Vgl.

439 RegE BT-Drs. 16/5048, S. 26 f.
440 Anders als bei § 142 ZPO werden sonstige Unterlagen nicht erfasst.
441 Bezugnahme nur auf den Inhalt genügt nicht: Zöller-Geimer § 423, Rn. 1.
442 Zur Belegvorlagepflicht beim Auskunftsanspruch siehe im Ersten Teil Abschnitt E.I.4.
443 McGuire GRUR Int. 2005, 19.
444 BGH GRUR 1985, 512-Druckbalken; BGH GRUR 2002, 1046-Faxkarte.

B.II.1. und C.II.3.). Mit der im Jahr 2006 ergangenen Entscheidung *Restschadstoffentfernung*[445] hat sich der X. Senat der Position des I. Senats zwar angenähert, von einer gefestigten einheitlichen Rechtsprechung kann jedoch nicht gesprochen werden. Deshalb bedurfte es einer Regelung durch den Gesetzgeber.

III. §§ 485 ff. ZPO

Zur Sicherung von Beweismitteln kommt ein selbständiges Beweisverfahren in Betracht. Für ein Beweisverfahren nach § 485 Absatz 1 ZPO ist die Zustimmung des Verletzers erforderlich, die dieser in der Regel nicht erteilen wird, da es seinen Interessen entgegenläuft, bei der Erlangung von Beweisen für eine von ihm begangene Rechtsverletzung mitzuwirken. Im Bereich des gewerblichen Rechtsschutzes ist daher vor allem die Möglichkeit der Durchführung eines selbständigen Beweisverfahrens in den Fällen des § 485 Absatz 1 Alternative 2 ZPO, das Bestehen einer Gefahr der Beweisvereitelung, und des § 485 Absatz 2 ZPO, die Durchführung eines selbständigen Beweisverfahrens zur Vermeidung eines Rechtsstreits, von Interesse.[446]
Die im Rahmen des selbständigen Beweisverfahrens gewonnenen Erkenntnisse sind gemäß § 493 ZPO für das Hauptverfahren verbindlich, wenn sich eine Partei auf sie beruft. Eine Ausnahme gilt gemäß Absatz 2 der Vorschrift, wenn der Gegner im selbständigen Beweisverfahren nicht erschienen ist und nicht rechtzeitig geladen wurde.[447] Gerade die Überraschung des vermeintlichen Verletzers ist jedoch Voraussetzung für ein Gelingen der Beweismittelbeschaffung, denn andernfalls hat die gegnerische Partei ausreichend Zeit, um belastendes Beweismaterial zu entfernen.
Sind die zu sichernden Beweismittel frei zugänglich, genügt ein selbständiges Beweissicherungsverfahren den Vorgaben des Artikels 7 RL. Sobald die Beweismittel sich jedoch in der Sphäre des Antragsgegners befinden, ist dies nicht mehr der Fall. Denn eine weitere, entscheidende Unzulänglichkeit des selbständigen Beweisverfahrens, im Vergleich zu der von Artikel 7 RL vorgesehenen Regelung, liegt auch hier in der mangelnden Durchsetzbarkeit der Beweissicherung. Die Vorlage von Beweismitteln kann entgegen den Richtlinienvorgaben nicht erzwungen werden.[448]

Das LG Düsseldorf hat versucht durch die Kombination der Vorschriften des selbständigen Beweisverfahrens (§§ 485 ff. ZPO) mit einer auf § 809 BGB gestützten einstweiligen Duldungsverfügung nach den §§ 935, 940 ZPO die Unzulänglichkeiten des selbständigen Beweisverfahrens für die Durchführung einer Besichtigung zu umgehen.[449] Gegen ein solches Vorgehen spricht jedoch, dass der Erlass einer einstweiligen Verfügung im selbständigen Beweisverfahren gerade nicht möglich ist. Die

---

445 BGH GRUR 2006, 962-Restschadstoffentfernung.

446 RegE BT-Drs. 16/5048, S. 28; Kühnen GRUR 2005, 185, 188; a.A. Ahrens GRUR 2005, 837, 838.

447 War der Gegner bei der Besichtigung zugegen, obwohl er nicht rechtzeitig geladen wurde, kann die Beweisaufnahme nach einer Ansicht mittels Urkundsbeweis in den Hauptsacheprozess eingeführt werden. Siehe Markfort 165; Bork NJW 1997, 1665, Fn.22.

448 OLG Düsseldorf GRUR 1983, 741, 743-Geheimhaltungsinteresse und Besichtigungsanspruch I; Karger S. 144; Baumbach/Lauterbach/Albers/Hartmann Übers. § 371, Rn. 8; Leppin GRUR 1984, 552, Dreier GRUR Int. 1996, 205, 217; 559; Karg ZUM 2000, 934, 942.

449 OLG Düsseldorf GRUR 1983, 741-Geheimhaltungsinteresse und Besichtigungsanspruch I; Ausführlich zur sog. „Düsseldorfer Praxis“: Battenstein S. 113 ff.; Kühnen GRUR 2005, 185, 187; Eck/Drombowski GRUR 208, 387 ff..

Zielrichtung des Beweisverfahrens ist eine andere als die des Besichtigungs- und Vorlageanspruchs. Während mit Hilfe des Letzteren Beweise für einen späteren Prozess beschafft werden sollten, zielt das Beweisverfahren auf eine sofortige Beweisaufnahme durch das Gericht ab.[450] Die sogenannte Düsseldorfer Praxis entsprach daher bereits unabhängig von der Umsetzung der Enforcement-Richtlinie nicht der Gesetzeslage.[451] Zudem ist nach den §§ 935 ff. ZPO nur die Sicherung des Vorlageanspruchs, nicht aber die Sicherung weiterer Beweismittel möglich.[452]

IV. Sekundäre Darlegungslast

Neben den geschilderten Möglichkeiten zur Beweissicherung und Beweiserlangung können im Rahmen des zivilprozessualen Verfahrens durch den Parteivortrag notwendige Informationen gewonnen werden. Grundsätzlich gilt, dass die eine Partei nicht substantiierter erwidern muss, als die andere Partei vorgetragen hat.[453] In Fällen von Schutzrechtsverletzungen fehlen aber häufig, insbesondere wenn es sich um eine Verletzung technischer Schutzrechte handelt, die für eine ausreichende Substantiierung erforderlichen Informationen. Die Rechtsprechung hat für entsprechende Fälle, in denen der primär darlegungspflichtigen Partei die für einen substantiierten Vortrag erforderlichen Kenntnisse fehlen, weil sie außerhalb des von ihr darzulegenden Geschehensablauf steht, während der gegnerischen Partei die Erteilung der Informationen zumutbar ist, letzterem ausnahmsweise eine sekundäre Behauptungslast auferlegt. Das bedeutet, der primär nicht Darlegungspflichtige kann sich nicht auf ein einfaches Bestreiten beschränken, sondern muss, um wirksam zu bestreiten, eine substantiierte Gegendarstellung vortragen. Andernfalls gilt der Sachvortrag des Klägers nach § 138 Absatz 3 ZPO als zugestanden.

Die Grundsätze der sekundären Behauptungslast können auch dem Schutzrechtsinhaber bei der Verfolgung seiner Rechte weiterhelfen.[454] Typischerweise entziehen sich besonders in Fällen der vermeintlichen Verletzung von technischen Schutzrechten, die für die Darlegung der Verletzung erforderlichen Abläufe der Kenntnis des Schutzrechtsinhabers, während der Prozessgegner über diese verfügt. Der Vorteil der sekundären Behauptungslast gegenüber gesetzlich geregelten Verfahren liegt darin, dass es sich um ein sehr flexibles Mittel handelt, um strukturelle Informationsdefizite einer Partei auszugleichen.
In dieser Flexibilität kann zugleich aber auch ein nicht unerheblicher Nachteil gesehen werden. Durch die verstärkte Betonung materieller Gerechtigkeitserwägungen wurden die Mitwirkungspflichten der nicht beweisbelasteten Partei im deutschen Recht ausgeweitet.[455] Vereinzelt wurde mit Hinblick auf die Darlegungslast daher schon die Umkehr des Regel-Ausnahme-Verhältnis dahingehend gefordert, dass

450 OLG München CR 1987, 761, 762.
451 Marshall in FS Preu S. 163; Ahrens GRUR 2005, 837, 838.
452 RegE BT-Drs. 16/5048, S. 27.
453 Zöller-Greger § 138 Rn. 8a.
454 Für eine Anwendung der Grundsätze der sekundären Behauptungslast auch im Schutzrechtsverletzungsprozess siehe Mes GRUR 2000, 934 ff.
455 Zekoll/Bolt NJW 2002, 3129, 3130.

jede Partei grundsätzlich zur Aufklärung beitragen muss, es sei denn, die Offenbarung der betreffenden Informationen ist ihr im Einzelfall unzumutbar.[456]
Die sekundäre Behauptungslast, die Zurückhaltung der Rechtsprechung bei der Annahme unzulässiger Behauptungen ins Blaue hinein und die Aufweichung des Substantiierungsgebots durch einen weiten Gebrauch des richterlichen Fragerechts führen zur zunehmenden Einschränkung des Ausforschungsverbots.[457] Dieser Umstand erscheint alleine nicht verwerflich. Tatsächlich machen materiellrechtliche Gerechtigkeitserwägungen eine entsprechende Aufweichung erforderlich. Jedoch wird die Rechtslage durch die rein richterliche Rechtsfortbildung nicht klarer und berechenbarer. Eine Normierung bestimmter Offenlegungspflichten der Parteien, wie sie in anderen Rechtsordnungen besteht, würde eine größere Rechtssicherheit und Durchschaubarkeit der rechtlichen Lage ermöglichen.[458]

Auch wenn über die sekundäre Behauptungslast die Erlangung erforderlicher Informationen ermöglicht wird und ein Informationsdefizit des Schutzrechtsinhabers ausgeglichen wird, so genügt dieses Mittel jedenfalls nicht den Vorgaben der Enforcement-Richtlinie, denn Artikel 6 RL sieht unzweideutig vor, dass der Rechteinhaber vom vermeintlichen Verletzter die Vorlage von Beweisen verlangen kann. Dies ist über die sekundäre Behauptungslast nicht zu erreichen ist.

V. Umsetzungsbedarf

Artikel 6 und 7 RL erfordern die Durchsetzbarkeit des Vorlage- und Besichtigungsanspruchs beziehungsweise des Sicherungsanspruchs. Eine zwangsweise Durchsetzung von Ansprüchen ist nach deutschem Recht nur bei materiell-rechtlichen Ansprüchen möglich.
Ein entsprechender Vorlage- beziehungsweise Besichtigungsanspruch fand sich vor Umsetzung der Richtlinie allenfalls in den §§ 809, 810 BGB. Da für die Voraussetzungen und den Umfang dieses Anspruchs aber keine gefestigte Rechtsprechung besteht, war eine Umsetzung nicht zuletzt aus Gründen der Rechtssicherheit erforderlich. Der durch die Richtlinie vorgesehene Anspruch geht zudem über die von den §§ 809, 810 BGB erfassten Maßnahmen hinaus. Als Beispiel hierfür sei etwa der Anspruch auf Vorlage von Bank-, Finanz- und Handelsunterlagen genannt (vgl. C.I.2.).

Eine entscheidende Neuerung könnte jedoch in Artikel 7 RL liegen. Dieser sieht Maßnahmen zur Beweissicherung vor und dient damit letztlich der Sicherung der Erfüllbarkeit des Vorlageanspruchs nach Artikel 6 RL.[459] Dem Anspruch ist nicht zu entnehmen, dass eine Herausgabe der gesicherten Beweise an den Rechteinhaber vorzusehen ist.[460] Vielmehr bezieht sich Artikel 7 RL durchgehend ausschließlich auf die *Sicherung,* nicht aber auf die Erlangung oder Vorlage von Beweismitteln.

---

456 Zöller-Greger Vor § 284, Rn. 34d.
457 Zekoll/Bolt NJW 2002, 3129, 3130.
458 Zekoll/Bolt NJW 2002, 3129, 3130.
459 Soweit triff auch die vom deutschen Gesetzgeber vorgenommene Einordnung des Artikels 7 RL zu. Vgl. RegE BT-Drs. 16/5048, S. 27 f.
460 Ebenso Peukert/Kur GRUR Int. 2006, 292, 300 unter Hinweis auf die Entstehungsgeschichte des Artikels. Derselben Ansicht mit Hinblick auf die Auslegung des entsprechenden Artikels 50 Abs. 2 TRIPS auch KG GRUR-RR 2001, 118, 119.

Eine Erfüllung des Vorlageanspruchs im einstweiligen Verfügungsverfahren ermöglicht dem Rechteinhaber zwar grundsätzlich ein schnelleres Vorgehen, in der Regel werden jedoch Geheimhaltungsinteressen des Schuldners ohnehin einer sofortigen Herausgabe im Rahmen der Vorlage oder Besichtigung erlangten Beweise an den Rechteinhaber entgegenstehen (vgl. E.).
Im einstweiligen Verfügungsverfahren kann zudem nicht mehr erlangt werden als im Hauptsacheverfahren. Das heißt, ein Vorlageanspruch, der im einstweiligen Rechtsschutz zu erfüllen ist, kann keinen weiteren Anwendungsbereich haben als der im Hauptsacheverfahren geltend gemachte Vorlageanspruch. Artikel 7 RL sieht jedoch eine umfassende Beweissicherung vor, welche auch Beweise erfasst, die zum Zeitpunkt der Beweissicherung noch nicht benannt werden können und daher nicht vom Vorlageanspruch erfasst werden (B.III.). Dieser erweiterte Umfang ist von Vorteil, da es denkbar ist, dass die Beweise lediglich zum Zeitpunkt der Beweissicherung nicht benannt werden können, dies aber zu einem späteren Verfahrenszeitpunkt sehr wohl möglich ist. Können die Beweise nicht gesichert werden, so ist auch eine spätere Bezeichnung nutzlos, da die Beweise in der Regel nicht mehr vorhanden sind.
Gegen eine Umsetzung, welche eine Pflicht zur Erfüllung des Vorlageanspruchs innerhalb des Verfügungsverfahrens vorsieht, ist zudem anzuführen, dass eine Ausnahme vom Verbot der Vorwegnahme der Hauptsache vorgesehen werden müsste und aufgrund der lediglich summarischen Prüfung der Anspruchsvoraussetzungen im Verfügungsverfahren eine Aushöhlung des Ausforschungsverbots droht.
Aus den genannten Gründen würde den Vorgaben des Artikels 7 RL am besten durch die Normierung eines selbständigen Beweissicherungsanspruchs Genüge getan. Einen solchen kennt das deutsche Recht bislang nicht. Vielmehr erfolgt eine Sicherung von Beweisen allenfalls im Rahmen des selbständigen Beweisverfahrens. Dieses wird jedoch aufgrund der dargestellten Defizite den Vorgaben des Artikels 7 RL nicht gerecht.
Der Gesetzgeber sah keinen entsprechenden Beweissicherungsanspruch vor. Er ließ es vielmehr ausreichen, die Möglichkeit der Durchsetzbarkeit des Vorlage- und Besichtigungsanspruchs im Wege der einstweiligen Verfügung zu normieren.
Im Folgenden soll aufgezeigt werden, dass die Umsetzung des Artikels 7 RL hinsichtlich des Umfangs der zu sichernden Beweismittel sowie der möglichen Sicherungsmaßnahmen hinter den Richtlinienvorgaben zurückbleibt. Darüber hinaus soll die erfolgte Umsetzung einer näheren Betrachtung unterzogen werden.

B. Anspruchsvoraussetzungen

Der deutsche Gesetzgeber ging ebenfalls von einer Notwendigkeit für die Schaffung eines neuen Vorlage- und Besichtigungsanspruchs aus. Den Vorgaben der Enforcement-Richtlinie hätte sowohl durch den Ausbau der prozessualen Aufklärungspflichten,[461] als auch durch die Schaffung materiell-rechtlicher Informationsansprüche entsprochen werden können. Indes widerspräche es der deutschen Systematik durchsetzbare prozessuale Ansprüche zu normieren. Da die Richtlinie die Durchsetzbarkeit des Vorlage- und Besichtigungsanspruchs erfordert, konnte nur die Schaffung eines materiell-rechtlichen Vorlage- und Besichtigungsanspruchs der deutschen Systematik, ebenso wie den Richtlinienvorgaben, gerecht werden.

---

461 Für diese Lösung spricht sich Haedicke in FS Schricker S. 23 ff. aus.

Im Folgenden sollen die Reichweite und der Bedeutungsgehalt der einzelnen Anspruchsvoraussetzungen untersucht und auf ihre Richtlinienkonformität überprüft werden.

I. Beteiligte

1. Deutsche Umsetzung

Anspruchinhaber können grundsätzlich die im Ersten Teil unter B. bezeichneten Personen sein. Problematischer gestaltet sich im Zusammenhang mit dem Vorlage- und Berichtigungsanspruch die Bestimmung der möglichen „gegnerischen" oder „anderen Partei" im Sinne der Artikel 6 und 7 RL. Nach dem Wortlaut der §§ 140c PatG, 24c GebrMG, 19a MarkenG, 101a UrhG, 46a GeschmMG, 37c SortenschutzG, 9 Absatz 2 HalbleiterschutzG iVm. § 24c GebrMG besteht der Anspruch nur gegen den Verletzer. Die Formulierung stimmt diesbezüglich mit Absatz 1 der im ersten Teil behandelten Auskunftsansprüche überein. Da eine einheitliche Auslegung der Begrifflichkeiten vorzunehmen ist, umfasst der Vorlage- und Besichtigungsanspruch wie der Auskunftsanspruch gegen den Verletzer auch den Störer als Passivlegitimierten (vgl. Erster Teil C.I.). Dritte im Sinne des Absatzes 2 der einschlägigen Auskunftsvorschriften werden hingegen nicht von den neu geschaffenen, spezialgesetzlichen Vorlage- und Besichtigungsansprüchen erfasst.

2. Anspruch gegen Dritte

a) Bedarf für einen Anspruch gegen Dritte

Im deutschen Recht kann sich der Vorlageanspruch nur gegen den Verletzer richten. Ist bereits ein Verfahren gegen einen vermeintlichen Verletzer eingeleitet, kommt gegen Dritte allenfalls eine Anordnung nach §§ 142, 144 ZPO in Betracht. Allerdings ist es denkbar, dass der Verletzte zum Zeitpunkt einer notwendigen Beweissicherung noch nicht über die erforderlichen Beweise verfügt, um einen vermeintlichen Verletzer zu benennen beziehungsweise ein Verfahren gegen diesen einzuleiten.

Meistens wird ein Beweissicherungsanspruch gegen Dritte mangels Dringlichkeit scheitern. Sollte ausnahmsweise jedoch eine Beweisvernichtungsgefahr vorliegen, hätte der Rechteinhaber nach derzeitiger Rechtslage keine Möglichkeit die Beweise beim Dritten zu sichern. Ein Beweissicherungsanspruch auch gegen Dritte würde die Rechtsschutzmöglichkeiten des Rechteinhabers daher erheblich verbessern. Auf der anderen Seite kann die Besichtigung für den Dritten mit erheblichen Eingriffen in dessen Sphäre verbunden sein. Wie bereits beim Auskunftsanspruch gegen Dritte ausgeführt wurde, ist die Verhältnismäßigkeit der Inanspruchnahme solcher Personen, deren Beteiligung an der Verletzung bislang nicht feststeht, sehr kritisch zu betrachten. Zu berücksichtigen ist aber, dass durch die Verfolgung von Schutzrechtsverletzern nicht nur der Rechteinhaber geschützt wird, sondern auch die Allgemeinheit.[462] Diese Schutzzwecke überwiegen nach der Entscheidung des Richtliniengebers grundsätzlich dem Interesse des unbeteiligten Dritten keinem Anspruch ausgesetzt zu werden. Daher sollte im Interesse effektiver Rechtsschutzmöglichkeiten die

---

462 Fezer § 19, Rn. 19; *Erwägungsgrund 1RL* nennt unter anderem die Entwicklung des Arbeitsmarktes und die Verbesserung der Wettbewerbsfähigkeit als Ziel des Schutzes geistigen Eigentums. Gemäß *Erwägungsgrund 3 RL* sind die Instrumente zur Durchsetzung der Rechte des geistigen Eigentums von zentraler Bedeutung für den Erfolg des Binnenmarkts.

Möglichkeit vorgesehen werden, eine Beweissicherung im Wege der einstweiligen Verfügung grundsätzlich auch bei einem Dritten durchzuführen.[463] Eine Ausnahme muss jedoch hinsichtlich der Vorlage von Bank-, Finanz- und Handelsunterlagen gelten. Diese wird regelmäßig nicht erforderlich sein, um eine Rechtsverletzung nachweisen zu können. Zudem ist einem unbeteiligten Dritten ein derart weitreichender Eingriff in seine Geheimhaltungsinteressen grundsätzlich nicht zumutbar.

b) Richtlinienkonformität

Fraglich ist, ob den Anforderungen der Richtlinie genügt wurde, obwohl sich der Vorlage- und Besichtigungsanspruch nicht gegen Dritte richten kann. Nach dem Wortlaut des Artikels 6 RL kann die Beweisvorlage nicht nur im Rahmen der Geltendmachung von Ansprüchen gegen den Verletzer verlangt werden, sondern bei der Geltendmachung von „Ansprüchen" im Allgemeinen. Als solche kommen aber auch Auskunftsansprüche gegen Dritte in Betracht kommen. So ist es denkbar, dass der Verletzte von einem Dritten Auskunft über den oder die Verletzer verlangt, die Verletzung seines Rechts aber nur mit Hilfe solcher Beweise nachweisen kann, die sich in der Verfügungsgewalt des Dritten befinden.
Für eine entsprechende Auslegung des Artikels 6 RL spricht auch der Umstand, dass die Artikel 6 und 7 RL nach dem Vorbild der französischen saisie-contrefaçon sowie der britischen search order geschaffen wurden.[464] Diese können sich auch gegen Unbeteiligte beziehungsweise solche Dritte richten, welche (schuldlos) in das Handeln des Verletzers verwickelt sind.[465] Darüber hinaus bestimmt Erwägungsgrund 23 RL, dass gerichtliche Anordnungen auch gegen Mittelspersonen beantragt werden können, deren Dienste von einem Dritten dazu genutzt werden, das Schutzrecht zu verletzen. Zweck des Artikels 6 ist es, dem Verletzten die Beweisführung und damit die Verfolgung seiner Rechte zu erleichtern. Dieser Zweck lässt sich nicht auf Ansprüche gegen den Verletzer beschränken. Gerade in Fällen, in denen die Geltendmachung eines Auskunftsanspruchs gegen einen Dritten die einzige Möglichkeit darstellt, um den oder die Verletzer ausfindig zu machen, ist es erforderlich, dass dem Rechteinhaber Hilfsansprüche zum Nachweis der Rechtsverletzung zur Verfügung stehen. Konsequenterweise muss in den seltenen Fällen, da zudem eine Vernichtungsgefahr hinsichtlich der in der Verfügungsgewalt des Dritten befindlichen Beweise besteht, auch eine Beweissicherung nach Artikel 7 RL möglich sein.
Der Vergleich mit den entsprechenden britischen und französischen Regelungen sowie Sinn und Zweck der Artikel 6 und 7 RL sprechen daher dafür, auch einen Dritten als Passivlegitimierten zu erfassen. Der Wortlaut der Artikel 6 und 7 RL steht einer entsprechenden Auslegung nicht entgegen. Artikel 6 RL spricht von der „gegneri-

---

463 Dass es sich um einen Dritten handelt, der grundsätzlich schutzwürdiger ist als ein Verletzer, wäre dann insbesondere auch bei der Beurteilung des erforderlichen Wahrscheinlichkeitsgrades zu berücksichtigen gewesen. Siehe dazu unter B.II.

464 Vorschlag für eine Richtlinie des Europäischen Parlaments und des Rates über die Maßnahmen und Verfahren zum Schutz der Rechte an geistigem Eigentum, KOM (2003) 46 endg., v. 30.1. 2003, S. 15.

465 Für das französische Recht: Linant de Bellefonds S. 412; Lucas/Lucas S. 580. Für das britische Recht: Emanuel versus Emanuel (1982) 2 All E.R. 342; Norwich Pharmacal Co. versus. Commissioners of Customs and Excise (1973) 2 All E.R. 943; Cornish/Llewelyn Rn. 2-58; Torremans S. 593 f.; Ibbeken S. 132 f.; Battenstein S. 200 m.w.N. Allerdings beinhaltet die britische search order gegen Dritte lediglich eine Pflicht die verletzenden Waren nicht wegzubewegen.

schen Partei", also der Partei, gegen die ein Anspruch geltend gemacht wird, während Artikel 7 RL pauschal die „andere Partei" als Passivlegitimierte nennt.[466] In keinem der beiden Artikel ist jedoch die Rede von einem Verletzer. Aus Erwägungsgrund 20 RL ergibt sich allerdings, dass ein Anspruch auf Vorlage von Bank-, Finanz- und Handelsunterlagen nur gegen den Verletzer bestehen soll.
Anders als im Rahmen des Auskunftsanspruchs wird bei den Artikeln 6 und 7 RL der Anspruch gegen Dritte nicht ausdrücklich vorausgesetzt. Es ist daher davon auszugehen, dass dieser nicht verbindlich vorgesehen wurde, sondern seine Einführung den Mitgliedstaaten überlassen werden sollte. Das deutsche Recht entspricht damit, auch ohne einen Anspruch gegen Dritte eingeführt zu haben, den Richtlinienvorgaben.

3. Verfügungsgewalt des Verletzers

a) Terminologie

Der Kreis der Passivlegitimierten wird in den §§ 140c PatG, 24c GebrMG, 19a MarkenG, 101a UrhG, 46a GeschmMG, 37c SortenschutzG, 9 Absatz 2 HalbleiterschutzG iVm. § 24c GebrMG auf solche Personen beschränkt, in deren Verfügungsgewalt sich das vorzulegende oder zu besichtigende Beweismittel befindet. Das Erfordernis der „Verfügungsgewalt" findet sich in deutschen Gesetzestexten vergleichsweise selten.[467] Wesentlich gebräuchlicher ist die Verwendung des Merkmals „Besitz". So richtet sich auch der Anspruch nach § 809 BGB gegen den „Besitzer".
Der Begriff der Verfügungsgewalt enthält demgegenüber jedoch keine Abweichung. Er beinhaltet ebenso wie der Besitz eine rechtliche und eine tatsächliche Komponente. Der Gesetzgeber wollte offenbar die Terminologie der Richtlinie übernehmen und hat deshalb eine sprachliche Abweichung vom Anspruch aus § 809 BGB beschlossen.[468] Diese Abweichung war nicht erforderlich und hätte daher im Interesse einer einheitlichen Verwendung der Begrifflichkeiten unterbleiben sollen.

b) Bedeutungsgehalt

Nach der herrschenden Ansicht kann sich der Anspruch aus § 809 BGB sowohl gegen den unmittelbaren, als auch gegen den mittelbaren Besitzer richten, wenn letzterer in der Lage ist, den Anspruch zu erfüllen.[469] Der Besitzdiener soll hingegen keinem Vorlage- und Besichtigungsanspruch ausgesetzt sein.[470] Demnach wäre es

---

466 Auch in den anderen Sprachen sind dort Unterschiede festzustellen. Englisch: Art. 6: „opposing party"; Art. 7: „other party"; französisch: Art. 6: „partie adverse" und Art. 7: „autre partie"; spanisch: Art. 6: „parte contraria"; Art. 7: „otra parte".

467 Die Eingabe bei juris ergab lediglich 15 Verwendungen in deutschen Rechtsvorschriften. Bei den meisten Vorschriften handelte es sich um solche aus Verordnungen (§§ 5 WiSiV, 26 WeinV 1995; 5 UmstVersUV; 5 UmstGeldInstV; 5 UmstBAuSparV; 9 TÄHAV; Anlage VIIId StVZO; 1 und 2 SaatAufzV; 62 LuftVZO; 12 LAG; 16 KrWaffKontrG; 2 DepV; 5 BArchG; 6 AuslWBG).

468 Die Enforcement-Richtlinie erfordert die Verfügungsgewalt des Schuldners nur im Rahmen des Vorlageanspruchs in Artikel 6 RL; nicht aber beim Besichtigungsanspruch nach Artikel 7 RL. Bei Letzterem ergibt sich das Erfordernis jedoch aus dem Zusammenhang. Eine Besichtigungsanordnung macht nur gegen die Person Sinn, welche die Besichtigung auch ermöglichen kann. Dazu ist in der Lage, wer die tatsächliche Verfügungsgewalt innehat.

469 Battenstein S. 22; Saß S. 82 f.; Palandt-Sprau § 809, Rn. 8; Staudinger-Marburger § 809, Rn. 10; Müko-Hüffer § 809, Rn. 7 f.; Leppin GRUR 1984, 552, 556.

470 Staudinger/Marburger § 809, Rn. 11; Müko-Hüffer § 809, Rn. 7 f.

zwar ausreichend nur die rechtliche oder die rechtliche und die tatsächliche Möglichkeit zur Anspruchserfüllung innezuhaben. Ausschließlich die tatsächliche Möglichkeit zur Anspruchserfüllung genügt indes nicht.
Zu Recht wird dem von einer Gegenansicht widersprochen.[471] Der Besitzdiener kann aufgrund seiner tatsächlichen Sachherrschaft grundsätzlich verschiedenen Ansprüchen, wie Ersatzansprüchen aufgrund der Beschädigung der Sache oder nach § 9 PatG wegen eines In-Verkehr-Bringens patentverletzender Waren, ausgesetzt sein. Es ist daher nicht ersichtlich, warum nicht auch Hilfsansprüche gegen den Besitzdiener gelten gemacht werden sollten.[472] Der Besitzdiener muss daher ebenfalls zum Kreis der Passivlegitimierten gezählt werden, soweit er aufgrund des Innenverhältnisses zum Besitzherrn in der Lage ist die Sache vorzulegen. Die tatsächliche Möglichkeit zur Anspruchserfüllung ist in diesem Fall ausreichend. Selbiges muss nunmehr auch mit Hinblick auf die spezialgesetzlich geregelten Vorlage- und Besichtigungsansprüche gelten.

II. Hinreichende Wahrscheinlichkeit

Dem Rechteinhaber soll durch den Vorlage- und Besichtigungsanspruch die Möglichkeit eröffnet werden, sich die für den Nachweis einer Rechtsverletzung notwendigen Informationen zu beschaffen beziehungsweise entsprechende Beweise zu sichern. Da die vermeintlichen Verletzer andererseits nicht völlig grundlos in Anspruch genommen werden können, ist für die Geltendmachung von Hilfsansprüchen der Nachweis einer Wahrscheinlichkeit für das Vorliegen der Verletzungshandlung zu fordern. Der deutsche Gesetzgeber hat sich entschieden den neuen Vorlage- und Besichtigungsanspruch von der Darlegung einer „hinreichenden Wahrscheinlichkeit" der Rechtsverletzung abhängig zu machen. Mit diesem Begriff wurde den bereits bekannten Abstufungen im Bereich der Beweisermittlung und Beweissicherung eine weitere hinzugefügt. Daher ist zunächst zu erläutern, wie sich die neue Terminologie von der bisher verwendeten unterscheidet. Sodann ist ihr Inhalt zu präzisieren.

1. Vergleich mit früherer Terminologie

Die Diskussion über den erforderlichen Wahrscheinlichkeitsgrad war in den vergangenen Jahren weit verbreitet.[473] Der X. Senats des BGH, der für die technischen Schutzrechte zuständig ist, forderte in seinem Druckbalken-Urteil[474], unter Hinweis auf das zivilprozessuale Ausforschungsverbot, den Nachweis einer „erheblichen Wahrscheinlichkeit" der Rechtsverletzung. Diese Entscheidung wurde vielfach kritisiert.[475] Positiv aufgenommen wurde hingegen die Faxkarten Entscheidung des I. Senats des BGH, in welcher das Gericht eine „gewisse Wahrscheinlichkeit" ausrei-

471 Saß S. 84 f.; Leppin GRUR 1984, 552, 556.
472 Saß S. 85.
473 Siehe u.a.: von Hartz S. 146 f.; Götting GRUR 1988, 729, 737 ff.; Bork NJW 1997, 1665, 1668 f.; Krieger GRUR 1997, 421, 426; Mes GRUR 2000, 934, 937; Tilmann/Schreibauer GRUR 2002, 1015, 1016 f.
474 BGH GRUR 1985, 512 ff.-Druckbalken.
475 Siehe u.a.: von Hartz S. 147 f.; Battenstein S. 46 m.w.N.; Leppin GRUR 1984, 552, 563 f.; Fritze/Stauder GRUR Int. 1986, 342 f.; Tilmann GRUR 1987, 251, 256 f.; Meyer-Dulheuer GRUR Int. 1987, 14, 16; Götting GRUR 1988, 729, 738 ff.; Bork NJW 1997, 1665, 1670; Tilmann/Schreibauer GRUR 2002, 1015, 1019.

chen ließ.[476] Der erwartete Umschwung beim X. Senat erfolgte schließlich im Jahr 2006 mit der Entscheidung „Restschadstoffentfernung".[477] In dieser Entscheidung forderte der BGH nunmehr eine „Wahrscheinlichkeit", deren erforderlichen Grad er nicht näher bestimmte.[478] Stattdessen verwies er sowohl auf den, nach Ergehen der Entscheidung in der Vorinstanz der Öffentlichkeit zugänglich gemachten, vom Bundesministerium der Justiz vorgelegten Referentenentwurf zum jetzigen Umsetzungsgesetz[479] als auch auf die Entscheidung „Faxkarte" des BGH und verschiedene Urteile der Instanzrechtsprechung.
Bei den verwendeten Begriffen handelt es sich letztlich um Tendenzangaben.[480] Erforderlich ist ein bestimmter Grad an Wahrscheinlichkeit, der zwischen „möglich" und „sicher" liegt. Dabei ist eine „gewisse Wahrscheinlichkeit" auf einer Position zwischen „möglich" und „wahrscheinlich" zu verorten,[481] während eine „erhebliche Wahrscheinlichkeit" zwischen „wahrscheinlich" und „sicher" liegen muss. Eine „hinreichende Wahrscheinlichkeit" beinhaltet noch weniger eine klare Tendenz, als dies die Begriffe „gewisse" oder „erhebliche" tun. „Hinreichend wahrscheinlich" kann alles von „möglich" bis „sicher" sein. Mit der Forderung einer Wahrscheinlichkeit, deren Grad nicht näher bestimmt wird, entsprach die Entscheidung „Restschadstoffentfernung" somit bereits den Vorgaben des neuen Vorlage- und Besichtigungsanspruchs.

2. Zweck des Erfordernisses

Um festlegen zu können, wann die „hinreichende Wahrscheinlichkeit" einer Rechtsverletzung besteht, ist zunächst auf den Sinn dieses Erfordernisses abzustellen. Zweck des Vorlage- und Besichtigungsanspruchs ist es, dem Rechteinhaber zu helfen, sein Informationsdefizit zu beseitigen. Andererseits können Hilfsansprüche nicht wahllos gegenüber Jedermann geltend gemacht werden.[482] Es besteht die Gefahr, dass der Anspruch zur Ausforschung der gegnerischen Partei missbraucht wird oder den Anspruchsgegner unverhältnismäßig beeinträchtigt. Beides soll durch das Erfordernis der „hinreichenden Wahrscheinlichkeit" verhindert werden.

Die Reichweite der Informationsansprüche wird durch das Ausforschungsverbot begrenzt.[483] Es besagt, dass es im deutschen Recht grundsätzlich nicht erlaubt ist, einer Partei einen Anspruch zu gewähren, durch welchen die darlegungspflichtige Partei erst die Informationen erhält, welche sie benötigt, um ihre Behauptungen schlüssig darlegen zu können.[484] Eine Partei darf folglich nur dann in Anspruch genommen werden, wenn die andere Partei schlüssig darlegen kann, dass der Anspruch gegen sie besteht. Die Hilfsansprüche dienen allerdings gerade der Erlangung bislang unbekannter Informationen, ohne welche der Rechteinhaber die Rechtsverletzung nicht

---

476 BGH GRUR 2002, 1046 ff.-Faxkarte.
477 BGH GRUR 2006, 962-Restschadstoffentfernung.
478 BGH GRUR 2006, 962, 967-Restschadstoffentfernung.
479 RefE zuletzt abgerufen am 31.05.2008 unter: http://www.urheberrecht.org/topic/enforce/bmj/2006-01-03-DurchsetzungsG-E.pdf.
480 Tilmann/Schreibauer GRUR 2002, 1015, 1016.
481 Tilmann/Schreibauer GRUR 2002, 1015, 1016.
482 BGH GRUR 2002, 1046, 1048-Faxkarte.
483 BGH GRUR 1985, 512 ff.-Druckbalken.
484 Zöller-Greger § 284, Rn. 5; Müko(ZPO)-Prütting § 284, Rn. 78; Musielak-Stadler § 284, Rn. 17.

nachweisen kann. Nach obiger Definition stellen Informationsansprüche damit den klassischen Fall der Ausforschung dar.

Allerdings ist nicht jede Ausforschung verboten. Es ist anerkannt, dass in einigen Fällen, in denen der Anspruch wahrscheinlich besteht, die beweisbelastete Partei aufgrund fehlender Informationen aber nicht in der Lage ist, schlüssig vorzutragen, zur Erreichung eines gerechten Interessensausgleichs und zur Gewährung effektiven Rechtsschutzes, materiellrechtliche Informationsansprüche zu gewähren sind.[485] Der BGH hat in seiner Entscheidung „Faxkarte" ausdrücklich festgestellt, dass das Ausforschungsverbot nichts darüber aussagt, ob und in welchem Umfang das materielle Recht Auskunfts- und andere Hilfsansprüche kennt, die dem Gläubiger die Geltendmachung weiterer Ansprüche erst ermöglichen sollen.[486] Vielmehr ist anhand einer Einzelfallbetrachtung zu bestimmen, wann eine verbotene Ausforschung vorliegt.

Soweit die Ausforschung auf ein substantiiertes Vorbringen gestützt ist, ist sie zulässig.[487] Das Ausforschungsverbot stellt somit letztlich die Kehrseite der Substantiierungslast dar. Es handelt sich nur dann um eine verbotene Ausforschung, wenn die darlegungspflichtige Partei der ihr obliegenden Substantiierungslast nicht nachgekommen ist und versucht sich die fehlenden Informationen bei der anderen Partei zu beschaffen. Entscheidend ist folglich die Reichweite der im Einzelnen bestehenden Substantiierungslast.

3. Substantiierungsanforderungen

Die Anforderungen an die Substantiierungslast dürfen grundsätzlich nicht überspannt werden. Mit der Zurückweisung von Beweisanträgen wegen eines Verstoßes gegen das Ausforschungsverbot ist nach allgemeiner Ansicht zurückhaltend zu verfahren.[488] In Fällen typischer Unkenntnis der relevanten Umstände, sei es mangels eigener Sachkunde oder eigener Wahrnehmungsmöglichkeit, ist anerkannt, dass es für eine Substantiierung ausreichend ist, plausible Anhaltspunkte für die gemachten Behauptungen darzulegen.[489] Dieser Umstand spiegelt sich im Tatbestandsmerkmal der Wahrscheinlichkeit wieder. Es kann nicht gefordert werden, dass das Vorliegen einer Verletzung mit Sicherheit nachgewiesen wird. Wie hoch die Substantiierungsanforderungen aber genau sein müssen, ist anhand einer Einzelfallabwägung zu entscheiden. Der jeweils erforderliche Grad der zu fordernden Wahrscheinlichkeit ist damit letztlich Ausdruck der erforderlichen Substantiierungslast.

Entscheidend ist, dass der Rechteinhaber alle ihm zumutbaren Möglichkeiten ausgeschöpft hat, um substantiiert vorzutragen. Auf der anderen Seite ist eine Absenkung der Substantiierungslast dann möglich, wenn es dem Anspruchssteller nicht zumutbar ist, weitere Beweise vorzubringen.[490]

485 BGH GRUR 2002, 1046, 1048-Faxkarte; BGH GRUR 2006, 962, 967-Restschadstoffentfernung.

486 BGH GRUR 202, 1046, 1048-Faxkarte.

487 Musielak-Stadler § 284, Rn. 17.

488 Müko(ZPO)-Prütting § 284, Rn. 78; Musielak-Stadler § 138, Rn. 6; Rosenberg/Schwab/Gottwald § 115, Rn. 22.

489 BGH NJW 1996, 1826, 1827; BGH NJW-RR 1999, 360; BGH NJW-RR 1999 361; BGH NJW 2000, 2812, 2814; BGH NJW-RR 2001, 1608; Musielak-Stadler § 138, Rn. 6.

490 Den Richtlinienanforderungen, die die Vorlage aller vernünftigerweise verfügbaren Beweise fordern, wird damit entsprochen. Auf eine Umsetzung der in Artikel 6 Absatz 1 Satz 2 RL normierten

Bei der Bestimmung der zumutbaren Anstrengungen sind auch die Interessen des vermeintlichen Verletzers zu berücksichtigen. Eine Absenkung der Substantiierungsanforderungen ist nur dann gerechtfertigt, wenn der vermeintliche Verletzer nicht unzumutbar beeinträchtigt wird. Insofern besteht ein unmittelbarer Zusammenhang zwischen Ausforschungsverbot und Verhältnismäßigkeitsgrundsatz.
Die Verhältnismäßigkeit ist durch eine Interessensabwägung zwischen Beweisinteresse des Verletzten und Integritäts- und Geheimhaltungsinteresse des vermeintlichen Verletzers zu ermitteln.[491] Der Begriff der „hinreichenden Wahrscheinlichkeit" ist somit flexibel, je nach den Umständen des Einzelfalls, zu handhaben und erfasst den gesamten Bereich von einer „gewissen Wahrscheinlichkeit" bis zu einer „erheblichen Wahrscheinlichkeit". Entscheidend für den zu fordernden Grad an Wahrscheinlichkeit ist letztlich eine Interessensabwägung, welche den Gerichten obliegt und durch die bestimmt wird, welche Substantiierungsanforderungen dem Rechteinhaber zumutbar sind. Dabei sind die möglichen Maßnahmen zum Schutz der Geheimhaltungsinteressen zu berücksichtigen, die von den Gerichten zu treffen sind.[492] Nicht zumutbar ist dem Rechteinhaber eine Verpflichtung zur Erbringung des vollen Nachweises einer Rechtsverletzung. Auf der anderen Seite führt aber das bei Informationsansprüchen typischerweise bestehende Informationsdefizit zu einer Absenkung der Substantiierungslast.
Droht eine besonders starke Beeinträchtigung der Interessen des vermeintlichen Verletzers, ist es dem Verletzten zumutbar, hohen Darlegungsanforderungen zu genügen. In diesen Fällen ist folglich eine erhebliche Wahrscheinlichkeit zu fordern. Bei einem Eingriff von geringer Intensität ist hingegen der Nachweis einer gewissen Wahrscheinlichkeit der Rechtsverletzung für einen Vorlage- oder Besichtigungsanspruch ausreichend. Ein Grund für die Absenkung der Substantiierungsanforderungen liegt hingegen in der typischerweise vorliegenden Unkenntnis des Rechteinhabers von den Tatsachen, welche sich in der Sphäre des Anspruchsgegners befinden. Ob im Einzelfall ein technisches oder ein anderes Schutzrecht verletzt wurde, ist für die Entscheidung, ob eine hinreichende Wahrscheinlichkeit besteht, unerheblich.[493] Allerdings wird in Fällen, in denen ein technisches Schutzrecht verletzt worden sein soll, eher ein Geheimhaltungsinteresse des vermeintlichen Verletzers bestehen als bei sonstigen Schutzrechten.

Für das selbständige Beweisverfahren ist anerkannt, dass die Anforderungen an die Substantiierung eher niedriger anzusetzen sind als im Hauptsacheverfahren.[494] Gründe hierfür sind das Fehlen der Gegenbehauptungslast aus § 138 ZPO sowie der Umstand, dass keine endgültige Entscheidung über den Streitgegenstand getroffen wird.

Beweisregelung konnte angesichts der §§ 286 f. ZPO ebenfalls verzichtet werden. Vgl. RegE Begr., BT-Drs. 16/5048, S. 27.

491 BGH GRUR 2002, 1046, 1049-Faxkarte; Battenstein S. 15; Treichel S. 227 f.; Leppin GRUR 1984, 552, 563 f.

492 BGH GRUR 2002, 1046, 1048-Faxkarte. Zu möglichen Geheimhaltungsmaßnahmen siehe Abschnitt E.

493 In diesem Sinne auch Tilman/Schreibauer GRUR 2006, 968, in Anm. zu BGH GRUR 2006, 962-Restschadstoffe.

494 OLG Hamburg MDR 1978, 845; Baumbach/Lauterbach/Hartmann § 487, Rn. 5; Müko(ZPO)-Schreiber § 487, Rn. 4.

Dieselben Gründe können auch im Rahmen eines im einstweiligen Verfügungsverfahren geltend gemachten Vorlage- und Besichtigungsanspruch für eine Absenkung der Substantiierungsanforderungen sprechen. Um einen gerechten Interessensausgleich zu bewirken, dürfen die Anforderungen an die Bezeichnung der Beweistatsachen nicht zu hoch angesetzt werden.[495] Eine Anhörung des Antragsgegners findet regelmäßig nicht statt (D.I.2.), so dass die Gegenbehauptungslast aus § 138 ZPO nicht als Aufklärungsmittel in Betracht kommt. Zudem wird nicht endgültig über das Vorliegen einer Verletzung entschieden, sondern es werden lediglich Informationen für eine spätere Verhandlung gewonnen. Bei der Geltendmachung der Hilfsansprüche im einstweiligen Verfahren, sind die Substantiierungsanforderungen folglich entsprechend den Anforderungen im selbständigen Beweisverfahren eher niedrig anzusetzen, da sonst die Gefahr bestünde, das der Vorlage- und Besichtigungsanspruch leer läuft. Die an die Darlegung einer hinreichenden Wahrscheinlichkeit zu stellenden Voraussetzungen sind daher grundsätzlich niedriger anzusetzen als im Rahmen eines im ordentlichen Verfahren geltend gemachten Vorlage- und Besichtigungsanspruchs. Um das Ausforschungsverbot nicht auszuhöhlen, dürfen die Anforderungen jedoch nicht zu weit abgesenkt werden. Eine Beweisermittlung auf der Grundlage bloßer Vermutungen würde gegen das Verbot verstoßen. Da im einstweiligen Verfahren lediglich eine summarische Prüfung der Anspruchsvoraussetzungen erfolgt, ist die Gefahr einer Aushöhlung des Ausforschungsverbots nicht zu unterschätzen. Wäre ein selbständiger Beweissicherungsanspruch geschaffen worden und auf die Erfüllbarkeit des Vorlageanspruchs im einstweiligen Rechtsschutz verzichtet worden, bestünde dieses Problem nicht.

4. Vergleich mit der französischen und britischen Rechtslage

Der deutsche Gesetzgeber hat sich mit der Normierung der Erforderlichkeit einer „hinreichenden Wahrscheinlichkeit“ an den Wortlaut des Artikels 6 RL angelehnt. Artikel 7 RL sieht abweichend von Artikel 6 RL nur vor, dass alle vernünftigerweise verfügbaren Beweismittel „zur Begründung“ der Ansprüche beigebracht werden. Der Richtlinie ist nicht zu entnehmen, ob diese Formulierung einen höheren Grad an Begründung erfordert als die „hinreichende Begründung“ im Sinne des Artikels 6 RL oder im Gegenteil kein bestimmter Grad erforderlich ist und nur verdeutlicht wird, dass sich die vorzulegenden Beweise auf den Hauptanspruch beziehen müssen.[496] Aus dem Vorschlag der Kommission vom 30. Januar 2003[497] geht hervor, dass sich die Regelungen zur Beweisermittlung und Beweissicherung an der britischen Anton-Piller-Order beziehungsweise search order[498] sowie der französischen saisie-

495 OLG Köln MDR 2000, 226; KG NJW-RR 1992, 575 f.; Zöller-Herget § 487, Rn. 4; Musielak/Huber § 487, Rn. 3.

496 Nicht gefordert werden kann jedenfalls ein sicherer Nachweis der Verletzung. Dies ergibt sich aus der Verwendung der Formulierung „behauptete Verletzung“ in Art. 7 Abs. 1 RL sowie Sinn und Zweck der Norm.

497 Vorschlag für eine Richtlinie des Europäischen Parlaments und des Rates über die Maßnahmen und Verfahren zum Schutz der Rechte an geistigem Eigentum, KOM (2003) 46 endg., v. 30.1.2003, S. 15.

498 Die sog. Anton-Piller Order wurde von den britischen Gerichten erstmals in dem Fall Anton Piller KG versus Manufacturing Processes Ltd. [1976] R.P.C. 719 gewährt. Nachdem sie im Jahr 1999 durch die englische Zivilprozessreform kodifiziert wurde, muss nunmehr von einer „search order“

contrefaçon orientieren. Aus diesen Rechtsinstituten können möglicherweise weitere Erkenntnisse für die Bestimmung, welche Substantiierungsanforderungen bezüglich der Darlegung einer Rechtsverletzung zu stellen sind und welcher Grad an Wahrscheinlichkeit der Rechtsverletzung daher gefordert werden kann, gewonnen werden.

a) Saisie-contrefaçon

Bei der saisie-contrefaçon[499] handelt es sich um eine Maßnahme, die der Beschaffung von Informationen und der Sicherung von Beweisen dient. Obwohl sie einen Ausnahmecharakter haben soll, stellt sie in der Praxis keinen Ausnahmefall dar.[500] Über 90% der Verletzungsverfahren ist ein entsprechender Antrag vorgeschaltet.[501] Mit Hilfe der saisie-contrefaçon soll dem Rechteinhaber überhaupt erst die Möglichkeit geben werden, eine Verletzung nachzuweisen. Am geläufigsten ist das saisie Verfahren in Patentrechtsstreitigkeiten. Entsprechende Regelungen finden sich, mit Abweichungen in Einzelfragen, aber auch hinsichtlich anderer gewerblicher Schutzrechte und dem Urheberrecht.[502]
Für die Anordnung der saisie ist es nicht notwenig, einen bestimmten Grad an Wahrscheinlichkeit für eine Rechtsverletzung darzulegen. Der Kläger muss nur nachweisen, dass er Inhaber, ausschließlicher Lizenznehmer oder Zwangslizenznehmer des Rechts ist.[503] Der Richter prüft weder, ob eine Rechtsverletzung wahrscheinlich ist, noch steht die Entscheidung über den Erlass einer Besichtigungsanordnung in seinem Ermessen.[504] Er bestimmt lediglich die Durchführungsmodalitäten der Besichtigung.[505]

Wann Zumutbarkeit angenommen wird und wie hoch damit die Substantiierungsanforderungen sein sollen, liegt letztlich in der Hand der Mitgliedsstaaten. Der Vergleich mit der saisie-contrefaçon spricht allerdings dafür die Anforderungen nicht zu hoch anzusetzen.

---

gesprochen werden. Inhaltlich ist die Anordnung durch ihre Kodifizierung aber im Wesentlichen gleich geblieben.

499 Allgemein zur saisie-contrefaçon: Linant de Bellefonds S. 410 ff.; Lucas/Lucas S. 578 ff.; Treichel S. 164 ff.; Stauder GRUR Int. 1978, 230, 231 ff.; Boval GRUR Int. 1993, 377 ff.; Treichel GRUR Int. 2001, 690 ff.

500 Saint-Gal S. S2; Treichel S. 167 m.w.N.; Boval GRUR Int. 1993, 377, 378.

501 Ibbeken S. 151; Treichel aaO; jeweils m.w.N.

502 Patentrecht: L. 615-1 ff. c.p.i.; Geschmacksmusterrecht : L. 521-1 c.p.i.; Sortenschutzrecht: L. 623-27 c.p.i.; Markenrecht: L. 716-7 c.p.i.; L. 722-4 c.p.i., Urheberrecht: L. 332-1 c.p.i. (mit Sonderregelung für Software und Datenbanken in L. 332-4 c.p.i.).

503 Dazu Treichel S. 170 f.

504 Dies gilt zumindest dann, wenn alle formalen Erfordernisse eingehalten wurden. In diesem Fall muss der Richter zumindest eine saisie-description, also eine Besichtigung mit Beschreibung der gefundenen Beweismittel genehmigen. Eine saisie réelle, d.h. eine Beschlagnahme der gefundenen Beweismittel, unterliegt indes deutlich strengeren Voraussetzungen. Da bei Urheberrechtsverletzungen in der Regel keine Besichtigung, sondern stets die Beschlagnahme angeordnet wird, ist die Wahrscheinlichkeit dort zu berücksichtigen. Zu den Voraussetzungen: Linant de Bellefonds S. 411; Saint-Gal S. S5; Treichel S. 174 f., 177, 187 f. m.w.N.; Stauder GRUR Int. 1978, 230, 231; Boval GRUR Int. 1993, 377, 378; sowie C.II.4.b).

505 Lucas/Lucas S. 583; Treichel S. 177, 179 ff.; Stauder GRUR Int. 1978, 230, 231; Boval GRUR Int. 1993, 377, 378.

b) Search order

Die search order[506] ist ein so genanntes "equitable remedy". Das bedeutet, dass es sich bei ihr um eine Anordnung handelt, welche dem Ausgleich der beteiligten Interessen dienen soll. Aufgrund der mit einer entsprechenden Anordnung verbundenen gravierenden Eingriffe in die Sphäre des Antragsgegners soll die search order eine Ausnahme bleiben.[507] Tatsächlich findet sie aber trotz der strengen Voraussetzungen, die an ihre Anordnung geknüpft werden, insbesondere im Bereich des gewerblichen Rechtsschutzes häufig Anwendung.[508]
Zu den Voraussetzungen der order gehört, dass eine äußerst hohe Wahrscheinlichkeit für das Bestehen eines Anspruchs dargelegt werden muss.[509] Die Substantiierungsanforderungen sind folglich hoch anzusetzen. Da eine Anhörung der gegnerischen Partei vor Erlass einer search order nicht erforderlich ist, muss der Antragssteller nicht nur darlegen, warum eine search order notwendig ist, sondern er ist verpflichtet, zusätzlich solche Umstände vorzutragen, die gegen seinen Antrag sprechen.[510] Unabhängig von ihrer Entscheidungserheblichkeit kann bei Verschweigen von Informationen die Anordnung aufgehoben und die ermittelten Beweise unverwertbar werden.[511] Zudem hat der Kläger dem Beklagten alle Schäden, die dieser durch den Erlass der search order erlitten hat, zu ersetzen.[512]

Die einschlägigen Vorlage- und Besichtigungsansprüche fordern lediglich eine hinreichende Begründung des Anspruchs, für dessen Geltendmachung die Beweise vorgelegt werden sollen. Sie sind damit flexibler als die Voraussetzung der Darlegung einer äußerst hohen Wahrscheinlichkeit. Eine Verpflichtung des Rechteinhabers zur Offenlegung von für ihn nachteiligen Tatsachen, wie sie bei der britischen search order besteht, lässt sich aus diesen Vorschriften nicht ersehen und ist auch von der Richtlinie nicht vorausgesetzt, denn nach dem Wortlaut der Artikel 6 und 7 RL sind lediglich Beweise „zur" also *für* die Begründung der Ansprüche vorzulegen.[513]

c) Schlüsse für das deutsche Recht

Die search oder und die saisie-contrefaçon weichen erheblich voneinander ab. An den Erlass einer saisie-contrefaçon werden kaum Anforderungen gestellt, während die search order nur gewährt wird, wenn eine äußerst hohe Wahrscheinlichkeit für das Bestehen des Hauptanspruchs spricht. Sowohl die Richtlinienvorgaben als auch der deutsche Weg liegen demgegenüber in der Mitte. Weder kann nach deutschem

506 Allgemein zur Anton-Piller-Order: Bainbridge S. 141 ff.; Battenstein S. 102 ff., Baker-Hart Rn. 11-28 ff., Cornish/Llewelyn Rn. 2-48 ff.; Ibbeken S. 111 ff.; Torremans S. 588 ff.; von Hartz S. 183 ff.; Stauder GRUR Int. 1982, 226 ff.; Götting GRUR Int. 1988, 729 ff.; jeweils m.w.N.

507 Cornish/Llewelyn Rn. 2-49; Torremans S. 589 f.; Stauder GRUR Int. 1982, 226, 228; Götting GRUR Int. 1988, 729, 731.

508 Cornish/Llewelyn Rn. 2-49; Torremans S. 589 f.; Ibbeken S. 143; Götting GRUR Int. 1988, 729, 730.

509 Von Hartz S. 186 f.; Stauder GRUR Int. 1982, 226, 228; Götting GRUR Int. 1988, 729, 731 f.

510 So genannte "duty of full and frank disclosure"; Torremans S. 589; Battenstein S. 187 und S. 216; Jeffrey Rogers Knitwear Productions Ltd. versus Vinola (Knitwear) Manufacturing Co (1985) F.S.R. 184; Götting GRUR Int. 1988, 729, 732.

511 Wardle Fabrics versus Myristis (1984) F.S.R. 263, 266; Götting GRUR Int. 1988, 729, 732.

512 Cornish/Llewelyn Rn. 2-53; Götting GRUR Int. 1988, 729, 733 m.w.N.

513 Mit Hinblick auf Artikel 50 Absatz 3 TRIPS a.A. von Hartz S. 57.

Recht vollständig auf eine Substantiierung verzichtet werden, noch ist der Rechteinhaber verpflichtet, nachteilige Tatsachen zu offenbaren. Beides würde der deutschen Systematik widersprechen. Es kann und muss folglich bei den oben erläuterten Grundsätzen für die Bestimmung der erforderlichen Substantiierungsanforderungen bleiben.

5. Drohende Rechtsverletzung

Aus Absatz 5 der einschlägigen Vorlage- und Besichtigungsvorschriften ergibt sich, dass der Anspruch bereits dann erfolgreich geltend gemacht werden kann, wenn eine hinreichende Wahrscheinlichkeit für eine bloß drohende Rechtsverletzung besteht. Damit wird der Gesetzgeber den Vorgaben der Richtlinie gerecht.[514]
Um einen Vorlage- oder Besichtigungsanspruch zu bejahen, muss eine hinreichende Wahrscheinlichkeit für eine drohende Rechtsverletzung dargelegt werden. Wie oben festgestellt, ist zur Bestimmung, wann eine hinreichende Wahrscheinlichkeit vorliegt, eine Interessensabwägung vorzunehmen. Bei einer bloß drohenden Rechtsverletzung ist dabei die in zweierlei Weise bestehende Unsicherheit zu berücksichtigen. Zunächst einmal ist nicht sicher, ob eine Rechtsverletzung tatsächlich droht und des Weiteren ist nicht sicher, ob es bei ungestörtem weiterem Verlauf tatsächlich zu einer Rechtsverletzung kommen würde.
Eine erstmalig drohende Rechtsverletzung ist nur dann anzunehmen, wenn eine Verletzung ernstlich und unmittelbar zu besorgen ist. Davon kann mit hinreichender Wahrscheinlichkeit nur ausgegangen werden, wenn sich die drohende Verletzungshandlung in tatsächlicher Hinsicht so greifbar abzeichnet, dass eine zuverlässige Beurteilung unter rechtlichen Gesichtspunkten möglich ist.[515] Eine „zuverlässige Beurteilung" erfordert indes mehr als nur eine „gewisse Wahrscheinlichkeit". Eine Beurteilung ist nur dann zuverlässig, wenn das gefundene Ergebnis nahezu unumstößlich erscheint. Es ist daher angebracht eine äußerst hohe Wahrscheinlichkeit zu fordern.

III. Bezeichnung der Beweismittel

1. Darstellung der deutschen Rechtslage

Die vorzulegenden oder zu besichtigenden Urkunden und Gegenstände müssen nach dem Wortlaut des neu geschaffenen deutschen Vorlage- und Besichtigungsanspruch nicht konkret bezeichnet werden. Dem widerspricht jedoch die Gesetzesbegründung. Danach soll eine Bezeichnung erforderlich sein.[516] Der Gesetzgeber geht unter Verweis auf die Regelungen der §§ 94 ff. StPO davon aus, dass ein völliger Verzicht auf die Bezeichnung des Beweismittels im deutschen Recht systemfremd

514 Anders als Artikel 7 RL sieht Artikel 6 RL dies zwar nicht ausdrücklich vor, eine Anordnung nach Artikel 6 RL soll aber im Rahmen eines bereits anhängigen Verfahrens bei Geltendmachung jedweden Anspruchs erfolgen. Ob ein Vorlageanspruch bei bloß drohender Rechtsverletzung besteht, hängt daher letztlich davon ab, ob der Anspruch für dessen Durchsetzung die Informationen aus der Vorlage benötigt werden, bereits dann besteht, wenn eine Verletzung nur droht. In Deutschland ist dies beim Anspruch auf Unterlassen der Fall.

515 BGH GRUR 1992, 612, 614-Nicola m.w.N.

516 RegE BT-Drs. 16/5048, S. 28. Erforderlich ist demnach ein Vortrag, der es ermöglicht, das vorzulegende Beweismittel zweifelsfrei abzugrenzen.

wäre. Es seien höhere Darlegungsanforderungen nötig, um eine Ausforschung des Gegners zu verhindern.
Die Notwendigkeit für eine einschränkende Auslegung des Gesetzeswortlauts dahingehend, dass nur die Vorlage einer *bestimmten* Urkunde oder die Besichtigung einer *bestimmten* Sache verlangt werden kann, müsste nach den wiedergegebenen Ausführungen aus dem Verbot der Ausforschung abzuleiten sein. Entscheidend ist, welche Substantiierungslast dem Verletzten zumutbar ist. Bei einer Vorlageanordnung nach § 424 ZPO ist die vorzulegende Urkunde entweder durch die Vorlage einer Abschrift der Urkunde oder jedenfalls durch die Nennung des oder der Aussteller, Datum und Inhalt so genau zu bestimmen, dass das Gericht im Fall der Nichtmitwirkung des vorlagepflichtigen Gegners diese Angaben seiner Beweiswürdigung zu Grunde legen kann.[517]
Im Rahmen der §§ 142, 144, 485 ff. ZPO und der §§ 809, 810 BGB wurde festgestellt, dass der Grad der erforderlichen Substantiierung je nach Einzelfall zu bestimmen ist.[518] Eine Ausforschung der gegnerischen Partei ist zu vermeiden. Es darf folglich nicht möglich sein, sich durch die Einsichtnahme erst Kenntnis von der Existenz bestimmter Beweismittel zu verschaffen.[519] Eine Ausnahme gilt für solche Urkunden, deren Vorhandensein sich vermuten lässt, da sie regelmäßig existieren.[520] Die pauschale Anordnung der Vorlegung sämtlicher Unterlagen zu einem bestimmten Thema hält die herrschende Meinung aber für unzulässig.[521] Eine entsprechende Ausforschung wird durch § 809 BGB nicht erlaubt.[522] Erforderlich ist ein Vortrag, der es ermöglicht, das vorzulegende Beweismittel zweifelsfrei abzugrenzen.[523]
Der Vorlage- und Besichtigungsanspruch soll dem Rechteinhaber überhaupt erst die Möglichkeit geben, sich zu vergewissern, ob eine Rechtsverletzung vorliegt und diese zu beweisen. Deshalb hat der BGH in der Entscheidung *Faxkarte*[524] bereits anerkannt, dass aufgrund des beim Verletzten typischerweise bestehenden Informationsdefizits kein sicherer Nachweis der Rechtsverletzung gefordert werden kann. Das Informationsdefizit besteht aber regelmäßig nicht nur hinsichtlich des Vorliegens einer Rechtsverletzung, sondern der Verletzte wird auch häufig beweiserhebliche vorzulegende oder zu besichtigende Beweismittel nicht genau bezeichnen können. Deshalb könnte hier ausnahmsweise auf eine Bezeichnung der zu vorzulegenden oder zu besichtigenden Beweise zu verzichten sein.

2. Erforderlichkeit eines Beweissicherungsanspruchs

Bei der Geltendmachung des Vorlage- oder Besichtigungsanspruchs hat der Rechteinhaber in der Regel noch keine Klage erhoben. Dies kann verschiedene Ursachen haben. Insbesondere ist es denkbar, dass der Rechteinhaber zunächst noch weitere Nachforschungen anstellen will, bevor er eine Klage einreicht. Stellt sich nunmehr

---

517 McGuire GRUR Int. 2005, 15, 20.
518 Ebke S. 58.
519 BGH GRUR 2004, 420, 421-Kontrollbesuch; OLG Köln NJW-RR 2000, 729; KG NJW-RR 2000, 468 ff; Ebke S. 58; Zöller-Greger § 142, Rn. 2; Patnaik GRUR 2004, 193.
520 Greger NJW 2002, 3049, 3050; Lübke NZI 2002, 588, 589.
521 Ebke S. 57 f.; Zöller-Greger § 142, Rn. 1; Uhlenbruck NZI 2002, 589, 590; Greger DStR 2005, 479, 482; a.A.: LG Ingolstadt NZI 2002, 390.
522 BGH GRUR 2004, 420, 421-Kontrollbesuch.
523 Patnaik GRUR 2004, 193, 194.
524 BGH GRUR 2002, 1046 ff.-Faxkarte.

heraus, dass rechtserhebliche Beweismittel in der Hand der gegnerischen Partei unterzugehen drohen, so ist eine umfassende Sicherung dieser Beweise erforderlich. Der Rechteinhaber wird zu diesem Zeitpunkt aber in der Regel nicht alle rechtserheblichen Beweismittel bezeichnen können. In diesem Fall hilft ihm nur ein Anspruch weiter, welcher eine Sicherung rechtserheblicher Beweise ohne deren vorherige Bezeichnung zulässt.

a) Vergleich mit den Richtlinienvorgaben

Dies wird auch in der Richtlinie berücksichtigt. Artikel 7 RL enthält einen Beweissicherungsanspruch, der anders als der Beweisermittlungsanspruch aus Artikel 6 keine über die Vorlage aller vernünftigerweise verfügbaren Beweise hinausgehende Darlegungslast vorsieht. Da Artikel 7 RL diese zusätzliche Anforderung nicht enthält, ist davon auszugehen, dass bei der Beweissicherung dem Rechteinhaber eine solch umfassende Darlegungslast gerade nicht aufgebürdet werden sollte. Vielmehr spricht die Möglichkeit der Sicherung aller rechtserheblicher Beweismittel dafür, dass nicht nur auf eine Bezeichnung der konkret zu sichernden Beweismittel verzichtet werden kann, sondern es darüber hinaus auch zulässig sein soll, in den Räumlichkeiten des Schuldners nach rechtserheblichen Beweismitteln zu forschen.[525] Der Rechteinhaber muss zuvor lediglich glaubhaft machen, dass der Verfügungsgegner überhaupt rechtserhebliche Beweismittel in seinem Besitz hat.

b) Vergleich mit der saisie-contrefaçon und der search order

aa) Saisie-contrefaçon

Der Verzicht auf eine genaue Bezeichnung der zu sichernden Beweismittel würde sich auch mit den Regelungen der saisie-contrefaçon decken.[526] Bei ihr muss der Kläger zwar grundsätzlich die Beschaffenheit der zu beschlagnahmenden Gegenstände angeben, dies kann aber bereits mittels Angabe der behaupteten Ansprüche erfolgen.[527] Da durch die Durchführung der saisie eine präzise Darlegung erst ermöglicht werden soll, können Behauptungen aufgestellt werden, ohne dass diese wahrscheinlich sein müssten.[528] Dem Kläger wird daher eine sehr geringe Substantiierungslast aufgebürdet. Er muss nicht das einzelne zu sichernde Beweisstück bezeichnen, sondern nur genau beschreiben, wann eine Verletzung vorliegt, damit der Gerichtsvollzieher in der Lage ist, beweiserhebliche Beweismittel von sonstigen Gegenständen zu unterscheiden. Der Gerichtsvollzieher kann ermächtigt werden, alles zu ermitteln, was der Klärung von Ursprung, Art und Ausmaß der Patentverletzung dient. Im Rahmen der Umsetzung der Richtlinie in Frankreich, wurde die Möglichkeit der Beschlagnahme von Material und Geräten, welche für die Herstellung und/oder den Vertrieb rechtsverletzender Waren verwendet wurden, neu eingeführt.[529] Der

525 Knaak, GRUR Int. 2004, 745, 748; Tilmann GRUR 2005, 737, 739; Ahrens GRUR 2005 837, 838 f.; eine besonders hohe Wahrscheinlichkeit fordernd: Haedicke in FS Schricker S. 19 und S. 26; a.A.: RegE BT-Drs. 16/5048, S. 28. Zur Durchsuchung siehe C.II.2.

526 Boval GRUR Int. 1993, 377, 379.

527 Ibbeken S. 161; Treichel S. 173; jeweils m.w.N.

528 Linant de Bellefonds S. 411; Saint-Gal S. S5; Treichel S. 174 f. m.w.N.; Stauder GRUR Int. 1978, 230, 231; Boval GRUR Int. 1993, 377, 378.

529 Art. L. 521-4 L. 615-5, L. 622-7, L. 623-27-2, L. 716-7, L. 722-4, L. 332-1 bis L. 332-4 und L. 343-5 du code de la propriété intellectuelle. Siehe das verabschiedete Umsetzungsgesetz vom 30.10.2007, zuletzt abgerufen am 31.05.2008 unter: http://www.legifrance.gouv.fr/affichTex-

Rechteinhaber erhält eine weitreichende Untersuchungsbefugnis, in deren Rahmen er berechtigt ist, alle potentiellen Beweismittel zu sichten und, je nach Reichweite der gerichtlichen Anordnung, auch zu beschlagnahmen oder sonstige Maßnahmen zu ergreifen.

bb) Search order

Im Rahmen der search order sind hingegen die zu besichtigenden Gegenstände in der Besichtigungsanordnung aufzulisten. Eine Beschlagnahme ist nur hinsichtlich solcher Gegenstände erlaubt, an denen der Antragsteller ein Urheberrecht oder gewerbliches Schutzrecht hat und die für den Prozess bedeutsam sein könnten, wobei der Begriff der prozessualen Bedeutsamkeit sehr weit zu verstehen ist.[530] Eine solche Liste kann das Gericht aber nur auf Grundlage eines substantiierten Parteivortrages erstellen. Die zu besichtigenden Gegenstände sind zu bezeichnen und der Antragssteller muss Beweise vorbringen, dass sich belastendes Material im Besitz des Antragsgegners befindet.[531] Da im Rahmen der search order gesicherte Beweise grundsätzlich an den Antragsteller weitergeleitet werden können, wird sie ebenfalls durch das Ausforschungsverbot begrenzt.[532] Allerdings sind die Substantiierungsanforderungen geringer als im deutschen Recht. Es können ganze Gruppen von Gegenständen von einer search order erfasst werden.[533] Darüber hinaus können auch Zufallsfunde verwendet werden.[534] Damit ist im britischen Recht ebenfalls keine derart präzise Bezeichnung der zu besichtigenden Gegenstände wie im deutschen Recht notwendig. Vielmehr ist es ausreichend, wenn der Antragssteller schlüssig behaupten kann, dass sich der Antragsgegner in Besitz von möglicherweise prozessrelevanten Beweisen befindet und dies mit Hilfe eines so genannten affidavit belegt.[535]

c) Folgerungen für das deutsche Recht

Unter Hinweis auf das Verbot der Ausforschung ergibt sich aus der Gesetzesbegründung zum Vorlage- und Besichtigungsanspruch die Notwendigkeit der Bezeichnung der zu „sichernden“ Beweismittel. Die restriktive Auslegung ist erneut darauf zurückzuführen, dass Artikel 7 RL vom deutschen Gesetzgeber als Grundlage für die Durchsetzbarkeit des Vorlageanspruchs im Wege der einstweiligen Verfügung gesehen und nicht als reiner Beweissicherungsanspruchs verstanden wurde. Im Interesse einer effektiven Rechtsverfolgung hätte ein weitergehender, reiner Beweis*sicherung*sanspruch geschaffen werden können, der in einem bestimmten Rahmen auch die Durchsuchung der Räumlichkeiten des Antragsgegners nach rechtserheblichen,

---

te.do?cidTexte= JORFTEXT000000279082&dateTexte; sowie das Exposé des motifs, zuletzt abgerufen am 31.05.2008 unter: http://www.industrie.gouv.fr/infopres/presse/contrefacon_expopjl_2007.pdf.

530 Battenstein S. 177 und S. 195 m.w.N.; Ibbeken S. 130 f.

531 Götting GRUR Int. 1988, 729, 732.

532 Battenstein S. 170 f.; Ibbeken S. 120; jeweils m.w.N.

533 Battenstein S. 195; Ibbeken S. 131. Davon ging offenbar auch die europäische Kommission aus. Sie weist in der Begründung des Richtlinienvorschlags darauf hin, dass im Rahmen der Anton-Piller Order eine „globale Beschlagnahme“ möglich sei (Vorschlag für eine Richtlinie des Europäischen Parlaments und des Rates über die Maßnahmen und Verfahren zum Schutz der Rechte an geistigem Eigentum, KOM (2003) 46 endg., v. 30.1.2003, S. 15).

534 Von Hartz S. 190 m.w.N.; Götting GRUR Int. 1988, 729, 736.

535 Das affidavit ähnelt einer eidesstattlichen Versicherung. Allerdings können auch bloße Meinungen vorgetragen werden. Siehe Battenstein S. 172 m.w.N.

nicht näher bezeichneten Beweismitteln ermöglicht hätte.[536] Ein solcher Anspruch hätte gewährleisten können, dass tatsächlich alle Beweise, die unter Umständen auch erst zu einem Zeitpunkt nach der Sicherung der Beweismittel bezeichnet werden können, für eine Vorlage zur Verfügung stehen.
Die Notwendigkeit einer entsprechenden Regelung wird zusätzlich durch den Vergleich mit den Regelungen im französischen und britischen Recht belegt. Auch diese Rechtsordnungen sehen die Möglichkeit vor, Beweismittel ohne eine präzise Bezeichnung der jeweils konkret betroffenen Beweise zu untersuchen oder sogar zu beschlagnahmen.

3. Folgen des Zurückbleibens hinter den Richtlinienvorgaben

Wie zuvor dargestellt, enthält Artikel 7 über die Vorlage aller vernünftigerweise verfügbaren Beweise hinaus keine weiteren Darlegungsanforderungen. Dies ergibt sich neben dem Wortlaut des Artikels auch aus dem Vergleich mit der saisie-contrefaçon sowie der search order, nach deren Vorbildern Artikel 7 RL geschaffen wurde. Artikel 7 RL geht damit wesentlich weiter als der deutsche Vorlage- und Besichtigungsanspruch. Dies gilt selbst, wenn man den Vergleich zur Durchsetzung des Vorlage- und Besichtigungsanspruchs im einstweiligen Verfügungsverfahren zieht. Artikel 7 RL sollte über die deutschen Regelungen hinaus, die Möglichkeit eröffnen, nach beweiserheblichem Material zu suchen.
Das Zurückbleiben hinter den Richtlinienvorgaben kann verschiedene Folgen zeitigen. Eine unmittelbare Anwendung der Richtlinie scheitert im Falle der Enforcement-Richtlinie mangels Unbedingtheit und ausreichender Bestimmtheit.[537] In Betracht kommt daher allenfalls eine richtlinienkonforme Auslegung der neu geschaffenen einschlägigen Vorlage- und Besichtigungsansprüche. Es wäre möglich, die ungeschriebenen Anforderungen an die Bezeichnung der Beweismittel abzusenken. Hierbei sind Lösungen wie im britischen oder französischen Recht denkbar. Es müsste für ausreichend erachtet werden, wenn eine genaue Benennung des vermeintlich verletzten Rechts sowie einer bestimmten Gruppe von Gegenständen erfolgt, so dass für die die Besichtigung durchführenden Personen erkennbar ist, wann es sich um beweiserhebliches Material handelt und wann nicht. Zudem müsste sich der Anspruch auch auf Zufallsfunde erstrecken. In diesem Zusammenhang ist jedoch zu beachten, dass für eine Durchsuchung nach wie vor eine richterliche Anordnung gemäß § 758a ZPO erforderlich ist.

C. Anspruchsumfang

Durch die Umsetzung der Enforcement-Richtlinie wurde die alte Rechtslage in Deutschland auch hinsichtlich des Anspruchsumfangs verschiedentlich erweitert. Gemäß Absatz 2 der einschlägigen Vorlage- und Besichtigungsvorschriften wird der Vorlage- und Besichtigungsanspruch durch die Verhältnismäßigkeit begrenzt. Nach

---

536 Knaak, GRUR Int. 2004, 745, 748; Tilmann GRUR 2005, 737, 739; Ahrens GRUR 2005 837, 838 f. In diese Richtung gingen auch mehrere Stellungnahmen zum Referentenentwurf. Siehe z.B. DAV Stellungnahme v. März 2007, S. 10 zuletzt abgerufen am 31.05.2008 unter: http://www.Bundestag.de/ausschuesse/a06/anhoerungen/22_Geistiges_Eigentum/04_Stellungnahmen/Tilmann.pdf.; allgemein zum Recht auf Durchsuchung unter C.II.2.

537 Eisenkolb GRUR 2007, 387, 392 f.

der Erörterung der erfassten Vorlage- und Besichtigungsgegenstände sowie der zulässigen Besichtigungsmaßnahmen soll die Betrachtung des Anspruchsumfangs daher durch Erwägungen zur Verhältnismäßigkeit des Anspruchs abgerundet werden.

I. Vorlage- und Besichtigungsgegenstände

1. Verfahren und Begleitdokumente

Handelt es sich bei dem verletzten Schutzrecht um ein Verfahrenspatent, ist in der Regel die Besichtigung eines Verfahrens beim Besichtigungsschuldner erforderlich. Nach alter Rechtslage war dies nicht zulässig, da es sich bei Verfahren nicht um eine Sache im Sinne des § 90 BGB handelte. Lediglich die Besichtigung einzelner Maschinen war möglich. Allerdings wurde von der herrschenden Meinung die Ingangsetzung der Maschinen gestattet, solange die Interessen des Besichtigungsschuldners dadurch nicht unzumutbar beeinträchtigt wurden.[538] Die Möglichkeit, ein Verfahren als Ganzes zu besichtigen, wurde nunmehr neu in § 140c Absatz 1 PatG aufgenommen. Steht die Bedienungsanleitung der Maschine zur Verfügung und wird diese durch sachkundige Personen bedient, ist regelmäßig davon auszugehen, dass eine Inbetriebnahme dem Besichtigungsschuldner zumutbar ist.

Aufgrund des Merkmals „in Ansehung der Sache" wurde die Anwendbarkeit des § 809 BGB auf Unterlagen wie Konstruktionszeichnungen und Begleitdokumenten technischen Inhalts, wie zum Beispiel Bedienungsanleitungen, von den Gerichten abgelehnt.[539] Um Auslegungsprobleme, welche sich durch das Kriterium „in Ansehung der Sache" ergaben, nicht mehr auftreten zu lassen sowie den Richtlinienvorgaben zu genügen,[540] wurde dieses Merkmal in den spezialgesetzlichen Vorlage- und Besichtigungsanspruch nicht übernommen. Damit können nunmehr auch Konstruktionszeichnungen und Begleitdokumente technischen Inhalts problemlos vom Vorlage- und Besichtigungsanspruch erfasst werden.

2. Vorlage von Bank-, Finanz- oder Handelsunterlagen

Nach altem Recht bestand kein Anspruch auf Vorlage von Bank-, Finanz- oder Handelsunterlagen.[541] Lediglich für die Vorlage von Handels- und Tagebüchern sind Sonderregelungen in den §§ 102, 258 HGB zu finden. Diese Vorschriften enthalten jedoch nur prozessuale Vorlagepflichten, welche zwar vom Gericht angeordnet, nicht aber durchgesetzt werden können. Nunmehr werden Bank-, Finanz- und Handelsunterlagen gemäß Absatz 1 Satz 2 der einschlägigen Vorlage- und Besichtigungsanspruchs von Absatz 1 Satz 1 erfasst, wenn der vermeintliche Verletzer mit hinreichender Wahrscheinlichkeit in gewerblichem Ausmaß gehandelt hat.

538 BGH GRUR 2002, 1046, 1049-Faxkarte; OLG Düsseldorf DB 1982, 2030, 2031; Palandt-Sprau § 809, Rn. 9; Marshall in FS Preu S. 160; Leppin GRUR 1984, 552, 562; Bork NJW 1997, 1665, 1670.

539 KG GRUR 1919, 179; a.A.: Battenstein S. 19; Tilmann/Schreibauer in FS Erdmann S. 923 f.

540 Artikel 7 RL erfasst als Beweissicherungsmaßnahme ausdrücklich die Möglichkeit der Beschlagnahme dieser Unterlagen. Sie müssen folglich auch als Vorlagegegenstand nach Artikel 6 RL in Betracht kommen.

541 OLG Köln GRUR 1995, 676-Vorlage von Geschäftsunterlagen. Eine Anordnung der Vorlage war aber nach § 142 ZPO möglich.

Im Folgenden soll zunächst die Reichweite des Begriffs der Handelsunterlagen erläutert werden. Sodann wird die zusätzliche Voraussetzung des Handelns in gewerblichem Ausmaß sowie die Frage nach dem erforderlichen Wahrscheinlichkeitsgrad behandelt.

a) Handelsunterlagen

Da die Verwendung des Begriffs der Handelsunterlagen aus der Übernahme der Terminologie des Artikels 6 Absatz 2 RL folgt, hat seine Auslegung anhand des gemeinschaftsrechtlichen Verständnisses des Begriffs der Handelsunterlagen zu erfolgen.[542] Demnach werden jedenfalls nicht nur die nach deutschem Recht in den §§ 257 HGB, 16 Absatz 1 GÜG und § 2 Nr. 1 GÜG-VV genannten Unterlagen wie Rechnungen, Lieferscheine, Ladeverzeichnisse, Zollunterlagen, Frachtbriefe oder sonstige Beförderungsunterlagen, Handelsbücher, Inventare, Eröffnungsbilanzen, Jahresabschlüsse, Lageberichte, Konzernabschlüsse, Konzernlageberichte, zum Verständnis erforderliche Arbeitsanweisungen und sonstige Organisationsunterlagen, Handelsbriefe und Buchungsbelege als Handelsunterlagen von der Vorlage erfasst, sondern darüber hinaus auch solche Unterlagen, die auf Gemeinschaftsebene als Handelsunterlagen anerkannt sind. Dazu gehören unter anderem die für Jahresabschlüsse nach IAS oder US-GAAP Standards erforderlichen Unterlagen.[543]
Allgemein zugängliche Unterlagen, wie zum Beispiel allgemein erhältliches Werbematerial, werden bereits aufgrund der Subsidiarität des Vorlage- und Besichtigungsanspruch nicht von diesem erfasst, wenn es dem Rechteinhaber problemlos möglich ist, sich diese Unterlagen anderweitig zu beschaffen.

b) Rechtsverletzung in gewerblichem Ausmaß

Wie im Ersten Teil unter D.II. erläutert wurde, entspricht der Begriff des „gewerblichen Ausmaßes“ dem des „gewerblichen Handelns“. Dazu wurde bereits festgestellt, dass der Gesetzgeber an der bewährten Terminologie hätte festhalten können und sollen.
Die Einschränkung des Anspruchs auf Vorlage von Bank-, Finanz- und Handelsunterlagen auf Fälle, in denen eine hinreichende Wahrscheinlichkeit für das Vorliegen solcher Rechtsverletzungen besteht, die in gewerblichem Ausmaß begangen worden sind, ist einzig bei § 101a UrhG erforderlich. Denn bei den gewerblichen Schutzrechten liegt eine Rechtsverletzung ohnehin nur bei gewerblichem Handeln des Verletzers vor. Die Voraussetzung des „Handelns in gewerblichem Ausmaß“ in Absatz 1 Satz 2 der einschlägigen Vorlage- und Besichtigungsvorschriften ist somit nicht nur terminologisch unglücklich gewählt, sondern sie ist zudem ein überflüssiges Kriterium (vgl. im Ersten Teil D.II.).
Gemäß Erwägungsgrund 14 RL ist die Beschränkung des Vorlage- und Besichtigungsanspruchs auf ein Handeln in gewerblichem Ausmaß nicht zwingend. Eine Ausweitung auch auf Fälle von Rechtsverletzungen, welche im rein privaten Bereich

542 Neben der Verwendung in der Enforcement-Richtlinie wurde der Begriff, soweit ersichtlich, bislang nur in der Verordnung (EWG) NR. 2454/93 der Kommission v. 2.Juli 1993 mit Durchführungsvorschriften zu der Verordnung (EWG) Nr. 2913/92 des Rates zur Festlegung des Zollkodex der Gemeinschaften verwendet.

543 IAS und US-GAAP sind neben den Regelungen des HGB gemäß § 315a HGB erlaubte Standards zur Erstellung der Jahresabschlüsse. Sie werden insbesondere von weltweit operierenden Konzernen verwendet.

begangen werden, erscheint indes unverhältnismäßig. Denn während bei gewerblich Handelnden die Einsichtsmöglichkeit in die Unterlagen dazu beitragen soll, die tatsächlichen Nutznießer der Verletzung zu ermitteln,[544] stehen diese bei nicht gewerblich handelnden Verletzern in der Regel bereits fest.
Festzuhalten ist daher, dass einzig im Urheberrecht hinsichtlich der Vorlage von Bank-, Finanz- und Handelsunterlagen eine Beschränkung des Anspruchs auf Fälle gewerblichen Handelns hätte erfolgen müssen.

c) Verhältnismäßigkeit

Die Vorlage von Bank-, Finanz- und Handelsunterlagen ermöglicht einen weitreichenden Einblick in die Interna des vermeintlichen Verletzers. Seine Betriebs- und Geschäftsgeheimnisse werden dadurch unmittelbar bedroht. Die Vorlage von Bank-, Finanz- und Handelsunterlagen kann gemäß Absatz 3 des Vorlage- und Beseitigungsanspruchs auch im Wege der einstweiligen Verfügung angeordnet werden. Angesichts der mit der Vorlage der Unterlagen verbundenen Gefahr der Verletzung von Betriebs- und Unternehmensgeheimnissen des Inanspruchgenommenen, erscheint diese Regelung überaus bedenklich. Denn nach der deutschen Umsetzung erfolgt nicht nur eine Sicherung der Unterlagen, sondern der Rechteinhaber kann einen direkten Einblick in sie erhalten. Die einmal erfolgte Kenntnisnahme der Unterlagen durch den Mitbewerber ist aber nicht mehr rückgängig zu machen.
Angesichts der Wichtigkeit der Bank-, Finanz- und Handelsunterlagen liegt die Gefahr des Missbrauchs des Anspruchs zum Zwecke der Ausforschung des Antragsgegners auf der Hand. Erforderlich sind daher einerseits funktionierende Maßnahmen zum Geheimnisschutz sowie gegen den Missbrauch des Anspruchs.[545] Andererseits sollte aber bereits die Gewährung des Anspruchs an strengere Voraussetzungen geknüpft werden. Im Verfügungsverfahren sind die an das Vorliegen einer hinreichenden Wahrscheinlichkeit zu stellenden Anforderungen zwar grundsätzlich geringer als im Hauptverfahren (B.II.). Im Fall der Vorlage von Bank-, Finanz- und Handelsunterlagen scheint jedoch, aufgrund der erhöhten Geheimhaltungsinteressen des Vorlageschuldners, eine restriktive Auslegung des Erfordernisses der hinreichenden Wahrscheinlichkeit angezeigt. Damit eine ungerechtfertige Inanspruchnahme möglichst ausgeschlossen wird, sollte als hinreichende Wahrscheinlichkeit eine an Sicherheit grenzende, also äußerst hohe Wahrscheinlichkeit gefordert werden. Liegt diese nicht vor, ist der Anspruch zu verneinen. Des Weiteren ist vom Antragsteller eine Sicherheitsleistung zu verlangen (D.IV.3.a).

544 Vorschlag für eine Richtlinie des Europäischen Parlaments und des Rates über die Maßnahmen und Verfahren zum Schutz der Rechte an geistigem Eigentum, KOM (2003) 46 endg., v. 30.1.2003, S. 24.
545 Zum Geheimnisschutz siehe unter Gliederungspunkt E.

II. Besichtigungsmaßnahmen

1. Durchführende Personen

a) Sachverständiger

Die Entscheidung über den Umfang der Vorlage oder Besichtigung wird vom Gericht getroffen.[546] Begrenzt wird der Anspruchsumfang durch das berechtigte Interesse des Antragsgegners an der Wahrung seiner Betriebsgeheimnisse. Für deren Schutz werden sowohl die Besichtigung als auch die Beweissicherung regelmäßig von einem Sacherständigen und nicht von der Partei selbst durchgeführt (vgl. E.). Allerdings handelt es sich bei dem Sachverständigen nicht um einen vom Gericht bestellten und damit um einen Sachverständigen im Sinne der §§ 403 ff. ZPO, sondern vielmehr um einen Stellvertreter des Gläubigers, der diesem gegenüber zur Verschwiegenheit verpflichtet sein muss. Auch diesem Sachverständigen kann das Gericht aber gemäß § 404a ZPO analog Weisungen erteilen.[547] Insbesondere kann dem Sachverständigen die Art der Untersuchung vorgeschrieben werden.
Grundsätzlich kann es für den Rechteinhaber, trotz seiner Befugnis, den Sachverständigen selbst auszuwählen, sinnvoll sein, die Auswahl des Gutachters dem Gericht zu überlassen. Das Risiko einer späteren Ablehnung des Sachverständigen wegen Befangenheit wird so verringert.[548] Zudem liegt bei der gerichtlichen Bestellung eines neutralen Sachverständigen nach einer Beschreibung des Beweises statt eines Parteigutachtens ein vollwertiges gerichtliches Gutachten vor, welches in einem etwaigen späteren Verletzungsprozess verwendet werden kann.[549]
Hätte der Gesetzgeber einen selbständigen Beweissicherungsanspruch vorgesehen, wäre es sinnvoll gewesen, bei einer entsprechenden Sicherung sowohl einen vom Gericht bestellten Sachverständigen als auch einen Vertreter der Partei an der Beweissicherung teilnehmen zu lassen. Denn wie bereits dargelegt wurde, wäre in diesem Fall eine präzise Bezeichnung der zu sichernden Beweismittel nicht erforderlich. Vielmehr könnten alle rechtserheblichen Beweise, welche beim Schuldner gefunden werden, gesichert werden. Bei der Bestimmung, welche Beweise tatsächlich beweiserheblich sind, sowie zur Absicherung, dass eine Beschreibung, welche zur Beweissicherung erfolgt, vollständig ist, kann das Fachwissen eines Vertreters des Rechteinhabers eine wichtige Hilfe sein.

b) Mitwirkungs- und Unterstützungspflichten des Schuldners

Weitestgehend ungeklärt ist bislang, inwiefern der Schuldner verpflichtet ist, bei der Besichtigung behilflich zu sein. Er könnte unter anderem verpflichtet sein, ihm gehörende Kopier- oder Scangeräte oder andere technische Ausrüstung zur Verfügung zu stellen, beim Aufrufen von Computerprogrammen und –dateien oder beim Bedienen von Maschinen zu helfen. *Karger* nimmt an, dass der Schuldner alle für die sinnvolle Durchführung der Besichtigung erforderlichen Handlungen vornehmen muss, soweit ihm diese zumutbar sind.[550] Zur Begründung verweist er auf die Kostenregelung in § 811 BGB. Diese mache deutlich, dass eine Inanspruchnahme des Besichtigungs-

546 Stauder GRUR 1985, 518 in Anm. zu BGH GRUR 1985, 512-Druckbalken; OLG Düsseldorf GRUR 1983, 745, 747.
547 Karger S. 106.
548 Zöller-Herget § 487, Rn. 5.
549 Battenstein S. 119 m.w.N.
550 Karger S. 82 ff.

schuldners durchaus möglich sei. Letzterem ist grundsätzlich zuzustimmen. Allerdings trifft § 811 BGB über die Regelung zur Kostentragung hinaus keine Aussage darüber, welche Mitwirkungs- und Unterstützungshandlungen dem Schuldner obliegen. Allein aus dem Umstand, dass Mitwirkungsverpflichtungen bestehen können, kann nicht deren Umfang abgeleitet werden.

Bei der Bestimmung des Umfangs des Besichtigungsanspruchs sind die Beweisinteressen des Gläubigers sowie die Geheimhaltungs- und Integritätsinteressen des Schuldners zu berücksichtigen. Selbiges muss auch bei der Entscheidung über das Bestehen von Mitwirkungs- und Unterstützungspflichten des Schuldners gelten. Zu weit geht es daher, den Schuldner für verpflichtet zu halten, jegliche Handlungen, die im Interesse des Gläubigers liegen, vorzunehmen.[551] Die Reichweite der Verpflichtung des Schuldners kann grundsätzlich nicht ausschließlich am Interesse des Gläubigers gemessen werden, während die Interessen des Schuldners außer Acht gelassen werden.
Verpflichtet sein kann der Schuldner allenfalls zu solchen Handlungen, welche die Durchführung der Besichtigung in dem durch Gerichtsbeschluss zugelassenen Ausmaß ermöglichen. Kann der Schuldner die Besichtigung ohne Schwierigkeiten durch das Zurverfügungstellen vorhandener technischer Hilfsmittel erleichtern, während es dem Besichtigungsgläubiger nicht möglich ist, die entsprechende Handlung ohne Hilfe des Schuldners vorzunehmen oder er erheblich stärkere Anstrengungen unternehmen müsste, um entsprechende Hilfsmittel zu der Besichtigung mitzubringen, ist er aus dem Gedanken von Treu und Glauben auch zur Vornahme dieser Mitwirkungs- und Unterstützungshandlungen verpflichtet. Er muss dazu beitragen, die Kosten der Besichtigung möglichst gering zu halten. Da er, sollte ihm eine Verletzung nachgewiesen werden können, im Wege des Schadensersatzes letztlich auch die zunächst gemäß § 811 Absatz 2 BGB vom Gläubiger zu tragenden Besichtigungskosten ersetzen muss, kann die Vornahme der Mitwirkungshandlungen grundsätzlich auch in seinem Interesse liegen.
Ist es dem Besichtigungsgläubiger hingegen mit ebenso wenig oder nur geringfügig höherem Aufwand möglich, die entsprechenden Mittel selber mitzubringen oder die notwendigen Handlungen ohne Hilfe des Schuldners vorzunehmen, ist der Besichtigungsschuldner nicht verpflichtet diese Handlungen anstelle des Gläubigers vorzunehmen.[552] Da die Besichtigung oder Vorlage den Interessen des Gläubigers dient, ist diesem grundsätzlich ein höherer Aufwand zuzumuten als dem Schuldner.

2. Durchsuchung

Weigert sich der Schuldner, bei der Durchführung der Besichtigung behilflich zu sein und verwehrt bereits den Zutritt zu seinen Räumlichkeiten, war nach alter Rechtslage umstritten, ob es einer Durchsuchungsanordnung bedarf, um die Beweismittel sicherstellen zu können.
Einer Durchsuchung steht grundsätzlich Artikel 13 GG entgegen. Gemäß Artikel 13 Absatz 2 GG ist eine Durchsuchung nur dann zulässig, wenn sie durch einen Richter angeordnet wurde. Die Einzelheiten regelt § 758a ZPO. *Ahrens* vertritt die Auffas-

---

551 So aber Müko-Hüffer § 809, Rn. 10.

552 Zu weitgehend daher auch *Karger* (S. 84), der die Vornahme aller „für die sinnvolle Durchführung erforderlichen Handlungen" verlangt.

sung, dass bei einer formellen Gestattung der Durchsuchung im Rahmen des Besichtigungsanspruchs eine einzelfallbezogene formelle richterliche Bewilligung der Durchsuchung überflüssig sei, da mit der zwangsweisen Durchsetzung der Besichtigung stets ein Betreten der Geschäftsräume verbunden sei.[553]
Dem ist entgegenzuhalten, dass sich das Urteil lediglich auf die Duldung der Besichtigung oder die Vornahme der Vorlage bezieht und keine Aussage über die Notwendigkeit einer zwangsweisen Wohnungsdurchsuchung trifft. Eine fiktive Erklärung des Schuldners, dem Gläubiger den Zutritt zu seinen Räumlichkeiten zu gestatten, ist nicht enthalten.[554] Bedauerlicherweise erfolgte im Rahmen der Umsetzung der Enforcement-Richtlinie keine gesetzgeberische Klärung dieser Streitfrage. Für eine Durchsuchung der Räume des Besichtigungsschuldners ist daher nach wie vor eine richterliche Anordnung gemäß § 758a ZPO zu beantragen. Diese ist gemäß § 802 ZPO von dem Amtsgericht zu erteilen, in dessen Bezirk die Durchsuchung erfolgen soll. Durch die Zuweisung der Zuständigkeit an das für die Besichtigungsanordnung zuständige Gericht hätte hier eine verfahrensrechtliche Erleichterung bewirkt werden können.

3. Substanzeingriffe

In den vergangenen Jahren war insbesondere die Frage nach der Zulässigkeit von Substanzeingriffen im Rahmen der Besichtigung umstritten. Nach der herrschenden Literaturansicht, welche die alte, in der Entscheidung „Druckbalken“[555] aufgestellte Rechtsprechung des X. Senats stark kritisierte,[556] sowie der neueren Rechtsprechung des I. BGH-Senats[557] in Sachen „Faxkarte“, ist der Umfang der zulässigen Besichtigung anhand einer Abwägung der Interessen des Verletzten und des Besichtigungsschuldners zu bestimmen. Die Grenze der Besichtigungsbefugnisse sei dann erreicht, wenn die Beschädigung einer Sache des Schuldners droht. Allerdings sei bei der Abwägung auch zu berücksichtigen, dass der Besichtigungsgläubiger insofern zum Schadensersatz verpflichtet ist und auch eine Sicherheitsleistung nach § 811 Absatz 2 BGB in Betracht kommt.[558] Da eine realistische Gefahr der Zerstörung oder Beschädigung der Besichtigungssache regelmäßig nicht besteht, wenn der Ausbau von Teilen durch fachkundige Personen, wie den durchführenden Sachver-

---

553 Ahrens GRUR 2005, 837, 839; so auch zur alten Rechtslage: Battenstein S. 132; Schneider NJW 1980, 2377, 2379 m.w.N.; Bork NJW 1997, 1665, 1672; derselbe Streit besteht auch mit Hinblick auf den Arrest. Diesbezüglich a.A. BVerfG NJW 1979, 1539, 1540; BVerfG NJW 2001, 1121; Müko(ZPO)-Heßler § 758a, Rn. 41; Stein/Jonas-Brehm § 883, Rn. 22; Rosenberg/Gaul/Schilken § 26 IV 3b, S. 454 f.

554 Tilmann GRUR 2005, 737, 739; so auch der DAV in seiner Stellungnahme von März 2007 S. 10 zuletzt abgerufen am 31.05.2008 unter: http://www.bundestag.de/ausschuesse/a06/anhoerungen/22_Geistiges_Eigentum/04_Stellungnahmen/Tilmann.pdf; so schon zur alten Rechtslage: Rosenberg/Gaul/Schilken § 26 IV 3b, S. 454 f.

555 BGH GRUR 1985, 512 ff.- Druckbalken.

556 von Hartz S. 147 f.; Battenstein S. 46 m.w.N.; Marshall in FS Preu S. 162; Leppin GRUR 1984, 552, 563 f.; Fritze/Stauder GRUR Int. 1986, 342 f.; Tilmann GRUR 1987, 251, 256 f.; Meyer-Dulheuer GRUR Int. 1987, 14, 16; Götting GRUR 1988, 729, 737 ff.; Dreier GRUR Int. 1996, 205, 217; Krieger GRUR 1997, 421, 424; Bork NJW 1997, 1665, 1670; Mes GRUR 2000, 934, 938; Tilmann/Schrei-bauer GRUR 2002, 1015, 1019.

557 BGH GRUR 2002, 1046, 1049-Faxkarte.

558 BGH aaO.

ständigen erfolgt, ist nach herrschende Ansicht ein Aus- und Einbau einzelner Teile grundsätzlich vom Besichtigungsanspruch gedeckt.[559]

4. Beschlagnahme

a) Verfahren nach deutschem Recht

Eine Verwendung der Besichtigungsgegenstände zur Beweisführung ist nach deutschem Recht grundsätzlich nicht möglich. Im Rahmen der einstweiligen Verfügung kann das Gericht zwar gemäß § 938 Absatz 2 ZPO die Sequestration des mutmaßlichen Verletzungsgegenstandes anordnen. Dies wird aber nur dann geschehen, wenn die Besichtigung durch den Sachverständigen nicht schnell und einfach vor Ort vorgenommen werden kann.[560] Die beschlagnahmten Gegenstände werden zunächst vom Gerichtsvollzieher verwahrt und anschließend dem in der einstweiligen Verfügung bestimmten Sachverständigen übergeben, damit dieser sie untersuchen und seinen Bericht anfertigen kann.[561] Ist die Besichtigung erfolgt und der Bericht erstellt, wird dieser vom Gericht auf seine Vollständigkeit überprüft und die Sequestration anschließend aufgehoben.[562] Die sichergestellten Gegenstände werden dem Schuldner zurückzugeben. Eine Beschlagnahme kann folglich nicht zum Zweck der Beweisführung, sondern nur zur Ermöglichung der Besichtigung erfolgen.

Dieses Verfahren hat einen entscheidenden Nachteil. Der Besichtigungsbericht verbleibt grundsätzlich zunächst beim Gericht. In einem Hauptverfahren wird über die Freigabe des Berichts verhandelt. Zu diesem Zeitpunkt ist die besichtigte Sache dem vermeintlichen Verletzter aber bereits zurückgewährt. Zwar hat das Gericht den Bericht vor Aufhebung der Sequestration auf dessen Vollständigkeit überprüft, dies mag ihm indes nicht immer lückenlos möglich sein.[563] Stellt der Besichtigungsgläubiger nach der Freigabe des Berichts und Aufhebung der Sequestration fest, dass für ihn wesentliche Punkte bei der Besichtigung außer Acht gelassen wurden oder wird zu einem späteren Zeitpunkt eine weitergehende Besichtigung erforderlich, so besteht die Gefahr, dass die Besichtigungsgegenstände in der Zwischenzeit untergegangen sind oder außer Rechweite geschafft wurden und eine erneute Besichtigung daher nicht möglich ist.

Allerdings handelt es sich bei dem vom Gericht bestellten Sachverständigen nicht zwingend um einen unabhängigen gerichtlichen Sachverständigen im Sinne der §§ 403 ff ZPO, sondern der Antragssteller kann einen Sachverständigen seiner Wahl benennen (C.II.1.a). Dieser wird dann als sein Stellvertreter tätig. Der Verletzte muss daher Sorge dafür tragen, dass der Sachverständige derart instruiert ist, dass er die maßgeblichen Umstände bei der Begutachtung berücksichtigt. Einen unzureichenden Bericht muss sich der Verletzte selber zurechnen lassen. Ihm obliegt es einen entsprechend geschulten und sorgfältig arbeitenden Sachverständigen mit der Ange-

---

559 Treichel S. 227 f.; von Hartz S. 147 f.; Battenstein S. 49 ff. m.w.N.; Marshall in FS Preu S. 162; Leppin GRUR 1984, 552, 562 ff.; Fritze/Stauder GRUR Int. 1986, 342 f.; Meyer-Dulheuer GRUR Int. 1987, 14, 16; Tilmann GRUR 1987, 251, 256 f.; Götting GRUR 1988, 729, 737 ff.; Dreier GRUR Int. 1996, 205, 217; Krieger GRUR 1997, 421, 424; Bork NJW 1997, 1665, 1670; Mes GRUR 2000, 934, 938; Tilmann/Schreibauer GRUR 2002, 1015, 1019.

560 Zur Wegnahme, obwohl die Sache im räumlichen Bereich des Gegners belassen wird: Leppin GRUR 1984, 695, 710.

561 Karger S. 104.

562 Karger S. 110.

563 Zum Freigabeprozess Leppin GRUR 1984, 695, 696 ff.

legenheit zu betrauen (C.II.1.a) und E.). Eine dauerhafte Beschlagnahme von Beweismittel ist daher für Besichtigungszwecke jedenfalls nicht zwingend erforderlich.

b) Richtlinienvorgaben

Allerdings könnte die Enforcement-Richtlinie den nationalen Gesetzgeber zur Einführung eines Anspruchs auf Beschlagnahme von Beweismitteln verpflichten. Artikel 7 RL sieht die Beschlagnahme von Beweismitteln ausdrücklich als Beweissicherungsmaßnahme neben der ausführlichen Beschreibung vor. Die in diesem Artikel aufgelisteten Maßnahmen sollen dem Rechtsinhaber Gelegenheit geben die Vernichtung oder das Wegschaffen von Beweismittel zu verhindern. Dadurch soll sichergestellt werden, dass der Vorlageanspruch aus Artikel 6 RL nicht deshalb leer läuft, weil die Beweise mittlerweile vernichtet wurden.
Im Rahmen des Vorlage- und Besichtigungsanspruchs ist eine Vorlage beziehungsweise Besichtigung der Sache selbst möglich, damit der Rechteinhaber im Verfahren mit ihr Beweis erbringen kann. Daher müssten die Beweise grundsätzlich auch zu Beweisführungszwecken gesichert werden können. Der Vorteil einer entsprechenden Regelung läge darin, dass das Gericht den Beweis selber in Augenschein nehmen könnte. Streitige Punkte können dabei im Einzelfall besser verdeutlicht werden als bei einer Beschreibung.
Für eine entsprechende Auslegung des Artikels 7 RL lässt sich zunächst der Wortlaut des Artikels anführen. Artikel 7 Absatz 1 RL nennt die Beschlagnahme als von der Beschreibung unabhängige, alternative Maßnahme.[564] Auch in den im Rahmen des Richtlinienvorschlags aufgeführten Erwägungsgründen findet sich zudem eine ausdrückliche Unterscheidung zwischen einer „Beschlagnahme durch Beschreibung - mit oder ohne Einziehung von Mustern –„ und einer „dinglichen Beschlagnahme der rechtsverletzenden Ware sowie gegebenenfalls der zugehörigen Unterlagen“.[565] Es soll folglich nicht nur eine Beschlagnahme zur Durchführung der Besichtigung von den Mitgliedsstaaten vorgesehen werden, sondern darüber hinaus auch eine Beschlagnahme zu Beweisführungszwecken. Dafür spricht auch, dass eine Rückgabe der beschlagnahmten Ware oder sonstigen Gegenständen im Rahmen des Artikels 7 RL nicht vorgesehen ist.
Bei der Schaffung der Regelungen in Artikel 6 und 7 RL stützte sich der Richtliniengeber auf die französische saisie-contrefaçon sowie die search order. Diese können ebenfalls für eine entsprechende Auslegung des Artikels 7 RL herangezogen werden.

aa) Saisie-contrefaçon

Das französische Gericht bestimmt bei Erlass einer saisie-contrefaçon nicht nur, welche Maßnahmen zu ergreifen sind,[566] sondern auch ob und in welchem Umfang Beweismaterial beschlagnahmt wird.[567] Die Beschlagnahme in Rahmen der saisie réelle

564 Vgl. Wortlaut des Artikels 7 Absatz 1 RL: „...ausführliche Beschreibung mit oder ohne Einbehaltung von Mustern *oder* die dingliche Beschlagnahme der rechtsverletzenden Ware...“.

565 Erwägungsgrund 20 des Vorschlages für eine Richtlinie des Europäischen Parlaments und des Rates über die Maßnahmen und Verfahren zum Schutz der Rechte an geistigem Eigentum, KOM (2003) 46 endg., v. 30.1.2003, S. 33.

566 In Betracht kommt die Beschreibung (saisie-description) mit (=saisie réelle) oder ohne Beschlagnahme von Gegenständen. Zur saisie-contrefaçon siehe auch B.II.1.b)bb).

567 Lucas/Lucas S. 585 ; Saint-Gal S. S5 ; Treichel S. 168.

dient nicht der Verhinderung weiterer Verletzungen, sondern lediglich der Beweissicherung.[568]
Obwohl *Treichel* zu Recht darauf hinweist, dass die Beschreibung ein ebenso störender Eingriff in die Geheimsphäre des Betroffenen sein kann, wie die Beschlagnahme von lediglich einzelnen Exemplaren eines mehrfach vorhandenen Gegenstandes oder von Proben,[569] sind die an die Beschlagnahme zu knüpfenden Voraussetzungen wesentlich enger gefasst als bei einer saisie-description. So darf die Rechtsbeständigkeit des geltend gemachten Rechts sowie dessen Verletzung prima facie nicht bestreitbar sein.[570] Eine Beschlagnahme scheidet auch dann aus, wenn durch sie der gesamte Betrieb des Inanspruchgenommenen lahm gelegt würde.[571] Ist nur ein Einzelstück vorhanden, welches beschlagnahmt werden müsste, so ist eine Beschlagnahme an die Leistung einer Sicherheit zu knüpfen.[572] Sind diese Hürden jedoch einmal überwunden, kann mit den beschlagnahmten Gegenständen im Hauptverfahren grundsätzlich auch Beweis erbracht werden.[573] Nicht vorgesehen ist daher die Rückgabe der beschlagnahmten Gegenstände nach Anfertigung eines Besichtigungsberichts.

bb) Search order

Auch Beweise, welche durch eine search order erlangt wurden, können zur Beweisführung eingesetzt werden. Voraussetzung ist, dass die Möglichkeit der Beschlagnahme in der Anordnung ausdrücklich festgestellt wurde.[574] Die beschlagnahmten Beweise werden von den Anwälten des Antragsstellers verwahrt.[575] Ein wesentlicher Unterschied zur französischen Regelung besteht hinsichtlich der Beschlagnahmezwecke. Die Sicherstellung im Rahmen einer search order darf nicht nur zur Beweissicherung, sondern auch zur Sicherung der Erfüllung sonstiger Ansprüche des Antragstellers erfolgen.[576]

c) Richtlinienkonforme Auslegung

Indem der deutsche Gesetzgeber die Möglichkeit der Beschlagnahme zu Beweisführungszwecken vollständig ausklammerte, ist er den Vorgaben der Richtlinie nicht gerecht geworden. Wie bereits unter B.III.3. kommt aber auch hier eine richtlinienkonforme Auslegung der neu geschaffenen einschlägigen Vorlage- und Besichtigungsansprüche in Betracht. Zwar ist die äußerste Grenze der richtlinienkonformen Auslegung der eindeutige entgegenstehende Wortlaut des auszulegenden nationalen Rechts, doch ist der Begriff der Besichtigung nicht unbedingt dahingehend auszulegen, dass lediglich, wie bisher, eine Beschreibung der Beweise erfolgen darf, sondern es könnte, wie im französischen Recht, auch die Möglichkeit einer Besichtigung mit Beschlagnahme anzunehmen sein.

---

568 Linant de Bellefonds S. 414 ; Treichel S. 164 f.
569 Treichel S. 178 m.w.N.; a.A. Lucas/Lucas S. 586.
570 Treichel S. 175, Fn 1006.
571 Treichel S 180 m.w.N.
572 Treichel S. 187 f.
573 Stauder GRUR Int. 1978, 230, 232; Treichel GRUR Int. 2001, 695, 690;
574 Battenstein S. 197 m.w.N., Ibbeken S. 131.
575 Battenstein S. 208.
576 Battenstein S. 197.

Im Rahmen einer richtlinienkonformen Auslegung sind grundgesetzliche Gebote, wie das der Verhältnismäßigkeit, zu berücksichtigen. Der vermeintliche Verletzer würde durch eine länger andauernde Sicherstellung der Beweismittel stärker belastet. Daher könnten Bedenken bezüglich der Verhältnismäßigkeit einer solchen Maßnahme bestehen. Dem Schuldner darf durch die Sicherstellung kein unzumutbarer Schaden entstehen. Da mit einer Beschlagnahme stets ein Eingriff in das Grundrecht aus Artikel 14 Absatz 1 Satz 1 GG verbunden ist, sind die Grenzen der Zumutbarkeit in diesem Fall sehr niedrig anzusetzen. Die Beschlagnahme von Gegenständen, ohne welche der gesamte Produktionsprozess des Schuldners aufgehalten wird, kann zu erheblichen Einbußen des Schuldners führen. Sie ist daher regelmäßig unzulässig. Wird der vermeintliche Verletzer durch die Beschlagnahme in seinem Betriebsablauf behindert, erscheint es unzumutbar, die Gegenstände unnötig lange zu beschlagnahmen. Für diese Fälle ist eine Beweissicherung durch Beschreibung vorzusehen. Werden hingegen lediglich einzelne Exemplare einer Menge von verletzenden Waren oder Gegenstände, welche für den Betriebsablauf nicht von Bedeutung sind, beschlagnahmt, so belastet eine dauerhafte Beschlagnahme den vermeintlichen Verletzer kaum mehr, als dies durch das Eindringen in seine Sphäre ohnehin geschieht.[577] Bei der Abwägung, welche Gegenstände beschlagnahmt werden dürfen, ist auch die Möglichkeit einer Sicherheitsleistung nach den §§ 936, 921 ZPO in Betracht zu ziehen.

Allerdings wäre eine richtlinienkonforme Auslegung dahingehend, dass eine Beschlagnahme im Rahmen der erläuterten Verhältnismäßigkeitsgrenzen zulässig ist, nur dann sinnvoll, wenn beschlagnahme Gegenstände zugleich zu Beweisführungszwecken eingesetzt werden können. Die deutsche Zivilprozessordnung beinhaltet indes eine abschließende Aufzählung der im Rahmen des Strengbeweises zulässigen Beweismittel. Eine Durchbrechung dieses Prinzips würde zu Rechtsunsicherheit führen und ist daher auch nicht zugunsten einer richtlinienkonformen Auslegung zu tolerieren. Für die Beweiserhebung im Freibeweisverfahren wird es regelmäßig an der notwendigen Zustimmung seitens des vermeintlichen Verletzers fehlen. Für eine Beschlagnahme, welche nicht lediglich zur Ermöglichung der Beschreibung erfolgt, hätte es daher einer Regelung bedurft. Eine richtlinienkonforme Auslegung ginge insofern zu weit. Da eine entsprechende Vorschrift nicht vorgesehen wurde, besteht an dieser Stelle Bedarf für ein erneutes gesetzgeberisches Tätigwerden, um den Richtlinienanforderungen zu genügen.

III. Grenzen des Anspruchs

1. Verwertungsverbot

Die Rechtsprechung hat die Verwertbarkeit der durch die Besichtigung gewonnenen Informationen eingeschränkt. Die im Rahmen der Besichtigung erlangten Informationen dürfen demnach nur zu dem vorgesehenen Zweck eingesetzt werden.[578] Das bedeutet, dass der Hauptanspruch, für dessen Durchsetzung die Informationen be-

---

577 Verschiedentlich wurde daher die Normierung der Beschlagnahme von Mustern und Proben der mutmaßlich rechtsverletzenden Waren als Annex zur Beschreibung vorgeschlagen. Siehe Tilmann in FS Ullmann S. 1014; Spindler/Weber ZUM 2007, 257, 265.

578 RGZ 69, 401, 406-Nietsche Briefe; BGH GRUR 2002, 1046, 1049-Faxkarte.

nötigt werden, den Umfang der Verwertungsmöglichkeiten begrenzt. Ergeben sich daneben weitere, unabhängige Ansprüche, so können die durch die Besichtigung erlangten Informationen für ihre Geltendmachung nicht verwertet werden.[579]
Zu Recht wurde diese Ansicht bereits vor der Umsetzung der Enforcement-Richtlinie kritisiert.[580] Dem Verletzten muss die Möglichkeit gegeben werden, die durch die Rechtsverletzung erlittenen Nachteile zu neutralisieren. Dem Verletzer sollen keine aus seiner Verletzung resultierenden Vorteile verbleiben. Zudem ist nicht einzusehen, warum Zufallsfunde, welche über die benannten Beweismittel hinausgehen und die Geltendmachung weiterer Ansprüche durch den Gläubiger ermöglichen, im Gegensatz zu anderen Verfahren im Zivilverfahren nicht gegen den Besichtigungsschuldner verwendet werden sollten.[581] Entsprechend sieht auch das britische Recht vor, dass Zufallsfunde verwertbar sind[582] und der nemo-tenetur-Grundsatz[583] keine Gültigkeit besitzt. Darüber hinaus wird durch den die search order begleitenden Erlass von Verbotsverfügungen, so genannten prohibitory injunctions, dem Antragsgegner häufig untersagt, bestimmte Personen über die Durchführung der Order und den bevorstehenden Rechtsstreit zu informieren, damit ein effektives Vorgehen gegen diese Personen mit Hilfe der gewonnenen Erkenntnisse möglich ist.[584] Begrenzt man hingegen die Verwertbarkeit der gewonnen Informationen, wie von der Rechtsprechung vorgesehen, ist ein Vorgehen gegen weitere Verletzer regelmäßig nicht mehr möglich.
Wie bereits dargelegt wurde, sieht die Enforcement-Richtlinie, über die erfolgte deutsche Umsetzung hinaus, einen Beweissicherungsanspruch vor. Durch eine richtlinienkonforme Auslegung hinsichtlich der Bezeichnung der Beweismittel können nach deutschem Recht jedenfalls bislang unbekannte Beweise ermittelt und durch eine Beschreibung gesichert werden. Die dadurch eröffnete Möglichkeit zur Sicherung vorhandener Beweise, würde durch ein entsprechendes Verwertungsverbot unterlaufen. Zweck eines Beweissicherungsanspruchs ist es, es dem Rechteinhaber durch die Sicherung der Beweise zu ermöglichen, seine Rechte umfassend durchzusetzen. Ein umfassender Schutz der Rechte des Inhabers ist aber nur dann möglich, wenn es diesem gestattet wird, gegen alle an der Verletzung beteiligten Personen vorzugehen.
Ein Verwertungsverbot für Informationen, welche der Verletzte anlässlich der Besichtigung erhält und die über die für die Durchsetzung des Hauptanspruchs benötigten Informationen hinausgehen, ist daher nicht anzunehmen. Aufgrund der abweichenden Rechtsprechung wäre eine entsprechende gesetzgeberische Klarstellung diesbezüglich jedoch wünschenswert gewesen.

2. Verhältnismäßigkeit

a) Erforderlichkeit

Im Gegensatz zu § 809 BGB wird über das allgemein nötige Rechtsschutzbedürfnis hinaus kein Besichtigungsinteresse gefordert. Die Vorlage oder Besichtigung muss

---

579 RGZ 69, 401, 406-Nietsche Briefe; BGH GRUR 2002, 1046, 1049-Faxkarte.
580 Von Hartz S. 202 f.
581 Vergleiche die Verwertbarkeit von Zufallsfunden im Rahmen des Strafrechts (§ 108 StPO).
582 Götting GRUR Int. 1988, 729, 736; siehe auch E.IV.3.a).
583 sog. „privilege against self-incrimination"
584 Battenstein S. 167.

aber gemäß Absatz 1 der einschlägigen Vorlage- und Besichtigungsvorschriften zur Begründung des Hauptanspruchs erforderlich sein. Die Vorlage oder Besichtigung ist dann nicht erforderlich, wenn sich der Rechteinhaber die Informationen, welche er zu erlangen sucht, im gleichen Umfang auch auf zumutbarem anderem Wege beschaffen kann.[585] Die Grenze der Zumutbarkeit muss dabei je nach Einzelfall bestimmt werden. Sie ist aber grundsätzlich hoch anzusetzen.[586] Zu berücksichtigen sind insbesondere die durch die anderweitige Informationsbeschaffung entstehenden Kosten sowie der Streitwert der vorzubereitenden Verletzungsklage.[587] Ebenfalls von Bedeutung ist die Gefahr der Beweisvereitelung. Ist zu befürchten, dass ohne die Sicherstellung der Beweismittel diese vernichtet oder außer Reichweite gebracht werden, ist es dem Rechteinhaber nicht zumutbar langwierige andere Bemühungen vorzunehmen.

Die Richtlinie sieht auf den ersten Blick keine Subsidiarität des Vorlage- oder des Besichtigungsanspruchs vor. Die deutsche Umsetzung scheint daher enger zu sein als die Richtlinienvorgaben. Indes ist es dem Rechteinhaber bei mangelnder Erforderlichkeit zumutbar, ohne einen Eingriff in die Sphäre des vermeintlichen Verletzers Beweise beizubringen. Es bedarf in diesem Fall keiner Absenkung der Darlegungslast zugunsten des Rechteinhabers. Eine nicht erforderliche Besichtigung würde gegen das Verbot der Ausforschung verstoßen.
Die Interessenabwägung im Rahmen der Verhältnismäßigkeitsprüfung müsste dann, wenn der mit der Vorlage beziehungsweise Besichtigung verbundene Eingriff nicht erforderlich ist, um den Interessen des Verletzten gerecht zu werden, zu Lasten des Verletzten ausfallen. Die Maßnahme ist unverhältnismäßig und dem Verletzer nicht zumutbar.
Die Subsidiarität des Anspruchs ist folglich sowohl Ausprägung des Ausforschungsverbots als auch des Verhältnismäßigkeitsgrundsatzes, wie ihn unter anderem Absatz 2 des deutschen Vorlage- und Besichtigungsanspruchs und Artikel 3 Absatz 2 RL vorschreiben. Es handelt sich um eine zulässige und notwendige Einschränkung.

b) Verhältnismäßigkeitsprüfung nach Absatz 2

Der Anspruch auf Vorlage oder Besichtigung ist gemäß Absatz 2 der einschlägigen Vorlage- und Besichtigungsvorschriften ausgeschlossen, wenn die Inanspruchnahme unverhältnismäßig ist. Wann Unverhältnismäßigkeit vorliegt, ist anhand einer Abwägung der beteiligten Interessen zu beurteilen. Neben den Geheimhaltungsinteressen des Schuldners und dem drohenden Schaden ist im Rahmen der Interessenabwägung auch zu berücksichtigen, wie wahrscheinlich eine Rechtsverletzung ist (vgl. B.II.1.b).
Im Rahmen des Urheberrechts ist darüber hinaus eine weitere Besonderheit zu berücksichtigen: Einzig im Urheberrecht kann der Vorlage- und Besichtigungsanspruch gemäß § 101a UrhG unabhängig von einem gewerblichen Handeln des vermeintlichen Verletzers gewährt werden. Bei der Beurteilung der Verhältnismäßigkeit von Besichtigungsansprüchen ist im Urheberrecht daher besonders die Anzahl der wahrscheinlich begangenen Rechtsverletzungen zu berücksichtigen. Der Eingriff in die

585 Battenstein S. 20 f.
586 OLG Hamm CR 1993, 287; Ibbeken S. 22.
587 Battenstein S. 22.

Sphäre eines nicht gewerblich handelnden Verletzers erscheint dann unverhältnismäßig, wenn lediglich vereinzelte Verletzungen wahrscheinlich sind, welche allenfalls einen geringfügigen Schaden beim Rechteinhaber verursacht haben.

D. Einstweiliger Rechtsschutz

Gemäß Absatz 3 der einschlägigen Vorlage- und Besichtigungsvorschriften kann die Vorlage sowie die Besichtigung auch im Wege der einstweiligen Verfügung nach den §§ 935 bis 945 ZPO angeordnet werden. Durch diese Regelung sollte Artikel 7 RL umgesetzt werden. Artikel 7 RL sieht jedoch nicht vor, dass eine Vorlage beziehungsweise Besichtigung rechtserheblicher Beweismittel bereits im Verfügungsverfahren ermöglicht wird. Vielmehr muss ausschließlich eine Sicherung der Beweise erfolgen können. Im Folgenden soll der Verfahrensablauf geschildert werden, wie er nach der erfolgten Umsetzung erforderlich ist und, unabhängig von der Frage des Umfangs des Anspruchs, lediglich mit Hinblick auf das vorgeschriebene Verfahren auf seine Richtlinienkonformität überprüft werden.

I. Verfahrensstufen

Bislang wurde die Besichtigung[588] in drei Stufen durchgeführt.[589] Zunächst ordnete das Gericht im Wege einer einstweiligen Verfügung die Beschlagnahme und Sequestration des mutmaßlichen Verletzungsgegenstandes an und der in der einstweiligen Verfügung bestimmte Sachverständige untersuchte den beschlagnahmten Gegenstand und fertigte einen Bericht über die Besichtigung an (erste Stufe). Auf der zweiten Stufe erfolgte das Hauptsachverfahren über den präparatorischen Anspruch, in dem auch darüber entschieden wurde, ob der Bericht dem Antragssteller übergeben wird und auf der letzten Stufe das Verletzungsverfahren.

Gemäß § 935 ZPO ist für den Erlass einer einstweiligen Verfügung Dringlichkeit erforderlich. Im Folgenden ist zu erläutern, inwiefern dies auch im Rahmen des im einstweiligen Rechtsschutz gewährten Vorlage- und Besichtigungsanspruchs gilt und wann eine darüber hinausgehende besondere Dringlichkeit besteht, aufgrund derer eine Anhörung der gegnerischen Partei vor Erlass der Verfügung entfallen kann. Des Weiteren soll untersucht werden, ob die deutschen Regelungen hinsichtlich der Nachholung der unterbliebenen Anhörung mit den Vorgaben des Artikels 7 RL übereinstimmen.

1. Verfügungsgrund

Da Artikel 7 RL das Vorliegen eines Verfügungsgrundes nicht ausdrücklich voraussetzt, wurde im Rahmen der Richtlinienumsetzung von einigen Stimmen in der Literatur vorgebracht, die einstweilige Verfügung könne im Rahmen des Vorlage- und Besichtigungsanspruchs ausnahmsweise auch ohne Dringlichkeit erlassen wer-

588 Dieselben Grundsätze gelten entsprechend für die Vorlage von Urkunden. Im Folgenden wird zur Vereinfachung jedoch nur noch von der Besichtigung von Gegenständen gesprochen.

589 Ausführlich hierzu: Karger S. 101 ff. Ob es bei diesem Verfahrensablauf bleiben kann und sollte, wird unter Gliederungspunkt E. mit besonderer Berücksichtigung der Geheimhaltungsinteressen der Parteien untersucht.

den.[590] Einer weiteren Ansicht zufolge, soll, aufgrund des Charakters des Vorlage- und Beseitigungsanspruchs beziehungsweise der Notwendigkeit des Überraschungseffekts, die Dringlichkeit regelmäßig anzunehmen sein.[591]
In einigen Fällen lässt das Gesetz Ausnahmen vom Erfordernis der Darlegung und Glaubhaftmachung eines Verfügungsgrundes zu. Beispiele hierfür sind in den §§ 885 und 899 BGB sowie in § 12 Absatz 2 UWG zu finden. In diesen Fällen besteht eine (widerlegbare) Dringlichkeitsvermutung. Ob eine analoge Anwendung des § 12 Absatz 2 UWG auf Fälle der Verletzung von Urheberrechten,[592] Patentrechten,[593] Gebrauchsmusterrechten[594] oder Markenrechten[595] möglich ist, ist umstritten, aber mit der h.M. wohl zu verneinen. Insoweit eine analoge Anwendbarkeit der Dringlichkeitsvermutung bejaht wird, erstreckt sich diese grundsätzlich nur auf Unterlassungsansprüche. Eine Anwendung der Dringlichkeitsvermutung auf andere Ansprüche als den Unterlassungsanspruch wird hingegen zu Recht abgelehnt.[596]
Ein Bedürfnis für die Vermutung der Dringlichkeit ist nicht zu erkennen. Der Vorlage- und Besichtigungsanspruch soll der Sicherung von Beweismitteln dienen. Eine Sicherung ist aber nur dann nötig, wenn eine Vernichtung der Beweise droht. Insofern ist in jedem Fall eine Beweisvernichtungsgefahr zu fordern. Eine mit dem Verzicht auf die Darlegung einer Dringlichkeit verbundene Durchbrechung der deutschen Systematik im Rahmen des einstweiligen Rechtsschutzes war folglich nicht erforderlich und wäre dem Verpflichteten auch nicht zumutbar. Vielmehr hat der Gesetzgeber zu Recht daran festgehalten, dass für die Annahme einer Dringlichkeit im Sinne des § 935 ZPO glaubhaft zu machen ist, dass eine Vernichtung der Beweismittel droht.[597]
Auf das Bestehen einer Beweisvernichtungsgefahr kann nicht bereits aus dem Vorliegen einer hinreichend wahrscheinlichen Schutzrechtsverletzung geschlossen werden.[598]

---

590 Tilmann GRUR 2005, 737, 738; für eine gesetzliche Klarstellung: Kühnen GRUR 2005, 185, 193; DAV Stellungnahme v. März 2007 S. 10 zuletzt abgerufen am 31.05.2008 unter: http://www.bundestag.de/ausschuesse/a06/anhoerungen/22_Geistiges_Eigentum/04_Stellungnahmen/Tilmann.pdf.

591 Battenstein S. 104; Melullis in FS Tilmann S. 848; Tilmann/Schreibauer GRUR 2002, 1015, 1021.

592 OLG Köln GRUR 2000, 417; KG GRUR 1996, 974; KG GRUR-RR 2003, 262; a.A. OLG Karlsruhe GRUR 1994, 726, 728.

593 OLG Düsseldorf GRUR 1994, 508; a.A. OLG Karlsruhe GRUR 1979, 700.

594 OLG Hamm NJW-RR 1993, 366.

595 Für die analoge Anwendbarkeit: OLG Hamburg GRUR-RR 2001; 308; OLG Köln GRUR 2001, 424, 425; OLG Köln GRUR-RR 2002, 309; OLG Stuttgart GRUR 2002, 381; a.A.: OLG München GRUR 2007, 174; OLG Düsseldorf GRUR 2002, 212; OLG Düsseldorf GRUR-RR 2002, 1457; Teplitzky Kap. 54, Rn. 20 ff.; Hefermehl/Köhler/Bornkamm-Köhler § 12 Rn. 3.14 m.w.N.; offen gelassen in OLG Köln GRUR-RR 2003, 296.

596 Hefermehl/Köhler/Bornkamm-Köhler § 12 Rn. 3.14; Ströbele/Hacker-Hacker § 19, Rn. 49; Tilmann/Schreibauer in FS Erdmann S. 924; für den Auskunftsanspruch: OLG Köln GRUR-RR 2003, 296; Wiume S. 347.

597 Entsprechend: RegE BT-Drs. 16/5048, S. 28; Peukert/Kur GRUR Int. 2006, 292, 300.

598 Auch im britischen Recht wird aus einem starken prima facie Anschein einer Schutzrechtsverletzung nicht automatisch eine ausreichende Gefahr der Vernichtung von Beweisen gefolgert. Siehe Battenstein S. 172 f.; Ibbeken S. 121 m.w.N.

2. Keine vorherige Anhörung

a) Besondere Dringlichkeit

Eine weitere Einschränkung der Rechte des Inanspruchgenommenen ergibt sich daraus, dass auch im einstweiligen Verfügungsverfahren über die Verpflichtung zur Duldung der Besichtigung einer Sache, in Ausnahmefällen sogar ohne vorherige Anhörung des Betroffenen, entschieden werden kann. Gemäß § 491 ZPO ist der Antragsgegner zu einer mündlichen Verhandlung zu laden. Ihm ist Gelegenheit zur Stellungnahme zu geben. Für dringende Fälle regelt § 937 Absatz 2 ZPO eine Ausnahme von diesem Grundsatz. Da für die einstweilige Verfügung grundsätzlich Dringlichkeit erforderlich ist, muss für das Vorliegen eines „dringenden Falls" im Sinne des § 937 Absatz 2 ZPO eine gesteigerte Dringlichkeit gefordert werden.[599] Eine solche wird angenommen, wenn der Zweck der einstweiligen Verfügung durch einen Zeitverlust oder die Benachrichtigung des Gegners gefährdet würde und dies für den Antragssteller unzumutbar wäre.[600] Es ist erforderlich, dass die Notwendigkeit besteht, den Antragsgegner zu überraschen, damit es nicht zu einer Vernichtung der Beweise kommt. Ohne die Möglichkeit, die Verfügung auch ohne vorherige Anhörung zu erwirken, wäre der Anspruch häufig wenig effektiv, da der Antragsgegner ausreichend Zeit hätte, belastendes Beweismaterial beiseite zu schaffen. Allerdings werden die Beweismittelvernichtungsgefahr und die Notwendigkeit des Überraschungseffekts grundsätzlich zusammenfallen.

Die Richtlinie fordert den Nachweis einer Beweisvernichtungsgefahr, während nach deutschem Recht die besondere Dringlichkeit lediglich glaubhaft gemacht werden muss.[601] Grundsätzlich sind jedoch strenge Anforderungen an die Darlegung zu stellen.[602] Bei der Beurteilung der Frage, wie hoch die Anforderungen im Einzelfall zu bemessen sind, kann auch der Grad der Wahrscheinlichkeit des Vorliegens einer Rechtsverletzung berücksichtigt werden. Denn wenn eine erhebliche Wahrscheinlichkeit für eine Rechtsverletzung besteht, ist regelmäßig auch die Wahrscheinlichkeit höher, dass der vermeintliche Verletzer über Beweise verfügt, die er vor dem Zugriff des Antragsstellers bewahren will. Die Vereitelung des Verfügungszwecks ist daher wahrscheinlicher. Wurde indes nur eine gewisse Wahrscheinlichkeit nachgewiesen, müssen höhere Anforderungen an den Nachweis der Dringlichkeit gestellt werden.
Letztlich liegt die Entscheidung, ob eine Anhörung erfolgt oder nicht im Ermessen des Gerichts. Dies sieht auch Artikel 7 RL vor, der davon ausgeht „gegebenenfalls", also in geeigneten Fällen, auf eine Anhörung zu verzichten. Zudem verdeutlicht die gewählte Formulierung („insbesondere"), dass es sich bei den genannten Fallgruppen nicht um eine abgeschlossene Auflistung handelt, sondern um eine beispielhafte Aufzählung von Fällen, bei deren Vorliegen eine Anhörung entbehrlich ist.
Die in Artikel 7 RL aufgezählten Beispiele stimmen mit den im Rahmen des § 937 Absatz 2 ZPO bereits vor Umsetzung der Richtlinie anerkannten Fällen überein. Sie geben eine Wertung vor, welche das Gericht bei seiner Ermessensentscheidung zu berücksichtigen hat. Weitere Fälle müssen sich daher an ihnen orientieren. Das heißt, sie müssen mindestens denselben Grad an Dringlichkeit aufweisen.

---

599 Baumbach/Lauterbach/Albers/Hartmann § 937, Rn. 5 m.w.N.
600 Baumbach/Lauterbach/Albers/Hartmann aaO.
601 Baumbach/Lauterbach/Albers/Hartmann § 937, Rn. 6 m.w.N.
602 Teplitzky GRUR 1978, 286.

b) Nachträgliche Anhörung

aa) Zustellung

Im deutschen Recht ist gemäß § 929 Absatz 3 Satz 1 ZPO die Vollziehung der einstweiligen Verfügung bereits vor der Zustellung des Verfügungsbeschlusses zulässig. Nach Satz 2 der Vorschrift steht die Vollziehung automatisch einer unzulässigen Vollziehung gleich, wenn die Zustellung nicht innerhalb einer Woche nach Vollziehung und vor Ablauf der Vollziehungsfrist des § 929 Absatz 2 ZPO erfolgt. Die Einräumung einer Wochenfrist entspricht grundsätzlich nicht den Richtlinienvorgaben. Denn gemäß Artikel 7 Absatz 1 Satz 4 RL ist der Antragsgegner spätestens unverzüglich nach der Vollziehung der Maßnahme über diese in Kenntnis zu setzen. Meistens kann eine Zustellung wesentlich schneller als innerhalb einer Woche erfolgen. Wird die Frist des § 929 Absatz 2 ZPO ausgeschöpft, erfolgt die Zustellung somit nicht mehr unverzüglich. Da die Richtlinie aber zu Gunsten des Rechteinhabers abweichende Regelungen gestattet, ist die Wochenfrist insofern richtlinienkonform.
Um eine Informierung des Antragsgegners über die bevorstehende Besichtigung zu vermeiden, wird die Zustellung in der Regel zugleich mit der Besichtigung oder unverzüglich danach erfolgen. Eine Zustellung vor der Vollziehung brächte die Gefahr einer Beweisvereitelung mit sich.

bb) Mögliche Verfahren

Gemäß den §§ 924 f. iVm. 936 ZPO kann der Verfügungsschuldner ab Erlass der einstweiligen Verfügung Widerspruch einlegen. Für die Entscheidung ist das Gericht der einstweiligen Verfügung zuständig. Da dieses sich bereits in den Sachverhalt eingearbeitet hat, ist eine zügige Entscheidung zu erwarten. Der Antrag nach § 926 Absatz 2 ZPO kann nach Ablauf der Frist aus § 926 Absatz 1 ZPO auch im Verfahren nach § 924 ZPO gestellt werden.[603] Den Richtlinienvorgaben wird damit Genüge getan.
Eine weitere Möglichkeit, eine baldige Überprüfung der Verfügung zu erreichen, ist die Stellung eines Antrages nach § 926 Absatz 1 ZPO. Danach setzt das Gericht dem Verfügungsgläubiger eine Frist, innerhalb derer er die Hauptsacheklage erheben muss, in welcher dann die Überprüfung der Verfügung erfolgt. Die Länge der Frist liegt im Ermessen des Gerichts. Die Durchführung des Hauptverfahrens kann indes längere Zeit in Anspruch nehmen. Lässt der Verfügungsgläubiger die Frist zur Klageerhebung ungenutzt verstreichen, so wird die Verfügung gemäß § 926 Absatz 2 ZPO auf Antrag des Antragsgegners ohne erneute Sachprüfung aufgehoben.
Mit den dargelegten Möglichkeiten hat der Verfügungsschuldner ausreichende Möglichkeiten zur Überprüfung der Rechtmäßigkeit der einstweiligen Verfügung. Nach herrschender Meinung kann er beide Rechtsbehelfe auch nebeneinander geltend machen.[604] Es bedurfte daher im Rahmen der Umsetzung der Enforcement-Richtlinie keines neuen Verfahrens.

603 Zöller-Vollkommer § 926, Rn. 3.

604 Zöller-Vollkommer § 924, Rn. 2; Baumbach/Lauterbach/Albers/Hartmann § 924, Rn. 6; jeweils m.w.N.

II. Frist zur Einleitung des Hauptsacheverfahrens

1. Bestimmung des relevanten Hauptverfahrens

Artikel 7 Absatz 3 RL verlangt, dass auf Antrag des Antragsgegners der Antragssteller innerhalb einer bestimmten Frist das Verfahren, das zu einer Sachentscheidung führt, eingeleitet haben muss. Wie sich aus dem Vergleich mit dem französischen und britischen Recht ergibt, ist mit dem Verfahren, welches zu einer Sachentscheidung führt, nicht das Verfahren über den präparatorischen Anspruch gemeint, sondern die Verletzungsklage.[605]

Nach einer Ansicht soll es im deutschen Recht nicht möglich sein, die von Artikel 7 Absatz 3 RL vorgesehene Frist auf die Erhebung der Verletzungsklage zu beziehen. Es sei nicht sachgerecht, die Frist beginnen zu lassen, bevor der Antragssteller Kenntnis von den durch die Besichtigung gewonnen Informationen erhalten hat.[606] Denn zuvor könne der Verletzte die Erfolgsaussichten einer Klage noch nicht beurteilen, weshalb ihm ein Zwang zur Erhebung einer solchen unzumutbar sei.[607]

Der Vorlage- und Besichtigungsanspruch kann im einstweiligen Verfügungsverfahren nur unter der Voraussetzung des Bestehens einer Beweisvernichtungsgefahr geltend gemacht werden. Zwar sind an die Glaubhaftmachung der hinreichenden Wahrscheinlichkeit in diesem Fall grundsätzlich geringere Anforderungen zu stellen als bei der Geltendmachung des Anspruchs im ordentlichen Verfahren (B.II.), es ist aber immer noch die Glaubhaftmachung einer solchen Wahrscheinlichkeit erforderlich. Eine Ermittlung auf Grundlage bloßer Vermutungen ist nicht zulässig. In den meisten Fällen wird sich der Verletzte daher sehr wohl ein Bild über die Erfolgsaussichten einer Klage machen können. Es ist aber auch denkbar, dass ein Unterlassungsantrag geltend gemacht werden soll und dafür eine genaue Bestimmung des Verletzungsgegenstandes erforderlich ist. In diesen Fällen ist dem Rechteinhaber die Formulierung eines konkreten Unterlassungsantrags und damit die Einleitung eines Verfahrens erst dann möglich, wenn er durch die Kenntnisnahme der vorgelegten beziehungsweise besichtigten Beweismittel die konkrete Verletzungsform beschreiben kann. Allerdings kann dies nicht das primäre Ziel der Geltendmachung des Vorlage- und Besichtigungsanspruchs im einstweiligen Verfügungsverfahren sein.[608] Es handelt sich beim Vorlage- und Besichtigungsanspruch um einen Anspruch, mit dessen Hilfe weitere Beweise für den Prozess erlangt werden können und nicht um einen Anspruch, mit dessen Hilfe ein Prozess überhaupt erst ermöglicht wird. Für die Durchsetzung des Anspruchs im einstweiligen Verfügungsverfahren kann daher grundsätzlich nichts anderes gelten.

Allerdings fragt sich, ob die Frist zwingend auf das Verletzungsverfahren bezogen werden muss. Zweck des Artikels 7 Absatz 3 RL ist es, dafür zu sorgen, dass unrechtmäßige Beweissicherungsmaßnahmen möglichst schnell wieder aufgehoben oder außer Kraft gesetzt werden. Da die deutsche Umsetzung, anders als von der Richtlinie vorgesehen, keine Verwendung beschlagnahmter Gegenstände zu Be-

605 Battenstein S. 225; Treichel S. 176; von Hartz ZUM 2005, 376, 382; Kühnen GRUR 2005, 185, 196; Spindler/Weber ZUM 2007, 257, 265.

606 Battenstein S. 225; Ibbeken S. 323; Kühnen GRUR 2005, 185, 196.

607 Ibbeken S. 323; Kühnen GRUR 2005, 185, 196.

608 Ebenso Peukert/Kur GRUR Int. 2006, 292, 300; a.A.: Spindler/Weber MMR 2006, 711; Tilmann GRUR 2005, 737, 738; Ahrens GRUR 2005, 837, 838.

weiszwecken vorsieht, verbleiben auch bei Freigabe des Berichts keine Gegenstände des Antragsgegners beim Gerichtsvollzieher oder Antragssteller. Vielmehr werden die besichtigten Gegenstände bereits nach der Besichtigung an den Schuldner zurückgegeben. Belastet wird der Antragsgegner daher allenfalls durch den Besichtigungsbericht oder die Aussage des Sachverständigen. Nach deutschem Recht wird in einem Hauptsacheverfahren unter Berücksichtigung der Geheimhaltungsinteressen des Schuldners über die Rechtmäßigkeit und den zumutbaren Umfang der Duldungsverfügung und damit zugleich über die Freigabe des Besichtigungsberichts an den Gläubiger entschieden. Wird festgestellt, dass diese zu Unrecht erfolgt ist oder die Besichtigungsbefugnisse überschritten wurden, erfolgt keine Freigabe des Berichts und der Sachverständige wird nicht von seiner Verschwiegenheitspflicht befreit. Den Interessen des Antragsgegners wird nach deutschem Recht folglich nicht im Rahmen des Verletzungsprozesses, sondern im Freigabeverfahren Rechnung getragen. Die Frist des Artikels 7 Absatz 3 RL muss daher zumindest auch für die Einleitung dieses Verfahrens gelten. Eine entsprechende Fristsetzung regelt im deutschen Recht § 926 Absatz 1 ZPO.
Zudem könnte es erforderlich sein, für die Einleitung des Verletzungsverfahrens auf den Antrag des Antragsgegners hin eine neue Frist zu setzten. Eine entsprechende Regelung kann aber allenfalls zur allgemeinen Verfahrensbeschleunigung beitragen. Der Antragsgegner hat jedoch kein schützenswertes Interesse an der baldigen Durchführung des Verletzungsverfahrens, denn für ihn besteht nach der Entscheidung über die Freigabe des Besichtigungsberichts nach deutschem Recht keine Belastung mehr, die im Rahmen des Verletzungsprozesses aufgehoben werden könnte.[609]

2. Beginn und Länge der Frist

Gemäß den §§ 936, 926 ZPO kann das Gericht auf Antrag des vermeintlichen Verletzers anordnen, dass der Antragssteller der einstweiligen Verfügung innerhalb einer bestimmten Frist die Klage in der Hauptsache erheben muss. Die Länge der Frist ist nicht gesetzlich geregelt, sondern wird grundsätzlich vom Gericht nach pflichtgemäßem Ermessen festgesetzt.[610] Im Bereich des gewerblichen Rechtsschutzes war dabei schon vor der Enforcement-Richtlinie Artikel 50 Absatz 6 TRIPS zu beachten. Artikel 7 Absatz 3 RL entspricht dieser Vorschrift nahezu wortgleich. Demnach wird entweder von den zuständigen nationalen Gerichten eine angemessene Frist festgesetzt oder es läuft eine Frist von 20 Arbeitstagen oder 31 Kalendertagen, wobei der längere der beiden Zeiträume gilt.
Wann die Frist beginnen soll, schreibt Artikel 7 Absatz 3 RL, ebenso wie Artikel 50 Absatz 6 TRIPS, nicht vor. Die Mitgliedstaaten sind daher befugt den Beginn der Frist selber festzulegen.[611] Zulässig ist damit auch eine Regelung, wonach die Frist nur nach einem entsprechenden Antrag des Verfügungsschuldners vom Gericht festgesetzt wird.[612]

609 Wäre eine Beschlagnahme zu Beweiszwecken möglich, wäre dies anders zu beurteilen.
610 Zöller-Vollkommer § 926, Rn. 16; Stein/Jonas-Grunsky § 926, Rn. 9.
611 Entsprechend zu Artikel 50 Absatz 6 TRIPS: EuGH GRUR Int. 2002, 41-Route 66.
612 EuGH GRUR Int. 2002, 41, 46-Route 66.

Hinsichtlich der Länge der Frist war schon bei der Auslegung des Artikels 50 Absatz 6 TRIPS umstritten, ob es sich bei dem genannten Zeitraum um eine absolute Höchstgrenze handelt oder ob die Gerichte eine längere Frist festsetzen dürfen.[613] Bei § 926 ZPO ist eine Höchstfrist von 1 Monat anerkannt.[614] Dies entspricht weitestgehend der Frist des Artikels 7 Absatz 3 RL von 20 Arbeits- oder 31 Kalendertagen. Bei Vorliegen besonderer Umstände, wie zum Beispiel der Klageerhebung im Ausland, werden jedoch auch längere Fristen für zulässig erachtet.[615] Eine entsprechende Auslegung des Artikels 7 Absatz 3 RL ist nur dann möglich, wenn dieser keine starren Höchstfristen enthält.
Die Befürworter einer starren Höchstfrist machen den Normzweck für ihre Ansicht geltend. Damit wird der Zweck der Vorschrift jedoch einseitig begrenzt. Die Fristsetzung soll eine baldige Klärung der Rechtmäßigkeit der einstweiligen Maßnahmen herbeiführen. Handelt es sich um eine unzulässige Maßnahme, ist dem Antragsgegner nicht zumutbar, die Aufrechterhaltung dieser Maßnahme über einen langen Zeitraum hinzunehmen. Andererseits muss dem Antragssteller die Gelegenheit gegeben werden, die Erfolgsaussichten einer Hauptsacheklage zu prüfen und eine Klageschrift auszuarbeiten. Er soll nicht in einen übereilten Prozess gedrängt werden.[616] Ist es dem Antragssteller ausnahmsweise nicht möglich, innerhalb der Monatsfrist die Klage einzureichen, muss ihm eine längere Frist gewährt werden können. Der EuGH geht davon aus, dass Artikel 50 Absatz 6 TRIPS es den Mitgliedstaaten freistellt, den Gerichten im Rahmen ihrer innerstaatlichen Rechtsordnungen die Befugnisse einzuräumen, eine ihrer Ansicht nach angemessene Frist festzusetzen, innerhalb derer das Hauptsacheverfahren anhängig zu machen ist.[617] Eine zeitliche Begrenzung nach oben nannte der EuGH dabei nicht. Was angemessen ist, ergibt sich wiederum aus einer Abwägung der beteiligten Interessen. Und diese können in Ausnahmefällen auch eine längere Frist als die in Artikel 7 Absatz 3 benannte erfordern. Die Frist des Artikels 7 Absatz 3 RL kann daher nicht als absolute Höchstfrist verstanden werden. Vielmehr muss sie als Anhaltspunkt bei der Bestimmung einer als *angemessen* geltenden Frist berücksichtigt werden. Nur in Ausnahmefällen sollte eine Überschreitung der genannten Zeiträume erfolgen.

Artikel 7 Absatz 3 RL enthält keine Vorgaben hinsichtlich einer *Mindest*frist. Bestimmt wird lediglich, dass eine angemessene Frist zu setzen ist. Wann eine Frist angemessen ist, können die einzelnen Mitgliedstaaten selber entscheiden.[618] Aus einer entsprechenden Anwendung der §§ 276 Absatz 1 Satz 2, 277 Absatz 3 ZPO wird gefolgert, dass für eine angemessene Frist im Sinne des § 926 ZPO eine Mindestfrist von

613 Für eine absolute Höchstgrenze: Karg ZUM 934, 935; Dreier GRUR Int. 1996, 205, 212; a.A.: Ibbeken S. 323, Marktfort S. 125; Groh/Wündisch GRUR Int. 2001, 497, 506, Fn. 95.

614 Müko(ZPO)-Drescher § 926, Rn. 9; Musielak-Huber § 926, Rn. 11; Stein/Jonas-Grunsky § 926, Rn. 9.

615 Müko(ZPO)-Drescher § 926, Rn. 9; Stein/Jonas-Grunsky § 926, Rn. 9.

616 Stein/Jonas-Grunsky § 926, Rn. 9.

617 EuGH GRUR Int. 2002, 41, 47-Route 66. Für diese Auslegung auch im Rahmen der Enforcement-Richtlinie sprechen auch die Materialien zum Richtliniensetzungsverfahren. Im Bericht des Ausschusses für Recht und Binnenmarkt (Plenarsitzungsdokument A5-0468/2003 vom 05.12.2003) heißt es auf S. 22, die Frist von 20 bzw. 31 Tagen solle nur dort gelten, wo es nicht vorgesehen ist, dass die zuständigen nationalen Gerichte eine Frist festlegen. Diese Regelung entspreche Artikel 50 Absatz 6 TRIPS.

618 EuGH GRUR int. 2002, 41, 47 –Route 66.

zwei Wochen zu setzen ist.[619] Damit ist § 926 ZPO hinsichtlich der Fristlänge richtlinienkonform.

3. Heilung des Fristversäumnisses

Bleibt man bei der dreistufigen Gliederung des Verfahrens und sieht die Freigabe des Besichtigungsberichts erst im Hauptverfahren über den Besichtigungsanspruch vor, so hat dies den Vorteil, dass der Gläubiger ein großes Interesse an der baldigen Einleitung des Hauptverfahrens hat. Nur selten wird er daher die Frist ungenutzt verstreichen lassen. Vielmehr wird er darum bemüht sein, das Hauptsacheverfahren möglichst bald einzuleiten. Das Problem der Heilung eines Fristversäumnisses wird sich daher sehr selten stellen.
Versäumt der Antragssteller die Klagefrist des § 926 ZPO, kann er gemäß § 231 Absatz 2 ZPO das Versäumnis heilen, indem er die Klage vor Schluss der mündlichen Verhandlung über den Aufhebungsantrag erhebt.[620] Artikel 7 Absatz 3 RL enthält keine Aussage zu bestehenden Heilungsmöglichkeiten. Es wird den nationalen Gerichten überlassen, die Länge einer angemessenen Frist selber festzusetzen.[621] Zudem kann der nationale Gesetzgeber zu Gunsten des Rechteinhabers von den Richtlinienvorgaben abweichen.[622] Die Einführung einer Heilungsmöglichkeit erscheint daher grundsätzlich zulässig. Begrenzt wird die Gestaltungsfreiheit der nationalen Gesetzgeber indes durch den Zweck der Vorschrift. Zu Artikel 50 Absatz 6 TRIPS, der mit Artikel 7 Absatz 3 RL übereinstimmt, wurde insofern ausgeführt, dass eine Heilung des Fristversäumnisses nicht möglich sei, da dies dem Zweck der Vorschrift widerspreche.[623]
Der Zweck des Artikels 7 Absatz 3 RL stimmt mit dem des § 926 ZPO überein. Er besteht darin, den Antragssteller des einstweiligen Verfügungsverfahrens dazu zu zwingen, innerhalb kurzer Zeit die Rechtmäßigkeit der Maßnahme gerichtlich überprüfen zu lassen und dadurch die Belastungen für den Antragsgegner möglichst gering zu halten.[624] Diesem Zweck könnte eine über die Heilungsmöglichkeit praktisch erfolgende Verlängerung der Frist widersprechen. Aufgrund der Heilungsmöglichkeit kann der Antragssteller mit der Klageerhebung so lange abwarten, bis der Antragsgegner einen Aufhebungsantrag gestellt hat und es zur mündlichen Verhandlung gekommen ist. Eine Möglichkeit, die faktische Verlängerung der Frist trotz bestehender Heilungsmöglichkeit auszuschließen, könnte darin liegen, die Heilungsmöglichkeit bereits bei der Setzung der Frist nach § 926 Absatz 1 zu berücksichtigen.[625] Dagegen spricht jedoch, dass die Gerichte verpflichtet sind, eine *angemessene* Frist zu setzen. Das heißt, der Antragssteller muss in der Lage sein, bis zum Ablauf dieser Frist Klage zu erheben. Dem widerspräche es, die Länge der Frist so zu kalkulieren, dass die Frist nicht eingehalten, aber im Anschluss geheilt werden kann. Der Zeitraum innerhalb dessen eine Heilungsmöglichkeit besteht, ist kein Bestandteil der

---

619 Zöller-Vollkommer § 926, Rn. 16; Müko(ZPO)-Drescher § 926, Rn. 9; Stein/Jonas-Grunsky § 926, Rn. 9.

620 Zöller-Vollkommer § 926, Rn. 33 m.w.N.; Stein/Jonas-Grunsky § 926, Rn. 12; Groh/Wündisch GRUR Int. 2001, 497, 506.

621 Siehe dazu unter F.I.2.

622 Artikel 2 Abs. 1 RL.

623 Ibbeken S. 324; Karg ZUM 2000, 934, 935 f.; Groh/Wündisch GRUR Int. 2001, 497, 506.

624 Ibbeken S. 321 f.; Karg ZUM 2000, 934, 936.

625 Dafür: Battenstein S. 227.

Frist selber und kann daher nicht bei der Beurteilung der Angemessenheit berücksichtigt werden.[626] Allenfalls lässt sich die Beurteilung der Länge einer angemessenen Frist möglichst restriktiv handhaben.

Die Belastung des Schuldners bleibt trotz des Bestehens der Heilungsmöglichkeit in einem angemessenen Rahmen. Die Vorlage oder Besichtigung ist zu diesem Zeitpunkt bereits erfolgt. Eventuell beschlagnahmte Gegenstände werden aufgrund der derzeitigen Rechtslage nach der Besichtigung sofort wieder an den Antragsgegner herausgegeben. Nur dann, wenn die Besichtigung der beschlagnahmten Gegenstände längere Zeit in Anspruch nimmt, besteht durch die fortdauernde Beschlagnahme weiterhin eine Belastung des Antragsgegners. Diese Belastung hält sich jedoch in einem geringen Rahmen, da eine Beschlagnahme ohnehin nur hinsichtlich solcher Gegenstände in Betracht kommt, die den Betriebsablauf des Antragsgegners nicht beeinträchtigen.
Zudem ist zu berücksichtigen, dass sich aus dem Antragserfordernis aus § 926 Absatz 2 ZPO und Artikel 7 Absatz 3 RL ergibt, dass der Antragsgegner auch selber für eine zügige Aufhebung beziehungsweise schnelle Einleitung des Hauptverfahrens zu sorgen hat. Stellt er den Aufhebungsantrag erst wesentlich später, kann davon ausgegangen werden, dass sein Interesse an der baldigen Durchführung des Hauptverfahrens begrenzt war. Dann kann er auch nicht für sich in Anspruch nehmen, nur eine Frist ohne Heilungsmöglichkeit werde seinen Interessen gerecht.
Ferner erscheint ein bewusstes Ausnutzen der Heilungsmöglichkeit durch den Antragssteller unwahrscheinlich. Denn für den Fall, dass der Antragsgegner das Aufhebungsverfahren aufgrund einer verspäteten Klageerhebung für erledigt erklärt, sind dem Antragssteller nach § 91a ZPO die gesamten Kosten des Aufhebungsverfahrens aufzuerlegen.[627]
Dem Zweck des Artikels 7 Absatz 3 RL widerspricht die Normierung einer Heilungsmöglichkeit folglich nicht. Zwar wird die Frist verlängert, eine fortdauernde Belastung des Antragsgegners ergibt sich daraus aber allenfalls in einem sehr geringen und durchaus zumutbaren Maße. Es kann daher bei der nach deutschem Recht anerkannten Heilung des Fristversäumnisses bleiben.

III. Aufhebung oder Außerkraftsetzung

1. Terminologie

Lässt der Gläubiger die Frist zur Klageerhebung ungenutzt verstreichen, müssen die einstweiligen Maßnahmen gemäß Artikel 7 Absatz 3 RL aufgehoben oder auf andere Weise außer Kraft gesetzt werden können. Für die Rückgängigmachung der einstweiligen Beweissicherungsmaßnahmen gibt die Richtlinie somit zwei Alternativen vor. Entgegen einer vertretenen Ansicht werden diese Möglichkeiten nicht genannt, damit sich die Mitgliedsstaaten für die Umsetzung der Form entscheiden können,

626 A.A wohl OLG Hamm MDR 1965, 305 und Rosenberg/Schwab/Gottwald (§ 68, Rn. 10 f.), die davon ausgehen, dass die versäumte Prozesshandlung im Sinne des § 231 Abs. 2 ZPO, bis zum Schluss der mündlichen Verhandlung überhaupt nicht versäumt ist.

627 Zöller-Vollkommer § 926, Rn. 26; Müko(ZPO)-Drescher § 926, Rn. 17 m.w.N.; Stein/Jonas-Grunsky § 926, Rn. 18; Baumbach/Lauterbach/Albers/Hartmann § 926, Rn. 14, wonach die Kosten allerdings über § 93 ZPO analog ersetzt werden sollen.

welche die geringsten Änderungen im nationalen Recht verursacht,[628] sondern die Aufzählung der Aufhebung und Außerkraftsetzung erfolgt, um alle zulässigen Beweissicherungsmaßnahmen, die Beweissicherung durch Erstellung eines Berichts sowie die dingliche Beschlagnahme, zu erfassen. Wie sich bereits aus dem Wortlaut des Artikels 7 Absatz 3 RL ergibt, beziehen sich die Alternativen nicht auf die Folge für die einstweilige Verfügung,[629] sondern auf die verschiedenen aufgrund der Verfügung getroffenen Maßnahmen.

Wo aber liegt der genaue Unterschied zwischen einer Aufhebung und einem Außerkraftsetzen? Das deutsche Recht kennt im Rahmen der ZPO nur die Aufhebung. Die vollzogenen Maßnahmen werden gemäß § 776 ZPO aufgehoben. In diesen Fällen geht es um beschlagnahmte Gegenstände. Diese werden bei einer Aufhebung dem Schuldner zurückgegeben.
Anders als bei beschlagnahmten Gegenständen ist die Aufhebung eines Berichts begrifflich nicht möglich.[630] Sinn des Artikels 7 Absatz 3 ist es, den getroffenen Maßnahmen ihre Wirksamkeit zu nehmen und den Schuldner dadurch möglichst weitgehend zu schützen. Die Weitergabe des Berichts trotz der Rechtswidrigkeit der einstweiligen Verfügung verletzt die Rechte des Schuldners. Gerade dies soll durch Artikel 7 Absatz 3 RL aber verhindert werden. Der Bericht ist eine fortdauernde Beweissicherungsmaßnahme, die außer Kraft gesetzt werden muss.
Hier zeigt sich, dass die Notwendigkeit der Nennung beider Alternativen zu einem gewissen Grad länderspezifisch erfolgen musste. Denn während in Deutschland ein Hauptverfahren eingeschoben wird und über die Freigabe der Besichtigungsergebnisse erst dann verhandelt wird, erfolgt die Freigabe des Berichts in anderen Ländern bereits im Rahmen des einstweiligen Verfügungsverfahrens. Ein Außerkraftsetzen von Maßnahmen, welche zur Erlangung der Sicherungsergebnisse durch den Gläubiger führen, ist demnach nur in solchen Ländern möglich, in denen vor der Weitergabe der Ergebnisse an den Gläubiger über die Rechtmäßigkeit der einstweiligen Verfügung entschieden wird.

2. Rechtsfolgen

a) Schadensersatz

Gemäß Absatz 5 der einschlägigen Vorlage- und Besichtigungsvorschriften kann der vermeintliche Verletzer, in dem Fall, dass keine Verletzung vorlag oder drohte, von demjenigen, der die Vorlage oder Besichtigung begehrt hat, den Ersatz des ihm durch das Begehren entstandenen Schadens verlangen. Diese Regelung scheint auf den ersten Blick neben § 945 ZPO überflüssig zu sein. Auch aus Gründen einer richtlinienkonformen Umsetzung scheint eine neue Regelung zunächst nicht erforderlich. Denn aufgrund seiner automatischen Rechtsfolge geht § 945 ZPO sogar über die

628 So aber wohl Ibbeken S. 322; Karg ZUM 2000, 934, 937.

629 So aber Karg (ZUM 2000, 934, 936), die als Folge der Aufhebung die Nichtigkeit der einstweiligen Verfügung und als Folge der Außerkraftsetzung die fehlende Durchsetzbarkeit der Verfügung annimmt. Zudem macht sie auch die Notwendigkeit einer mündlichen Verfügung davon abhängig welche der Alternativen einschlägig ist. Während bei der Aufhebung eine mündliche Verhandlung erfolgt, soll dies bei der Außerkraftsetzung nicht der Fall sein. Ungeklärt bleibt die Frage, wie eine Aufhebung oder Außerkraftsetzung aussehen soll, wenn die Beweissicherungsmaßnahmen bereits durchgeführt wurden.

630 Tilman in FS Ullmann 1013, 1023; Kühnen GRUR 2005, 193, 196.

Vorgaben des Artikels 7 Absatz 4 RL hinaus. Allerdings kommt ein Schadensersatz nach § 945 ZPO nur dann in Betracht, wenn die Anordnung der einstweiligen Verfügung von Anfang an ungerechtfertigt war. Dies ist aber nicht der Fall, wenn später festgestellt wird, dass keine Verletzung vorliegt, aber zum Zeitpunkt der Anordnung der einstweiligen Verfügung eine hinreichende Wahrscheinlichkeit für eine Verletzung bestand. Um auch diesen Fall zu erfassen, war eine neue Regelung erforderlich, die sich nunmehr in Absatz 5 der einschlägigen Vorlage- und Besichtigungsvorschriften findet.

Entgegen dem Wortlaut des Artikels 7 Absatz 4 RL ist davon auszugehen, dass der Schadensersatzanspruch sowohl solche Schäden erfasst, die durch Maßnahmen verursacht wurden, welche aufgehoben wurden, als auch für solche Maßnahmen, welche außer Kraft gesetzt wurden. Um den Schadensersatzanspruch zu sichern, kann das Gericht gemäß §§ 936, 921 ZPO die einstweilige Verfügung von einer Sicherheitsleistung des Antragstellers abhängig machen. Die Höhe der Kaution richtet sich nach dem voraussichtlich entstehenden Schaden auf Seiten des Antragsgegners.

b) Verwertungsverbot

Versäumt der Antragssteller die Frist zur Einleitung des Hauptverfahrens und werden die getroffenen Maßnahmen aufgehoben, würde eine dennoch erfolgende Verwertung der erlangten Informationen dem Zweck der Frist zuwiderlaufen.[631] Es muss dem Antragsgegner daher gestattet sein, seinen Antrag auf Aufhebung der einstweiligen Verfügung mit einem Antrag auf eine Gegenverfügung zu verbinden, wonach dem Schutzrechteinhaber verboten wird, die rechtswidrig erlangte Information weiter zu benutzen.[632] Im Hauptverfahren wäre eine Widerklage denkbar.[633] Unterliegt der Antragssteller im Verletzungsverfahren, müsste auf Antrag des Beklagten oder von Amts wegen ein entsprechendes Verwertungsverbot ausgesprochen werden können. Führen rechtliche Mängel zur Aufhebung der Verfügung, geht die herrschende Meinung weder von einem generellen Verwertungsverbot noch von einer generellen Verwertbarkeit aus.[634] Ob ein Verwertungsverbot greift, soll vielmehr anhand einer Abwägung der beiderseitigen Interessenlage unter Berücksichtigung der Funktion des Besichtigungsanspruchs entschieden werden.[635] In Fällen des Missbrauchs des Besichtigungsanspruchs ist stets von einem Verwertungsverbot auszugehen.[636]
Die einmal erlangten Kenntnisse können mangels anderweitigen Verbots in der ZPO, wenn auch nicht als Beweismittel, so aber stets im Klägervortrag verwendet werden.[637] Damit ist es dem Kläger möglich, seinen Vortrag soweit zu substantiieren, dass den Gegner eine sekundäre Behauptungslast trifft. Auch wenn ein Verwer-

631 Ibbeken S. 456; Tilmann in FS Ullmann 1013, 1023.
632 Tilmann GRUR 2005, 737, 738.
633 Tilmann GRUR 2005, 737, 738.
634 KG ZUM 2001, 67, 69; Zöller-Greger § 286, Rn. 15a und Rn. 15 c; Müko(ZPO)-Prütting § 284, Rn. 63 ff. m.w.N.; Musielak-Foerste § 286, Rn. 6; Thomas/Putzo-Reichold § 286, Rn. 7.
635 BGH NJW 1994, 2289; Ibbeken S. 457; Zöller-Greger § 286, Rn. 15e; Müko(ZPO)-Prütting § 284, Rn. 66; Thomas/Putzo-Reichold § 286, Rn. 7.
636 Ibbeken S. 457.
637 Ibbeken S. 454; Zöller-Greger § 286, Rn. 15e.

tungsverbot besteht, ist es dem Kläger daher möglich, Verletzungsklage zu erheben und die Ergebnisse der Besichtigung in gewissem Umfang nutzbar zu machen.

IV. Kostenerstattung

Für die Effektivität des Rechtsschutzes sind die mit der Rechtsdurchsetzung verbundenen Kosten ein wesentlicher Faktor, den es zu bedenken gilt. Dies gilt sowohl hinsichtlich der Frage, ob zunächst eine Abmahnung des vermeintlichen Verletzers erfolgen sollte, als auch mit Bezug auf die durch die Vorlage oder Besichtigung entstehenden Kosten.

1. Abmahnung

§ 93 ZPO greift auch im Rahmen des einstweiligen Rechtsschutzes.[638] Daraus folgt, dass der Antragssteller zur Vermeidung negativer Kostenfolgen den vermeintlichen Verletzer zunächst außergerichtlich zur Unterlassung der verletzenden Handlung und zur Leistung von Schadensersatz auffordern sollte. Allerdings sprechen verschiedene Erwägungen gegen eine vorherige Abmahnung. Zunächst erscheint die Erfüllung des Verlangens unwahrscheinlicher als beim Auskunftsanspruch. Denn in Fällen, in denen der Rechteinhaber einen Vorlage- und Besichtigungsanspruch benötigt, um die Verletzung nachzuweisen, wird sich der Abgemahnte regelmäßig der schlechten Beweislage bewusst sein. Zudem hängt die Erreichung des erstrebten Zwecks der Beweissicherung regelmäßig von der Nutzung des Überraschungseffekts ab. Durch eine vorherige Aufforderung des Besichtigungsschuldners würde die Gefahr der Beweisvereitelung verschärft. Der Rechteinhaber wird hier also das grundsätzlich geringe Risiko eines Anerkenntnisses und der damit verbundenen Auferlegung der Kosten auf sich nehmen müssen, um die Wirksamkeit des Vorlage- und Besichtigungsanspruchs zu gewährleisten.

2. Ersatz von Aufwendungen und Schäden des Schuldners

Erbringt der Schuldner im Rahmen der Besichtigung gewisse Leistungen, könnte ihm ein Anspruch auf Ersatz der dadurch entstandenen Aufwendungen zustehen. Im Rahmen des Auskunftsanspruchs gegen Dritte wurde diese Frage gesetzlich geregelt.[639] Bei dem Vorlage- und Besichtigungsanspruch fehlt eine entsprechende Vorschrift. Auch die Richtlinie trifft hierzu keinerlei Aussage. In Absatz 4 der deutschen Vorlage- und Besichtigungsansprüche wird auf § 811 BGB verwiesen. Gemäß § 811 Absatz 2 Satz 1 BGB hat der Besichtigungsgläubiger die Kosten der Vorlegung und der Besichtigung zu tragen.

An diesem Grundsatz ändert sich auch dann nichts, wenn der Schuldner zur Erbringung gewisser Mitwirkungs- und Unterstützungshandlungen verpflichtet ist. Die Pflicht zur Vornahme von Mitwirkungs- und Unterstützungshandlungen folgt aus dem Gebot von Treu und Glauben, sagt aber nichts über die Kostentragungspflicht aus. Durch die Auferlegung gewisser Mitwirkungspflichten soll lediglich eine Kostenminderung erfolgen und eine effektivere Besichtigung ermöglicht werden. Die Grundent-

---

638 Baumbach/Lauterbach/Albers/Hartmann § 93, Rn. 9; Thomas/Putzo-Hüßtege § 93, Rn. 2 jeweils m.w.N.

639 Vgl. Abs. 2 Satz 3 des Auskunftsanspruchs sowie im Ersten Teil Abschnitt H.I.

scheidung des § 811 Absatz 2 Satz 1 BGB, dem Gläubiger die Kosten der Besichtigung aufzubürden, da diese in seinem Interesse erfolgt, gilt auch für solche Handlungen, die von dem Schuldner vorgenommen werden müssen.[640] Selbiges gilt für Schäden, die dem Schuldner durch die Vorlage oder Besichtigung entstehen, soweit diese mit der Maßnahme in unmittelbaren Zusammenhang stehen.[641] Mittelbare Schäden, wie zum Beispiel Kosten, die durch die Gebrauchsentziehung für die Dauer der Vorlegung oder Besichtigung entstehen, werden gemäß Absatz 5 der Vorlage- und Besichtigungsansprüche nur ersetzt, wenn sich nachträglich herausstellt, dass eine Verletzung weder vorlag noch drohte. Obsiegt der Verletzte im Verletzungsprozess, kann er die Kosten des Besichtigungsverfahrens im Rahmen des Schadensersatzanspruchs gegen den Verletzer geltend machen.

E. Geheimnisschutz

Urkunden oder Gegenstände des vermeintlichen Verletzers beinhalten regelmäßig Geschäfts- oder Betriebsgeheimnisse. Als solche gelten Tatsachen, die im Zusammenhang mit einem Geschäftsbetrieb stehen, nur einem begrenzten Personenkreis bekannt sind, also nicht offenkundig sind, nach dem bekundeten Willen des Betriebsinhabers geheim gehalten werden sollen und für die ein berechtigtes wirtschaftliches Interesse an der Geheimhaltung besteht.[642] Durch die Pflicht zur Vorlage der Urkunden oder zur Duldung der Besichtigung geraten diese Geheimnisse in Gefahr.[643] Aber auch Unternehmensgeheimnisse[644] des Rechteinhabers können gefährdet werden, da sich der Verletzte zum Nachweis der Rechtsverletzung regelmäßig gezwungen sehen kann, diese preiszugeben. Ohne wirksame Maßnahmen zum Geheimnisschutz steht er unter Umständen vor der Wahl, ein Geheimnis zu offenbaren oder die Verletzung seines Rechts nicht verfolgen zu können. Ist ein Geheimnis erst einmal offenbart, lässt sich die Kenntniserlangung durch die gegnerische Partei oder Dritte nicht mehr rückgängig machen. Auch wenn sich letztlich herausstellt, dass keine Verletzung vorlag, können somit Beeinträchtigungen auf Seiten des Schuldners verbleiben. Beide Parteien, primär aber der vermeintliche Verletzer, haben daher ein Interesse an der Schaffung wirksamer Geheimhaltungsmaßnahmen.

Nach neuer Rechtslage wird es dem Antragssteller ermöglicht, auch in Bankunterlagen des Verpflichteten Einsicht zu nehmen. Dadurch wird das Risiko des Miss-

640 Ebenso Ahrens GRUR 2005, 837, 838; zu den möglichen Posten wie Material- und Arbeitsaufwand vergleiche die Ausführungen im Ersten Teil unter H.I.2.

641 Staudinger-Marburger § 811, Rn. 4.

642 BVerfG NVwZ 2006, 1041, 1042; BGH GRUR 1955, 424, 425-Möbelpaste; BGH GRUR 1961, 40, 43-Wurftaubenpresse; BAG 1983, 134; nach h.M. muss es sich dabei auch um ein rechtlich schutzwürdiges Interesse handeln: LAG Berlin BB 1970, 710; Rützel GRUR 1995, 557, 558 ff. m.w.N. auch zur Gegenansicht; Mes GRUR 2000, 934, 940.

643 Zu den verschiedenen Situationen einer möglicher Offenbarung von Geheimnissen siehe u.a. Karger S. 116 ff.

644 Unter den Begriff der Unternehmensgeheimnisse fallen sowohl Betriebs- als auch Geschäftsgeheimnisse. Bei ersteren handelt es sich um Geheimnisse technischen Charakters, bei letzteren um solche kaufmännischer Art. Die rechtliche Behandlung beider Arten ist identisch. Vgl dazu BVerfG NVwZ 2006, 1041, 1042; Rützel GRUR 1995, 557 m.w.N.: Hefermehl/Köhler/Bornkamm-Köhler § 17, Rn. 4.

brauchs des Anspruchs erheblich gesteigert. Effektive Geheimhaltungsmaßnahmen sind unerlässlich, damit die beteiligten Interessen bei der Besichtigung beziehungsweise Vorlage in ausreichendem Maße berücksichtigt werden. Wie genau der Geheimnisschutz bewerkstelligt werden kann, ist seit Langem umstritten. Die Gerichte sind indes gemäß Absatz 1 Satz 3 sowie Absatz 3 Satz 2 der einschlägigen Vorlage- und Besichtigungsvorschriften lediglich allgemein dazu verpflichtet, Maßnahmen zum Schutz vertraulicher Informationen zu ergreifen. Welche Maßnahmen dies konkret sein können oder sollen, ist nicht gesetzlich vorgegeben. Dementsprechend kann eine betroffene Partei auch keine konkreten Maßnahmen einfordern.
Im Folgenden sollen zunächst die bisherigen Schutzmöglichkeiten umrissen werden. Im Anschluss werden die von Literatur und Rechtsprechung vorgeschlagenen Alternativen vorgestellt und bewertet. Abschließend wird ein eigener Lösungsansatz entworfen.

I. Anerkannte Geheimnisschutzmaßnahmen

Durch das bislang praktizierte dreistufige Verfahren (vgl. D.I.) soll den Geheimhaltungsinteressen der Parteien Rechnung getragen werden. Der Schutz von Unternehmensgeheimnissen erfolgt zunächst dadurch, dass in dem Fall, dass der Besichtigungsgegenstand nicht frei zugänglich ist, das Gericht eine Besichtigung durch den Antragssteller selbst nicht zulässt. Stattdessen wird ein Sachverständiger mit der Besichtigung beauftragt, der zur Verschwiegenheit verpflichtet wird.[645] Außerdem wird der Besichtigungsbericht erst auf der zweiten Verfahrensstufe, also dem Hauptverfahren über den Besichtigungsanspruch, freigegeben. Zu diesem Zeitpunkt sind die Voraussetzungen des Besichtigungsanspruchs endgültig festgestellt. Allerdings muss die Herausgabe des Berichts auch nach diesem Verfahren aufgrund entgegenstehender Geheimhaltungsinteressen regelmäßig verneint werden. Zwar kann zu Zwecken des Geheimnisschutzes bei der Verhandlung über die Freigabe des Berichts die Öffentlichkeit gemäß den §§ 172 Nr. 2, 173 Absatz 2 GVG von der mündlichen Verhandlung ausgeschlossen werden. Schwieriger ist aber die Wahrung der Geheimhaltungsinteressen gegenüber dem Prozessgegner. Macht eine beweisbelastete Partei geltend, durch die erforderliche Darlegung würden ihre Unternehmensgeheimnisse gefährdet, so kommt eine Reduzierung der Substantiierungslast in Betracht.[646] Das OLG Düsseldorf hat befunden, dass der Schuldner für die Annahme eines Unternehmensgeheimnisses lediglich das „Naheliegen" solcher Geheimnisse darlegen muss, damit eine Absenkung der Anforderungen an die Darlegung erfolgt.[647] Unabhängig von der Frage, ob eine solche Reduzierung überhaupt zulässig

---

645 BGH GRUR 2002, 1046, 1049-Faxkarte. Bei gerichtlich bestelltem Sachverständigen folgt die Verschwiegenheitsverpflichtung aus § 404a IV ZPO, bei Verstoß besteht eine Strafbarkeit nach § 203 II 1 Nr. 5 StGB. Bei einem nicht öffentlich bestelltem Sachverständigen wird die Verpflichtung zur Verschwiegenheit nicht durch die §§ 172 ff. GVG (analog) ermöglicht. Es ist daher notwendig, dass eine Verschwiegenheitsvereinbarung zwischen dem Bevollmächtigten und dem Antragssteller mit dem Antrag auf Erlass der Verfügung eingereicht wird. Bei Nichteinhaltung der Verpflichtung droht eine Strafbarkeit aus § 203 Abs. 1 Nr. 3 StGB. Siehe dazu: Battenstein S. 125 f.; Ibbeken S. 437; Leppin GRUR 1984, 695, 698.

646 OLG Nürnberg BB 1984, 1252, 1253; Stadler NJW 1989, 1202, 1203; Pagenberg CR 1991, 65, 66; a.A.: Karger S. 127; Lachmann NJW 1987, 2206, 2209.

647 OLG Düsseldorf GRUR 1983, 741, 744.

ist,[648] würde sie Probleme bei der Bestimmung des Streitgegenstandes mit sich bringen.[649] Daher bildet sie, soweit ersichtlich, bislang die Ausnahme.[650] Daneben existieren verschiedene Ansätze zur Entwicklung einer allgemeinen prozessualen Aufklärungspflicht.[651] Den Vorschlägen mangelt es aber entweder an Praxistauglichkeit oder sie setzen sich über die geltende Gesetzeslage hinweg.

Zu einem gewissen Grad kann der Schutz von Unternehmensgeheimnissen auch durch die Verpflichtung zur Erbringung einer Sicherheitsleistung bewirkt werden.[652] Problematisch ist jedoch zum einen die Bestimmung der Höhe und Dauer der Sicherheitsleistung und zum anderen lässt sich die spätere missbräuchliche Verwendung bekannt gewordener Informationen nur schwerlich nachweisen.[653] Die Geheimnisse können folglich durch die Anordnung der Sicherheitsleistung nur unzureichend geschützt werden. Erforderlich ist ein zusätzlicher Schutz der Unternehmensgeheimnisse durch einen entsprechend gestalteten Verfahrensablauf. Im dreistufigen Verfahren können zwar die Geheimhaltungsinteressen des vermeintlichen Verletzers zu einem gewissen Grad berücksichtigt werden, da es im Hauptsachverfahren aber zur Entscheidung über die Freigabe kommt, ist ein umfassender Geheimnisschutz für den vermeintlichen Verletzer und zugleich ein umfassender Rechtsschutz für den Rechteinhaber nicht zu gewährleisten. Vielmehr handelt es sich beim dreistufigen Verfahren noch immer um eine Alles-oder-nichts-Lösung. Zudem ist ein erheblicher Nachteil des dreistufigen Verfahrens, dass der Verletzte die einzelnen Stufen im ungünstigsten Fall jeweils über mehrere Instanzen hinweg führen muss. Die Verfahren werden dadurch sehr zeit- und kostenintensiv, was der Effektivität des Besichtigungsanspruchs abträglich ist.[654]

II. Alternativen zum dreistufigen Verfahren

Durch die Umsetzung der Enforcement-Richtlinie reichen die Beweissicherungsmöglichkeiten nunmehr weiter als zuvor. Dies bringt aber nur dann den erwünschten Erfolg, wenn auch eine effektive prozessuale Durchsetzung möglich ist. Das dreistufige Verfahren erscheint aus den genannten Gründen nicht effektiv genug. Deshalb wurden in der Vergangenheit zahlreiche andere Lösungsansätze entwickelt. Ob diese jedoch mit der neuen Rechtslage vereinbar sind und umgesetzt werden sollten, bedarf einer genaueren Betrachtung.

648 Gegen die Zulässigkeit: Karger S. 127; Lachmann NJW 1987, 2206, 2209.

649 Karger S. 127.

650 Karger S. 123 m.w.N.

651 Für eine ausführliche Auseinandersetzung mit den verschiedenen Ansätzen sei hier auf Battenstein (S. 63 ff. m.w.N.) verwiesen. Für die Einführung einer umfassenden Mitwirkungs- und Aufklärungspflicht spricht sich auch Haedicke in FS Schricker S. 23 ff. aus.

652 Vergleiche zu einer entsprechenden Regelung im französischen Recht: Linant de Bellefonds S. 413; Treichel S. 178 f.; Stauder GRUR Int. 1978, 230, 231.

653 Karger S. 129; Saß S. 69 f.

654 Ein Verfahren nach dem dreistufigen Verfahren führt bei Durchlaufen aller Instanzen unter Umständen erst nach 5 Jahren zu einem Titel (vgl. Karger S. 139).

1. Freigabe der Besichtigungsergebnisse im Verfügungsverfahren

Der Nachteil eines dreistufigen Verfahrens liegt insbesondere in dessen Zeitaufwändigkeit. Bereits vor Entstehung der Enforcement-Richtlinie wurden daher verschiedene Regelungen zur Verkürzung des Verfahrens angeregt.[655] Diese Vorschläge wurden während der Umsetzung der Richtlinie erneut vorgebracht.[656] Vielfach wurde vorgeschlagen den Besichtigungsbericht bereits im Rahmen des einstweiligen Verfügungsverfahrens freizugeben.[657] Wie beim presserechtlichen Gegendarstellungsanspruch könne dann auch auf ein Verfahren, in dem der Besichtigungs- und Vorlageanspruch selbst die Hauptsache wäre, verzichtet werden.[658] Die Rechtmäßigkeit des Eilverfahrens werde, statt im Freigabeverfahren, im Rahmen eines Verfahrens über einen Schadensersatzanspruch nach § 945 ZPO, den Anspruch auf Kostenersatz oder einem Feststellungsprozess überprüft.

a) Vorwegnahme der Hauptsache

Ob das vorgeschlagene Überspringen der zweiten Verfahrensstufe das richtige Mittel zur Verkürzung des Verfahrens ist, kann bezweifelt werden. Gegen eine Streichung des Freigabeverfahrens spricht zunächst, dass durch die Freigabe des Berichts im Verfügungsverfahren die Hauptsache vorweggenommen würde. Dies ist grundsätzlich unzulässig.[659] Eine Ausnahme wird nur in Fällen anerkannt, in denen die Existenz des Gläubigers gefährdet wird, der Gläubiger durch eine Klage keinen ausreichenden Rechtsschutz erreichen kann und für die Durchsetzung des Hauptanspruchs auf zusätzlichen Informationen angewiesen ist.[660] Allerdings wurde diese Ausnahme in der Vergangenheit berechtigterweise als zu eng kritisiert.[661] Nunmehr geht auch der Gesetzgeber in der Begründung des Umsetzungsgesetzes ausdrücklich davon aus, dass eine Vorwegnahme der Hauptsache im einstweiligen Verfügungsverfahren im Rahmen des Vorlage- und Besichtigungsanspruchs ausnahmsweise möglich sei.[662] Dieser Grundsatz steht damit der Herausgabe des Berichts an den Antragssteller im Verfügungsverfahren nicht generell entgegen. Allerdings können die Geheimhaltungsinteressen des Schuldners im Rahmen des einstweiligen Verfügungsverfahrens nicht in ausreichendem Maße berücksichtigt werden. Dies zeigt, dass eine die grundsätzliche Möglichkeit der Durchsetzung des Vorlageanspruchs im einstweiligen Rechtsschutz nur dann zu einer Zeitersparnis führen kann,

655 Karger S. 143 und 345 ff.; Fritze/Stauder GRUR Int. 1986, 342, 343; Brandi-Dohrn CR 1987, 835, 837 f.

656 Ahrens GRUR 2005, 837, 838; DAV Stellungnahme v. März 2007, S. 7 f., zuletzt abgerufen am 31.05.2008 unter: http://www.bundestag.de/ausschuesse/a06/anhoerungen/22_Geistiges_Eigentum/04_Stellungnahmen/Tilmann.pdf.

657 Ibbeken S. 451; Karger S. 347; Brandi-Dohrn CR 1987, 835, 837 f.; Ahrens GRUR 2005, 837, 838.

658 KG ZUM 2001, 67, 69; Bornkamm in FS Ullmann S. 910, Fn. 64; Brandi-Dohrn CR 1987, 835, 837 f.; Ahrens GRUR 2005, 837, 838; DAV Stellungnahme v. März 2007 S. 7 f., zuletzt abgerufen am 31.05.2008 unter: http://www.bundestag.de/ausschuesse/a06/anhoerungen/22_Geistiges_Eigentum/ 04_Stellungnahmen/ Tilmann.pdf.

659 Zöller-Vollkommer § 938, Rn. 3 m.w.N.

660 OLG Karlsruhe NJW 1984, 1905 f.; KG GRUR 1988, 403, 404; Zöller-Vollkommer § 938, Rn. 3; Baumbach/Lauterbach/Albers/Hartmann § 940, Rn. 17; jeweils m.w.N.

661 Karger S. 346 f.

662 RegE BT-Drs. 16/5048, S. 28; mit dieser Anmerkung verdeutlicht der Gesetzgeber, dass er auch ein Vorgehen im Sinne der (eingeschränkten) Sachverständigenlösung für möglich hält.

wenn dem keine Geheimhaltungsbelange entgegenstehen, was selten der Fall sein dürfte. Da über die erfolgte Regelung die Beweise in der Regel ebenfalls nicht bereits im einstweiligen Verfügungsverfahren zur Kenntnis des Rechteinhabers gelangen, ist mit dieser Umsetzung gegenüber der Geltendmachung des Vorlage- und Besichtigungsanspruchs im ordentlichen Verfahren kein zeitlicher Vorteil verbunden. Es wäre folglich sinnvoller gewesen einen selbständigen Beweissicherungsanspruch zu schaffen, der gewährleisten kann, dass tatsächlich alle Beweise, die unter Umständen auch erst zu einem Zeitpunkt nach der Sicherung der Beweismittel bezeichnet werden können, für eine Vorlage zur Verfügung stehen.

b) Berücksichtigung der Geheimhaltungsinteressen

Die Freigabe der Besichtigungsergebnisse im Rahmen des Verfügungsverfahrens setzt die umfassende Bewertung aller Geheimhaltungsinteressen des Antragsgegners voraus. Insbesondere muss eine vor Durchführung der Besichtigung unterlassene Anhörung des Antragsgegners vor der Freigabe nachgeholt werden. Eine Verhandlung über die Freigabe des Berichts kann nur dann erfolgen, wenn beide Parteien den Inhalt des Berichts kennen. Durch die Herausgabe des Berichts an die Parteien werden aber bereits Geheimhaltungsbelange berührt. Bei der Verhandlung über die Freigabe wäre daher ein kameralistisches Verfahren zu führen.[663] Anders als das Verwaltungsrecht sieht das Zivilrecht kein Zwischenverfahren vor, welches der Klärung von Geheimhaltungsbelangen dient.[664] Das Verfügungsverfahren selbst ist ebenfalls nicht auf ein derart ausführliches anschließendes Verfahren ausgelegt. Das Abwägungsverfahren vor Gericht endet mit dem Erlass der einstweiligen Verfügung. Die anschließende Vollziehung der Verfügung setzt diese lediglich um. Eine Verfügung, welche nur schrittweise umgesetzt werden kann und vor dem letzten Schritt mit einem weiteren Abwägungsprozess verbundenen ist, wird vom Gesetz nicht vorgesehen. Eine Freigabe wäre daher nur insoweit denkbar, als sie ohne eine Anhörung und erneute Abwägung erfolgt. Dem stehen jedoch Geheimhaltungsbelange entgegen.

Jedenfalls die vollständige Freigabe des Berichts an den Antragssteller scheidet aus Gründen des Geheimschutzes aus. Durch die Freigabe des Besichtigungsberichts werden vollendete Tatsachen geschaffen, die auch dann, wenn sich die einstweilige Verfügung als von Anfang an ungerechtfertigt erweist, nicht mehr rückgängig gemacht werden können. Hat der Gläubiger erst einmal Kenntnis von den Besichtigungsergebnissen erlangt, so lassen sich diese nicht mehr aus der Welt schaffen. Selbst für ein Verwertungsverbot hinsichtlich anderer Verfahren bestehen keine gesetzlichen Regelungen (vgl. C.II.5.). Daher kann durch den weiteren Verlauf eines Verfügungsverfahrens nach der Freigabe des Berichts oder anderer erlangter Beweismittel der Verletzungsprozess nicht mehr entscheidend beeinflusst werden.[665] Das Gebot des Artikels 3 Absatz 1 RL, *faire* Verfahren zu schaffen, muss an dieser Stelle gegen das Gebot desselben Artikels, *schnelle* Maßnahmen zu ermöglichen, abgewogen werden. Dem Schuldner ist es nicht zumutbar, den Erfolg eines gegen

663 Dafür sind u.a.: Ibbeken S. 434; von Hartz ZUM 2005, 376, 381 f.; Spindler/Weber MMR 2006, 711, 714;

664 Vgl. zum Verwaltungsrecht: § 99 II VWGO, dazu BVerfG NVwZ 2006, 1041, 1044.

665 So auch Ibbeken S. 458.

ihn gerichteten Verletzungsprozesses von einer möglicherweise zu Unrecht ergangenen einstweiligen Verfügung abhängig zu machen. Seine Rechtsschutzmöglichkeiten wären bei einer Freigabe des Besichtigungsberichts, bereits im Rahmen des einstweiligen Verfügungsverfahrens, erheblich beschnitten. Der Gläubiger hingegen ist für die schnelle Einleitung eines Hauptsacheverfahrens, in welchem über die Freigabe des Berichts und eventueller weiterer Beweismittel entschieden werden kann, selber verantwortlich. Er kann dieses Verfahren bereits vor Fertigstellung des Berichts einleiten und so zur Verringerung des Zeitverlusts beitragen.[666]

2. Sachverständigen- und Anwaltslösung

a) Sachverständigenlösung

Bei der so genannten Sachverständigenlösung wird die Besichtigung durch einen vom Gericht bestellten und zur Geheimhaltung verpflichteten Sachverständigen vorgenommen. Der Sachverständige gibt im Rahmen des Verletzungsprozesses nur das Ergebnis der Begutachtung, nicht aber die dem Gutachten zugrunde liegenden Tatsachen an das Gericht weiter. Ein Verfahren über die Freigabe des Berichts bedarf es in diesem Fall nicht.[667]

Der Vorteil dieses Entwurfs liegt in der Verkürzung der Verfahrensdauer und der damit einhergehenden Kostenreduzierung. Zudem erlaubt dieser Ansatz die vollkommene Geheimhaltung der Geheimnisse sowohl des Besichtigungsschuldners als auch des Gläubigers.
Der BGH und auch das BVerfG haben dieses Verfahren indes zu Recht als unzulässig erachtet.[668] Der Richter erhält keine Kenntnis von den dem Gutachten zugrunde liegenden Tatsachen und kann sich daher hinsichtlich des Sachverhaltes und der Ergebnisse des Gutachtens keine eigene Überzeugung bilden. Gutachterliche Ergebnisse darf der Richter seiner Entscheidung nur nach einer Prüfung zu Grunde legen. Dafür muss er das Gutachten sowie die diesem zugrunde liegenden Tatsachen kennen und es muss ihm möglich sein, Sachverständige zur Erläuterung des Gutachtens heranzuziehen. Ferner ist es im Patentrecht häufig nur unter Mitwirkung der Parteien möglich, zuverlässig zu beurteilen, ob eine Verletzung vorliegt. Diese haben im Rahmen der Sachverständigenlösung jedoch, ebenso wie das Gericht, keinerlei Kontrollmöglichkeit.[669] Dies ist auch mit Hinblick auf eine mögliche Beeinflussung des Sachverständigen durch die gegnerische Partei bedenklich. Letztlich erhält der Sachverständige zu weitgehende, „richterliche" Befugnisse auf Kosten der Kompetenzen des Gerichts und der Parteien.[670]

---

666 Dazu Leppin GRUR 1984, 695, 700 f.

667 OLG Nürnberg BB 1984, 1252; Stürner JZ 1985,453, 458; Stadler NJW 1989, 1202, 1203.

668 BVerfG NVwZ 2006, 1041, 1044; BGH NJW 1992, 1817-Amtsanzeiger.

669 Karger S. 119 und S. 130; Melullis in FS Tilmann S. 843, 855; Lachmann NJW 1987, 2206, 2209 f.

670 Karger S. 130; Bornkamm in FS Ullmann S. 903; Pagenberg CR 1991, 65, 68 m.w.N.

b) In-camera-Verfahren

Bei diesem Ansatz soll der Antragssteller selber vom Verfahren ausgeschlossen werden.[671] Er darf weder an der Beweisaufnahme teilnehmen, noch Zugang zu Anwaltsschriftsätzen, Gerichtsakten und bestimmten Teilen des Urteils erhalten. Der vom Anragsteller beauftragte Rechtsanwalt vertritt ihn im Prozess, ist aber zur Verschwiegenheit seinem Mandanten und sonstigen Dritten gegenüber verpflichtet.[672] Um ein mögliches Informationsdefizit des Prozessvertreters auszugleichen, wäre es denkbar, diesem ebenfalls zur Verschwiegenheit verpflichtete Gutachter zur Seite zu stellen, die über die notwendigen fachlichen Kenntnisse verfügen.[673]

Ebenso wie die Sachverständigenlösung hat auch die In-camera-Lösung den Vorteil, dass es sich um ein Verfahren in nur zwei Stufen handelt. Die damit verbundene Verfahrenskürzung und Kostenersparnis sind wichtige Kriterien bei der Beurteilung der Effektivität der Rechtsdurchsetzung.

Problematisch an dieser Lösung ist jedoch der Ausschluss der Naturalparteien. Diese werden in ihrem Recht auf Gehör aus Artikel 103 Absatz 1 GG beschnitten. Es muss den Parteien jedoch gestattet sein, zugunsten der Wahrung ihrer Geheimhaltungsinteressen, zumindest auf einzelne von Artikel 103 Absatz 1 GG geschützte Handlungsweisen, wie die höchstpersönliche Wahrnehmung des Rechts, aus eigenen Stücken zu verzichten, beziehungsweise deren Wahrnehmung an den Prozessvertreter zu delegieren, wenn sich dadurch der Rechtsschutz verbessert.[674]

Für die beweisbelastete Partei ist mit einem Verzicht auf die persönliche Teilnahme kein Vorteil verbunden. Der Antragsgegner wird daher regelmäßig nicht auf die Teilnahme am Verfahren verzichten wollen. Eine Möglichkeit die Partei gegen ihren Willen auszuschließen, besteht nicht.[675]. Die gegnerische Partei kann damit ihr Fachwissen selber einzubringen, während der Antragssteller dies allenfalls über eine entsprechende Vorbereitung seines Anwaltes oder die Einstellung zusätzlicher Sachverständiger tun kann. Allerdings kann es für den Rechteinhaber dennoch ratsam sein, auf eine Teilnahme am Verfahren zu verzichten. Denn die Alternative wäre für ihn einzig der Verlust des Verfahrens. Der Ausschluss des Rechteinhabers stellt folglich kein Entgegenkommen gegenüber dem vermeintlichen Verletzer dar, sondern eine Wohltat gegenüber dem Rechteinhaber, dessen Begehren andernfalls abgewiesen würde.[676]

---

671 Für die Zulässigkeit dieser Lösung: Battenstein S. 124 m.w.N.; Ibbeken S. 431 ff.; Karger S. 132 ff.; Bornkamm in FS Ullmann S. 904 ff.; Tilmann/Schreibauer in FS Erdmann S. 922; Leppin GRUR 1984, 695, 699 ff.; Stürner/Stadler in Anm. zu BGH JZ 1985, 1096, 1103 f.; Götting GRUR Int. 1988, 729, 729 f.; Stadler NJW 1989, 1202, 1203 f.; Pagenberg CR 1991, 65, 72 Fn. 49; a.A.: Lachmann NJW 1987 2206, 2210; Kürschner NJW 1992, 1804 ff.; Prütting/Weth NJW 1993, 576 ff.

672 Karger S. 135 m.w.N. Schuldhafte Verstöße gegen die Geheimhaltungspflicht sind gemäß § 353d Nr. 2 StGB strafbar.

673 Leppin GRUR 1984, 695, 700; Pagenberg CR 1991, 65, 70.

674 BVerfGE 101, 106 = NJW 2000, 1175; Battenstein S. 114 und S. 124; Leppin GRUR 1984, 695, 700.

675 Karger S. 134; Markfort S. 174 ff.; andere Autoren (Stadler NJW 1989, 1204 f.; Stürner JZ 1985, 453, 459;) sehen im Gebot des effektiven Rechtsschutzes eine Ermächtigungsgrundlage für den Ausschluss einer Partei. Der Anspruch auf rechtliches Gehör müsse erforderlichenfalls hinter diesem Gebot zurücktreten.

676 Bornkamm in FS Ullmann S. 898.

III. Realisierbarkeit eines In-camera-Verfahrens

Auf den ersten Blick scheint ein In-camera-Verfahren der einzig gangbare Weg für einen effektiven Geheimnisschutz zu sein. Da es, mit Ausnahme der Möglichkeit die Öffentlichkeit von der Verhandlung auszuschließen, an einer gesetzlichen Regelung eines entsprechenden Verfahrens fehlt, müsste dieses Verfahren aufgrund richterlicher Rechtsfortbildung auszugestalten sein. In diesem Zusammenhang stellen sich jedoch verschiedene verfahrensrechtliche Probleme.

1. Verschwiegenheit des Prozessbevollmächtigten

Nach derzeitiger Rechtslage kann der Prozessvertreter nicht durch das Gericht zur Verschwiegenheit seinem Mandanten gegenüber verpflichtet werden. Verzichtet eine Partei auf ihr Anwesenheitsrecht, verliert sie nicht ihren Parteienstatus und wird daher nicht von der Verpflichtung einer Anordnung nach § 174 Absatz 3 Satz 1 GVG erfasst.[677] Die Verschwiegenheitspflicht des Anwaltes seinem Mandanten gegenüber kann allenfalls durch eine vertragliche Vereinbarung zwischen der Partei und ihrem Prozessvertreter begründet werden, in der die Partei zudem auf ihren Anspruch auf Auskunftserteilung nach §§ 666, 675 BGB iVm. § 7 BORA verzichtet.[678] Gibt der Anwalt trotz bestehender Verschwiegenheitsverpflichtung Informationen weiter, welche die Geheimhaltungsinteressen des Antragsgegners betreffen, macht er sich nach § 203 Absatz 1 Nr. 3 StGB strafbar.

Gegen die Teilnahme zur Verschwiegenheit verpflichteter Prozessbevollmächtigter wurde eingewandt, die Geheimhaltungspflicht gegenüber dem Mandanten verstoße gegen das Berufsbild des Anwalts.[679] Zudem bestehe die Gefahr, dass die Geheimhaltungspflicht aufgrund mangelnder Verlässlichkeit des Anwalts oder aufgrund dessen Nähe zu seinem Mandanten nicht eingehalten werde.[680] Diese Bedenken sind nicht ohne weiteres von der Hand zu weisen. Insofern wären durchaus andere Lösungen, wie etwa eine gesetzliche Ausdehnung des § 174 Absatz 3 GVG[681] oder die gerichtliche Bestellung eines zur Verschwiegenheit verpflichteten Anwaltes. Die Strafandrohung aus § 203 StGB sollte jedoch bereits eine ausreichend große abschreckende Wirkung beinhalten, um den Anwalt von einer Weitergabe der vertraulichen Informationen abzuhalten.

Als erste Voraussetzung für ein In-camera-Verfahren müssten die Gerichte folglich von den Parteien die Vorlage einer Verschwiegenheitsverpflichtung des Prozessbevollmächtigten gegenüber seinem Mandaten verlangen. Der Anwalt des Rechteinhabers kann in diesem Fall bereits an der Besichtigung beim vermeintlichen Verletzer teilnehmen.

677 Battenstein S. 125; Ibbeken S. 437, Baumbach/Lauterbach/Albers/Hartmann § 174 GVG, Rn. 7.
678 Battenstein S. 125; Ibbeken S. 437; Leppin GRUR 1984, 695, 698.
679 Melullis in FS Tilmann S. 843, 853; Lachmann NJW 1987, 2206, 2210; Baumbach/Lauterbach/Albers/Hartmann § 174 GVG, Rn. 7; dieses Problem sieht auch Kühnen GRUR 2005, 185, 191 will es aber zugunsten der Informationsbeschaffung zulassen.
680 Stürner JZ 1985, 453, 458 f.; Stadler NJW 1989, 1202, 1204; Pagenberg CR 1991, 65, 70.
681 Ibbeken S. 62; Spindler/Weber MMR 2006, 711, 714; Ahrens GRUR 2005, 837, 839 f.

2. Weitere Schutzmaßnahmen

a) Erforderliche Maßnahmen

aa) Einsichtsrecht in Prozessakten

Gemäß § 299 Absatz 1 ZPO haben die Parteien und gemäß § 299 Absatz 2 ZPO Dritte ein Recht auf Einsicht in die Prozessakten. Die Naturalpartei kann selber Einsicht in die Akten nehmen. Ein Anwaltszwang besteht insofern nicht.[682] Eine Vorenthaltung der Akten verstößt grundsätzlich gegen den Anspruch auf rechtliches Gehör.[683] Allerdings muss diesbezüglich dasselbe gelten wie hinsichtlich der Anwesenheit der Partei im Verfahren. Das Recht auf rechtliches Gehör muss zugunsten des Berechtigten eingeschränkt werden können.[684]

Es besteht ein wesentlicher Unterschied zwischen dem Recht auf Anwesenheit und dem Akteneinsichtsrecht. Während die Abwesenheit des Rechteinhabers ein Fakt ist, den der Richter sofort feststellen und von dem er die Fortführung des Verfahrens abhängig machen kann, ist dies beim Einsichtsrecht nicht der Fall. Um sicherzustellen, dass der Rechteinhaber nicht selber Einsicht in die Prozessakten nimmt und so die Geheimnisse des Prozessgegners erfährt, bedürfte es eines Ausschlusses des Einsichtsrechts.[685] Insofern könnte einerseits der Verzicht auf die Ausübung dieses Rechts seitens der Partei und andererseits eine richterliche Anordnung in Betracht kommen.

bb) Urteil

Stellt das Gericht im Rahmen eines In-camera-Verfahrens fest, dass eine Verletzung vorliegt, bestehen regelmäßig keine schutzwürdigen Geheimhaltungsinteressen des Verletzers. Die Offenlegung der Besichtigungsergebnisse ist in diesem Fall unproblematisch. Hat der Rechteinhaber mit seinem Begehren jedoch keinen Erfolg, bedarf es eines Schutzes der Geheimhaltungsinteressen des vermeintlichen Verletzers auch mit Hinblick auf das zu erlassende Urteil, denn in den Entscheidungsgründen kann es regelmäßig erforderlich sein, auf die geheimhaltungsbedürftigen Umstände Bezug zu nehmen. Diese sollen einerseits nicht zur Kenntnis des Rechteinhabers oder sonstiger Personen gelangen. Auf der anderen Seite benötigt der Rechteinhaber ein vollständiges Urteil, um die Erfolgsaussichten etwaiger Rechtsmittel zu prüfen.

Letzteres kann und wird durch den Anwalt des Rechteinhabers realisiert werden. Da diesem und nicht der Naturalpartei das Urteil auch zugestellt wird, erscheint die Geheimhaltung insoweit nicht problematisch. Allerdings kann die Naturalpartei gemäß § 317 Absatz 2 Satz 2 ZPO die Erteilung einer Ausfertigung mit Entscheidungsgründen beantragen. Um zu verhindern, dass der Rechteinhaber auf diesem Wege letztlich doch die geheimhaltungsbedürftigen Informationen erhält, bedarf es eines Ausschlusses des Antragsrechts aus § 317 Absatz 2 Satz 2 ZPO. Auch diesbezüglich wäre die Erklärung eines Verzichts auf die Ausübung des Antragsrechts seitens der Partei und andererseits eine richterlich Anordnung denkbar.

---

682 Zöller-Greger § 299, Rn. 2; Thomas/Putzo-Reichold § 299, Rn. 1.
683 Zöller-Greger § 299, Rn. 4 m.w.N.
684 BVerfG NJW 2000, 1175.
685 Dazu zu Recht kritisch: Melullis in FS Tilmann S. 843, 854.

b) Richterliche Anordnung

aa) Notwendigkeit einer Ermächtigungsgrundlage

Für die Notwendigkeit einer Ermächtigungsgrundlage ist zunächst entscheidend, dass im Rahmen eines In-camera-Verfahrens die Einschränkung des rechtlichen Gehörs des Rechteinhabers zwingend erforderlich ist. Alleine der Umstand, dass eine solche Einschränkung zugunsten des Rechtsschutzes verfassungsrechtlich möglich ist, bedeutet nicht, dass sie allein durch richterliche Rechtsfortbildung erreicht werden kann. Es gilt der Vorbehalt des Gesetzes. Der Vorbehalt des Gesetzes erfordert es insofern, dass alle wesentlichen Entscheidungen durch das Parlament getroffen werden.[686] Eine entsprechende Einschränkung kann daher lediglich im Wege einer legislativen Anordnung erfolgen.[687] Insofern sei auch auf die entsprechende Rechtsprechung hinsichtlich des im Verwaltungsprozess existierenden In-camera-Verfahrens nach § 99 Absatz 2 ZPO hingewiesen. Diesbezüglich haben sowohl das Bundesverwaltungsgericht als auch das Bundesverfassungsgericht entschieden, dass eine Ausdehnung der in § 99 Absatz 2 getroffenen Regelung auch auf das Hauptsacheverfahren nicht möglich sei, da der Gesetzgeber die Möglichkeit des In-camera-Verfahrens ausdrücklich auf das Zwischenverfahren beschränkt habe.[688] Für ein entsprechendes Verfahren in der Hauptsache ist demnach eine gesetzliche Regelung erforderlich.[689]

bb) Bestimmtheit

Eine solche könnte in Absatz 1 Satz 3 der einschlägigen Vorlage- und Besichtigungsvorschriften zu verorten sein. Gemäß dieser Vorschrift trifft das Gericht die erforderlichen Geheimnisschutzmaßnahmen. Konkrete Geheimhaltungsmaßnahmen oder Festlegungen hinsichtlich des Verfahrensablaufs werden allerdings nicht vorgesehen. Vielmehr wird allgemein bestimmt, dass das Gericht die erforderlichen Maßnahmen trifft, um den im Einzelfall gebotenen Schutz zu gewährleisten. Ob und welche Geheimhaltungsmaßnahmen erforderlich sind, entscheidet das Gericht demnach ebenso nach pflichtgemäßem Ermessen, wie die Frage, ob ein Zwischenstreit über die Freigabe der Besichtigungsergebnisse erfolgt, also eine Alles-oder-nichts-Lösung zulässig ist, oder das gesamte Verfahren als In-camera-Verfahren geführt wird. Ein Anspruch der Parteien auf Anordnung bestimmter Maßnahmen besteht nicht.

Die Heranziehung des Absatzes 1 Satz 3 der einschlägigen Vorlage- und Besichtigungsvorschriften als Ermächtigungsgrundlage für die Einschränkung des Akteneinsichtsrechts erscheint aus mehreren Gründen problematisch.[690] Die Einschränkung verfassungsrechtlich gewährter Grundrechte kann nicht auf Grundlage jedweder Regelung, sondern nur anhand einer hinreichend bestimmten Grundlage erfolgen.[691] Insbesondere ist daher auch zu entscheiden, wieweit eine Regelung im Einzelnen

---

686 BVerfGE 95, 267, 307; BVerfGE 83, 130, 152; BVerfGE 98, 218, 251; Dreier-Schulze-Fielitz Art. 20 (Rechtsstaat), Rn. 113 m.w.N..

687 Jarass/Pieroth-Jarass Vorb. vor Art. 1, Rn. 48, m.w.N.; Spindler/Weber MMR 2006, 711, 713 m.w.N.

688 BVerfG MMR 2006, 375; BVerwG MMR 2003, 732; kritisch mit Hinweis auf verfassungsrechtliche Bedenken: Mayen NVwZ 2003, 537, 540 ff.

689 BVerwG MMR 2003, 732; Minderheitsvotum des Richters Gaier MMR 2006, 379, 382 f.; Roth NVwZ 2003, 544, 548.

690 Dafür spricht sich Bornkamm aus (FS Ullmann S. 909 ff.).

691 BVerfGE 57, 295, 320 f.; BVerfGE 80, 137, 161; Jarass/Pieroth-Jarass Art. 20, Rn. 54.

gehen soll.[692] Unbestimmtheit ist jedoch nicht bereits dann anzunehmen, wenn es sich um eine Generalklausel handelt. Vielmehr sind diese regelmäßig bestimmt genug.[693] Je stärker die Folgen der Norm sich auf die Rechte beteiligter Personen auswirken, desto strengere Voraussetzungen sind an die Bestimmtheit der Norm zu knüpfen.[694] Die Grenze der Bestimmtheit ist endgültig überschritten, wenn die Norm keinerlei Begrenzung des Spielraums vorsieht und damit keine Möglichkeit zur richterlichen Überprüfung ihrer Einhaltung bietet.[695] Das jeweilige Gesetz muss seine tatbestandliche Grenzziehung selbst leisten und diese nicht dem Ermessen des Rechtsanwenders überlassen.[696] Eine willkürliche Handhabung darf nicht ermöglicht werden.[697]

Absatz 1 Satz 3 der einschlägigen Vorlage- und Besichtigungsvorschriften genügt diesen Bestimmtheitsanforderungen nicht. Diese Vorschrift enthält eine generalklauselartige Ermächtigung der Gerichte, die im Einzelfall zum Geheimnisschutz erforderlichen Maßnahmen zu treffen. Es ergibt sich weder welche Maßnahmen dies sein können noch in welchem Verfahren diese anzuordnen sind oder wann eine Erforderlichkeit für ihre Anordnung besteht. Letztlich ist es damit dem Gericht freigestellt, jegliche Maßnahmen zu treffen, die diesem angemessen erscheint. Der Gesetzgeber hat selber keine zulässigen Maßnahmen bestimmt, sondern die Entscheidung darüber den Gerichten überlassen. Absatz 1 Satz 3 der einschlägigen Vorlage- und Besichtigungsvorschriften lässt insofern keine Grenzen erkennen. Eine Überprüfung der Zulässigkeit der angeordneten Maßnahmen durch ein höher-instanzliches Gericht ist damit nicht möglich. Die Auswirkungen auf die durch die Anordnung der Maßnahmen betroffenen Rechteinhaber ist dabei nicht unerheblich, wird doch durch die denkbaren Maßnahmen, wie etwa die Einschränkung des Akteneinsichtsrecht aus § 299 Absatz 1 ZPO, in seinen Anspruch auf rechtliches Gehör eingegriffen.
Dem Bestimmtheitsgrundsatz sowie den ihm nach dem Wesentlichkeitsgrundsatz obliegenden Pflichten wird der Gesetzgeber mit der getroffenen Regelung nicht gerecht. Die Zivilprozessordnung sowie das Gerichtsverfassungsgesetz enthalten detaillierte Verfahrensvorschriften. Dem Richter durch eine derart pauschale Regelung, wie die in Absatz 1 Satz 3 der einschlägigen Vorlage- und Besichtigungsvorschriften befindliche, zu ermöglichen, die in den Regelungen der ZPO und des GVG gewährten Rechte zu beschneiden, wird dem gesetzgeberischen Auftrag nicht gerecht. Es kann nicht der Judikativen überlassen werden, darüber zu entscheiden, wann, wie und durch welche Maßnahmen die Grundrechte des Rechteinhabers zugunsten seines Rechtsschutzes und des Geheimnisschutzes des vermeintlichen Verletzers eingeschränkt werden können. Dafür spricht auch der Vergleich mit der Ausgestaltung des In-camera-Verfahrens im Verwaltungsprozess. In § 99 Absatz 2 Satz 9 VwGO wird das Akteneinsichtsrecht der Beteiligten nach § 100 VwGO ausdrücklich ausgeschlossen und in § 99 Absatz 2 Satz 10 2. Hs. VWGO wird ausdrücklich bestimmt,

692 BVerfGE 101, 1, 34; BVerfGE 83, 130, 142.
693 BVerfGE 102, 347, 361; BVerwG NJW 1987, 1435; Jarass/Pieroth-Jarass Art. 20, Rn. 60.
694 BVerfGE 86, 288, 311, BVerfGE 93, 213, 238; BVerfGE 109, 133, 188; BVerfGE 110, 33, 55; BVerwG NVwZ-RR 1990, 47; Dreier-Schulze-Fielitz Art. 20 (Rechtsstaat), Rn. 135 m.w.N.; Jarass/ Pieroth-Jarass Art. 20, Rn. 54, 60.
695 BVerfGE 6, 32, 42; BVerfGE 20, 150, 158; Jarass/Pieroth-Jarass Art. 20, Rn. 60.
696 Dreier-Schulze-Fielitz Art. 20 (Rechtsstaat), Rn. 133.
697 BVerfGE 80, 137, 161; BVerwGE 105, 144, 147; Jarass/Pieroth-Jarass Art. 20, Rn. 60.

dass die Entscheidungsgründe Art und Inhalt der geheim gehaltenen Urkunden, Akten, elektronische Dokumente und Auskünfte nicht erkennen lassen dürfen.
Im Ergebnis ist Absatz 1 Satz 3 der einschlägigen Vorlage- und Besichtigungsvorschriften daher nicht bestimmt genug, um als Ermächtigungsgrundlage für die Einschränkung des Akteneinsichtsrechts oder den Verzicht auf Erteilung eines Urteils mit umfassenden Entscheidungsgründen zu dienen. Der Gesetzgeber hätte vielmehr bestimmte Instrumente zur Sicherung der Geheimhaltungsinteressen vorsehen müssen.[698]

c) Verzicht

Da es für eine richterliche Anordnung des Ausschlusses des Akteneinsichtsrechts sowie des Antragsrechts nach § 317 Absatz 2 Satz 2 ZPO an der notwendigen Ermächtigungsgrundlage fehlt, kommt nur noch ein verbindlicher Verzicht seitens des Rechteinhabers auf diese Rechte in Betracht. Eine verbindliche Verzichtserklärung sieht die Zivilprozessordnung aber weder hinsichtlich des Einsichtsrechts noch hinsichtlich der Erteilung eines Urteils mit umfassenden Entscheidungsgründen vor. Ein gerichtlicher Verzicht scheidet damit aus.

Möglich bliebe daher allenfalls eine strafbewehrte Verzichtserklärung gegenüber dem Prozessgegner. Diese Möglichkeit kann jedoch nur nachrangig Beachtung finden. Denn der vermeintliche Verletzer will grundsätzlich seine Geschäftsgeheimnisse erhalten. Durch die Kenntnisnahme seitens des Rechteinhabers wäre dies nicht mehr der Fall. Ein zu leistender Schadensersatz kann in diesem Fall nur einen ungleichwertigen Ersatz darstellen und den Interessen des vermeintlichen Verletzers nicht gerecht werden. Zudem könnten gemäß § 299 Absatz 2 ZPO auch Dritte ein Akteneinsichtsrecht haben. Für diese besteht jedoch keinerlei Veranlassung gegenüber dem vermeintlichen Verletzer eine Verzichtserklärung abzugeben.
Eine bloße Verzichtserklärung des Rechteinhabers ist damit für einen wirksamen Geheimnisschutz im Rahmen eines In-camera-Verfahrens nicht ausreichend.

3. Zusammenfassung

Im Ergebnis ist ein In-camera-Verfahren zum jetzigen Zeitpunkt nicht möglich. Zwar wäre eine entsprechendes Verfahren durchaus zu begrüßen, es bedürfte hierfür jedoch einer Einschränkung des Akteneinsichtsrechts des Rechteinhabers sowie Dritter und einer Einschränkung des Antragsrechts des Rechteinhabers aus § 317 Absatz 2 ZPO. Die vom Gesetzgeber für Geheimhaltungsmaßnahmen vorgesehene Grundlage in Absatz 1 Satz 3 der einschlägigen Vorlage- und Besichtigungsvorschriften kann für entsprechende Anordnungen nicht als hinreichend bestimmte Ermächtigungsgrundlage verstanden werden. Der Gesetzgeber hätte vielmehr bestimmte Instrumente zur Sicherung der Geheimhaltungsinteressen vorsehen müssen.[699]

698 Siehe auch Stellungnahme GRUR 2005, 747; Peukert/Kur GRUR Int. 2006, 292, 302; Spindler/Weber MMR 2006, 711 ff.; Stellungnahme GRUR 2006, 393, 394.
699 Siehe auch Stellungnahme GRUR 2005, 747; Peukert/Kur GRUR Int. 2006, 292, 302; Spindler/Weber MMR 2006, 711 ff.; Stellungnahme GRUR 2006, 393, 394.

IV. Vorschlag für eine Verfahrenserleichterung

1. Zulässige Geheimhaltungsmaßahmen

Die verbleibenden Möglichkeiten des Gerichts, Maßnahmen zum Geheimnisschutz zu ergreifen, sind derzeit sehr beschränkt. Wie gezeigt wurde, sind die möglichen Maßnahmen zum Schutz der Geheimhaltungsinteressen der Beteiligten heftig umstritten. Eine klare gesetzliche Grundlage, welche den Interessen aller Beteiligter umfassend Rechnung trägt, fehlt. Nach derzeitiger Rechtslage ist ein dreistufiges Verfahren mit folgenden Geheimhaltungsmaßnahmen denkbar:
1. Die Besichtigung wird durch einen vom Gericht bestellten, zur Verschwiegenheit verpflichteten, Sachverständigen durchgeführt.
2. Der Antragssteller nimmt nicht an der Besichtigung teil. Seine Anwälte können nur dann teilnehmen, wenn eine vertragliche Verschwiegenheitsvereinbarung durch den Antragssteller vorgelegt wird, in der er zudem auf seinen Anspruch auf Auskunftserteilung nach §§ 666, 675 BGB iVm. § 7 BORA verzichtet.
3. Im Freigabeprozess wird die Öffentlichkeit ausgeschlossen.
4. Im Verfahren über die Freigabe des Berichts kann der Ausschluss der Partei nur freiwillig erfolgen und auch die Verschwiegenheitserklärung des Prozessvertreters beruht lediglich auf einer privatrechtlichen Verpflichtung und nicht auf einer richterlichen Anordnung.

Diese Maßnahmen können nicht erzwungen werden, machen einen zeitaufwändigen Verfahrensablauf notwendig und erlauben letztlich doch keinen Ausgleich zwischen Geheimhaltungsinteressen und Rechtsschutz.

2. Verfahrensablauf

Da der Gesetzgeber bei der Umsetzung der Enforcement-Richtlinie auf die Schaffung eines umfassenden eigenständigen Verfahrens zur Besichtigung verzichtet hat, soll im Folgenden ein Lösungsansatz entwickelt werden, der möglichst wenige gesetzliche Anpassungen erfordert und dennoch in den Fällen, in denen die Fortführung des Verfahrens für eine der Parteien unergiebig erscheint, eine Verfahrenskürzung bewirken kann. Ein vereinfachtes Verfahren könnte wie folgt ablaufen:

(1) Im Rahmen der einstweiligen Verfügung erfolgen zunächst die Besichtigung sowie die Erstellung des Besichtigungsberichts durch einen vom Gericht bestellten und zur Verschwiegenheit verpflichteten Sachverständigen. Um Geheimhaltungsinteressen des Antragsgegners zu schützen, nimmt der Antragssteller selber nicht an der Besichtigung teil. Damit aber auch den Interessen des Antragsstellers Rechnung getragen wird und notwenige fachliche Kenntnisse beigetragen werden können, können den Sachverständigen jedoch die durch vertragliche Vereinbarung zur Verschwiegenheit verpflichteten (Patent-)Anwälte des Antragsstellers begleiten.

(2) Eine vollständige Freigabe des Berichts im beziehungsweise unmittelbar nach Beendigung des Verfügungsverfahrens ist aufgrund des Akteneinsichtsrechts des Klägers nach § 299 Absatz 1 ZPO nicht möglich. Es kann daher lediglich in Betracht gezogen werden, den Sachverständigen zu ermächtigen, unmittelbar nach Fertigstel-

lung des Berichts, Auskunft darüber zu erteilen, ob er eine Verletzung festgestellt hat oder nicht.[700]

In diesem Fall würde der Bericht zunächst weder an das Gericht noch an die Parteien herausgegeben. Anders als im Verletzungsverfahren wäre ein entsprechender Einsatz eines Sachverständigen zum Ende des Verfügungsverfahrens zulässig. Denn eine Beweisaufnahme im Sinne der §§ 355 ff, 402 ff ZPO, bei der das Gericht eine eigenständige Prüfung der gutachterlichen Ergebnisse vornehmen muss, um diese der gerichtlichen Entscheidung zu Grunde zu legen, findet zu diesem Zeitpunkt nicht mehr statt. Der Antragssteller und Antragsgegner wüssten bei diesem Vorgehen bereits nach Beendigung des Verfügungsverfahrens, ob nach Ansicht des Sachverständigen eine Verletzung vorliegt und könnten ihr weiteres Vorgehen planen. Sie könnten auch selber entscheiden, ob sie das Risiko, dass der Sachverständige die Verletzung nicht korrekt festgestellt hat, hinnehmen wollen oder die mit einem weiteren Prozess verbundenen Risiken eingehen möchten.[701]

(3) Dem Antragsgegner muss eine Frist gesetzt werden, innerhalb derer er der Herausgabe des Besichtigungsberichts an den Rechteinhaber widersprechen kann. Stellt er einen Antrag nach § 926 Absatz 1 ZPO, ist darin ein entsprechender Widerspruch zu sehen. Stellt er keinen Antrag und widerspricht der Aushändigung des Berichts auch nicht auf andere Weise, wird der Besichtigungsbericht nach Ablauf der Frist, unabhängig vom Zeitpunkt seiner Fertigstellung, an den Antragssteller herausgegeben. Dies wird regelmäßig der Fall sein, wenn der Sachverständige eine Verletzung für gegeben hält. Stellt der Sachverständige keine Verletzung fest, wird der Antragssteller regelmäßig auf die Einleitung eines Freigabeprozesses verzichten. Hat der Antragsgegner der Weitergabe des Berichts noch nicht widersprochen und auch keinen Antrag nach § 926 Absatz 1 ZPO gestellt, muss er dies zu seiner eigenen Sicherheit noch tun. Er wird durch diese Obliegenheit zwar einerseits zusätzlich belastet; andererseits ist dies aufgrund der mit einer solchen Regelung verbundenen Verfahrensvereinfachung und der damit einhergehenden Entlastung der Gerichte grundsätzlich zumutbar. Zudem erhält der Antragsgegner über Absatz 5 der einschlägigen Vorlage- und Besichtigungsvorschriften einen Schaden ersetzt.

(4) Ist ein Antrag nach § 926 Absatz 1 ZPO gestellt worden und will auch der Antragssteller unabhängig von dem durch den Sachverständigen mitgeteilten Besichtigungsergebnis weiterhin gegen den Antragsgegner vorgehen, benötigt der Verletzte nach derzeitiger Rechtslage die genauen Besichtigungsergebnisse für die Erhebung einer substantiierten Klage. Auch wenn das Besichtigungsgutachten an das Gericht gegeben würde, könnte der Kläger in der Klageschrift nicht auf eine Substantiierung verzichten und stattdessen auf das Gutachten verweisen. Dementsprechend ist es nach wie vor notwendig das Hauptverfahren durchzuführen und die Freigabe des Besichtigungsberichts zu erstreiten.

700 RegE BT-Drs. 16/5048, S. 41; BGH GRUR 2002, 1046, 1049-Faxkarte.

701 Saß (S. 93) geht davon aus, dass der Antragssteller bei eigener Durchführung der Besichtigung zu demselben Ergebnis gekommen wäre und es daher nur konsequent sei, dass der Sachverständige ihn nicht nur bei der Besichtigung sondern auch hinsichtlich der daraus gezogenen Schlussfolgerung vertritt. Es mache keinen Unterschied, ob sich der Antragssteller auf seine eigenen Feststellungen oder auf die eines Dritten verlassen müsse.

Ein umfassender Ausgleich zwischen Geheimhaltungs- und Rechtsschutzinteressen ist auch durch diesen Ansatz nicht zu erreichen. Es bleibt notgedrungen, mangels gesetzlicher Regelungen zum Geheimnisschutz, bei einer Alles-oder-nichts-Lösung. Durch das vorgeschlagene Verfahren könnte aber zumindest in den Fällen, in denen eine Verletzung festgestellt wurde und der Antragsgegner keinen Sinn in der Verhinderung der Freigabe des Berichts sieht, das Verfahren verkürzt werden. Vorzuziehen wäre es indes nach wie vor, gesetzliche Regelungen zu schaffen, die ein In-camera-Verfahren ermöglichen.

F. Ergebnisse des Zweiten Teils

Vor der Umsetzung der Enforcement-Richtlinie wurde dem deutschen Recht mit Hinblick auf die Beweisbeschaffungs- und Beweissicherungsmaßnahmen ein nicht unerheblicher Nachholbedarf nachgesagt.[702] Die Lage war nicht so schlecht, wie sie teilweise dargestellt wurde. Dennoch brachte die Enforcement-Richtlinie in diesem Bereich zahlreiche Möglichkeiten zur Verbesserung des Rechtsschutzes der Rechteinhaber mit sich, die jedoch nicht in vollem Umfang genutzt wurden.

Mit dem Vorlage- und Besichtigungsanspruch wird der Ausgleich eines typischerweise auf Seiten des Rechteinhabers bestehenden Informationsdefizits bezweckt. Beschränkt wird die Möglichkeit zur Informationserlangung durch das Ausforschungsverbot. Dieses gebietet dem Rechteinhaber zum einen alle ihm zumutbaren Anstrengungen zum Nachweis einer Verletzung zu unternehmen. Im Gesetzeswortlaut findet sich diese Anforderung im Tatbestandsmerkmal der „hinreichenden Wahrscheinlichkeit" wieder. Dieses Merkmal lässt eine einzelfallbezogene Festlegung der notwendigen Substantiierungslast zu und entspricht damit der bisherigen Entwicklung der deutschen Rechtsprechung (B.II.). Zum anderen ist aufgrund des Ausforschungsverbots grundsätzlich eine Bezeichnung der vorzulegenden beziehungsweise zu besichtigenden Beweismittel erforderlich. Allerdings müssen an die Bestimmtheit der Bezeichnung niedrigere Anforderungen als bisher üblich gestellt werden, um den Richtlinienvorgaben gerecht zu werden. Damit würde eine Sicherung von Beweisen möglich, die noch nicht genau bezeichnet werden können und bei der gegnerischen Partei gesucht werden müssen (B.III.). Darüber hinaus hätte der Vorlage- und Besichtigungsanspruch grundsätzlich auch auf Dritte als Anspruchsgegner erweitert werden sollen. Eine Vorlage von Bank-, Finanz- und Handelsunterlagen sollte von diesen jedoch nicht gefordert werden können (B.I.2.).

Der normierte Vorlage- und Besichtigungsanspruchs enthält keine Gestattung der Durchsuchung von Räumlichkeiten des vermeintlichen Verletzers nach bezeichneten Beweismitteln (C.II.2.). Eine solche ist nach wie vor nur dann zulässig, wenn eine richterliche Anordnung nach § 758a ZPO erwirkt wurde oder Gefahr im Verzuge besteht. Mit Hinblick auf die grundgesetzlichen Vorgaben ist diese Entscheidung grundsätzlich zu begrüßen. Jedoch hätte im Interesse einer Effektivitätssteigerung die Zuständigkeit für den Erlass der Durchsuchungsanordnung auf das über den Besichtigungsanspruch entscheidende Gericht übertragen werden sollen.
Des Weiteren blieb der deutsche Gesetzgeber hinsichtlich der Verwertbarkeit von solchen Beweismitteln, die durch die Beschlagnahme im Rahmen der Besichtigung gewonnenen wurden, hinter den Richtlinienvorgaben zurück. Während die Richtlinie vorsieht, dass beschlagnahmte Gegenstände als Beweismittel im Verletzungsverfahren verwendet werden können, ist dies nach derzeitiger Rechtslage in Deutschland nicht möglich. Eine richtlinienkonforme Auslegung kommt insofern nicht in Betracht (C.II.4.).
Erhebliche Schwächen offenbart das Umsetzungsgesetz auch im Bereich der möglichen Geheimhaltungsmaßnahmen und bei der verfahrensrechtlichen Ausgestaltung

702 Siehe u.a. die kritische Erwähnung der deutschen Rechtslage im Vorschlag für eine Richtlinie des Europäischen Parlaments und des Rates über die Maßnahmen und Verfahren zum Schutz der Rechte an geistigem Eigentum, KOM (2003) 46 endg., v. 30.1.2003, S. 15 f.

des Anspruchs. Bereits nach alter Rechtslage bestanden erhebliche Unstimmigkeiten bei der Frage nach der Ausgestaltung eines effektiven, die Geheimhaltungsinteressen beider Parteien berücksichtigenden Verfahrens. Dennoch hat der Gesetzgeber die Umsetzung der Enforcement-Richtlinie nicht zum Anlass genommen, ein spezielles Besichtigungsverfahren vorzusehen oder zumindest die richterliche Entwicklung eines solchen Verfahrens durch die Schaffung zusätzlicher, effektiver Geheimschutzmaßnahmen beziehungsweise die Abänderung bestehender Regelungen zu unterstützen. Auch nach der neuen Rechtslage muss es bei einem zeitintensiven dreistufigen Verfahren bleiben, welches keinen hinreichenden Ausgleich zwischen Geheimhaltungsinteressen und Rechtsschutzinteressen gewährleisten kann (E.). Den Vorgaben des Artikels 3 RL, ungerechtfertigte Verzögerungen bei der Durchsetzung der Rechte zu vermeiden und wirksame Maßnahmen zur Verfügung zu stellen, wird damit nicht in ausreichendem Maße Rechnung getragen.

Damit Beweise, auf welche sich der im Hauptsacheverfahren durchzusetzende Vorlage- und Besichtigungsanspruch erstreckt, nicht schon vor Geltendmachung des Vorlage- und Besichtigungsanspruchs außer Reichweite geschafft werden können, wurde in Artikel 7 RL ein Beweissicherungsanspruch normiert. Der Gesetzgeber blieb bei der Umsetzung der Artikel 6 und 7 RL jedoch der bisherigen Systematik des Vorlage- und Besichtigungsanspruchs verhaftet. Die erfolgte Umsetzung des Artikels 7 RL ignoriert daher, dass es sich nicht um einen Anspruch, der die Erfüllung des Vorlageanspruchs im einstweiligen Verfügungsverfahren ermöglichen soll, sondern um einen bloßen Beweis*sicherungs*anspruch handelt.
Zwar wurden die verfahrensrechtlichen Vorgaben des Artikels 7 RL im Rahmen der Umsetzung erfüllt (D.). Da im Rahmen einer einstweiligen Verfügung nicht mehr erlangt werden kann als im Hauptsacheverfahren, konnten aber die von Artikel 7 RL vorgesehenen, über den Umfang des Artikels 6 RL hinausgehenden Beweismöglichkeiten nicht in das deutsche Recht umgesetzt werden. Über die erfolgte Umsetzung hinaus, wäre nach Artikel 7 RL eine Sicherung von Beweisen möglich, die noch nicht genau bezeichnet werden können und bei der gegnerischen Partei gesucht werden müssen (B.III.2.b). Für den Rechteinhaber hätte der Verzicht auf die Erfüllbarkeit des Vorlageanspruchs im einstweiligen Rechtsschutz keinen Nachteil gegenüber der jetzigen Rechtslage bedeutet. Denn auch nach derzeitiger Rechtslage erhält er, aufgrund der zu beachtenden Geheimhaltungsinteressen des Schuldners, in der Regel nicht bereits im einstweiligen Verfügungsverfahren Kenntnis von den Vorlage- beziehungsweise Besichtigungsgegenständen. Mit der erfolgten Umsetzung ist daher kein zeitlicher Vorteil verbunden. Wäre hingegen ein selbständiger Beweissicherungsanspruch vorgesehen worden, so wäre zudem gewährleistet, dass tatsächlich alle Beweise, die möglicherweise auch erst zu einem Zeitpunkt nach der Sicherung der Beweismittel bezeichnet werden können, für eine Vorlage zur Verfügung stehen.

Im Ergebnis zeigen die angeführten Kritikpunkte, dass der Gesetzgeber das Potential der Enforcement-Richtlinie nur unzureichend ausgeschöpft hat. Nicht zuletzt aufgrund des unnötigen Festhaltens an der hergebrachten Systematik, nach welcher der Vorlage- und Besichtigungsanspruch im einstweiligen Verfahren erfüllt werden kann, bleibt die deutsche Richtlinienumsetzung hinter den Vorgaben zurück. Hier wäre eine größere gesetzgeberische Flexibilität zu begrüßen gewesen.

Schlussbemerkung

Mit der Umsetzung der Enforcement-Richtlinie hat das deutsche Recht nicht unerhebliche Erweiterungen erfahren. Es wurde ein Auskunftsanspruch gegen Dritte geschaffen und der Vorlage- und Besichtigungsanspruch wurde erweitert. Im Grunde blieb der deutsche Gesetzgeber jedoch der bisherigen gesetzlichen Systematik verhaftet. Insbesondere wurde ein im ordentlichen und im einstweiligen Verfahren durchzusetzender Vorlage- und Besichtigungsanspruch beibehalten, anstatt einen Beweisermittlungsanspruch und einen im Wege einer einstweiligen Verfügung geltend zu machenden Beweissicherungsanspruch zu schaffen. Die Umsetzung der Richtlinie verlangte weitergehende Beweissicherungsmaßnahmen vorzusehen und bot im Rahmen des Vorlage- und Besichtigungsanspruchs, sowie beim Auskunftsanspruch einen wesentlich weiteren Spielraum.

Durch die Enforcement-Richtlinie sollten die Rechtsdurchsetzungsmöglichkeiten der Rechteinhaber verbessert und auf europäischer Ebene angeglichen werden. Auch wenn viele Fragen offen geblieben sind und an zahlreichen Stellen Unklarheiten durch die Rechtsprechung noch zu beseitigen sind, wurde die vorgerichtliche Beweishilfe in Deutschland durch die Umsetzung der Enforcement-Richtlinie insgesamt gestärkt. Gemäß Artikel 3 RL sollten wirksame Maßnahmen geschaffen werden, die keine ungerechtfertigten Verzögerungen bei der Durchsetzung der Rechte mit sich bringen, fair, gerecht, nicht unnötig kompliziert oder kostspielig, sowie verhältnismäßig und abschreckend sind. Die hier besprochenen Maßnahmen können diesen Vorgaben nicht in allen Punkten entsprechen. Als Beispiel seien die lange Verfahrensdauer des Vorlage- und Besichtigungsanspruchs sowie die mangelnde Abschreckungswirkung des drohenden Schadensersatzes genannt.
Der Gesetzgeber ist am unteren Rande seiner Möglichkeiten geblieben und hat nur wenige weitreichende Änderungen vorgesehen. Damit besteht weiterhin ein Entwicklungsspielraum, welcher zugunsten der Rechteinhaber ausgeschöpft werden kann.

FSC
www.fsc.org
MIX
Papier | Fördert gute Waldnutzung
FSC® C083411

Kolibri 360 GmbH
Ferdinand-Jühlke-Straße 7
99095 Erfurt, Deutschland
produktsicherheit@kolibri360.de